Reliure serrée

LES

ANTIQVITEZ

CRONIQVES ET SINGV-
LARITEZ DE PARIS VILLE
capitalle du Royaume de France, auec
les fondations & bastimens des lieux.
Les sepulchres & Epitaphes des Princes, Princesses & autres personnes illustres.

Par Gilles Corrozet, Parisien, & depuis augmentees, par N. B. Parisien.

A PARIS,
Chez Galiot Corrozet, au Palais,
ioignant les consultations.

1581

AVEC PRIVILEGE DV ROY.

AVX LECTEVRS SALVT.

AINSI que anciennemẽt tous hommes illustres ont trauaillé pour leur Patrie & païs de leur naissance, cõme il se voit infinité d'histoires tant des Romains qu'autres nations: les imitants de mon petit pouuoir ay voulu remettre en lumiere ce petit abbregé, auquel sont descrits les Antiquitez & singularitez de la grande & excellente ville de Paris, comme estant la principalle de tout le Royaume de France (dicte sans per) ville Royalle, d'autant que les receptions, entrees & demeure ordinaire des Roys qui ont regné se font en icelle: aussi que iamais il ne se trouuera que les habitans n'ayent tousiours craint, reueré & honnoré leurs superieurs, encores que beaucoup d'aduersitez & occasions se sont presentez, pour leur faire faillir & cesser l'obeyssance, mesmes de nostre temps, mais tant s'en faut que ainsi soit aduenu. Or à fin de ne m'attribuer plus grãd gloire que ie ne merite, ou que par quelque enuieux ne sois nommé pipeur du labeur d'autruy, ie ne veux poĩt nier que ce liure n'ait esté premieremẽt ramassé & mis en lumiere par Gilles Corrozet, comme mesme i'ay laissé vne epistre qu'il adresse au Nobles & Illustres familles de Paris, pour te faire cognoistre q̃ ne veux luy oster l'honneur qui luy est deu pour merite de son labeur; mais regardãt le vieil exemplaire auec cestuy tu cognoistras de cõbien il est accompagné & augmenté de plusieurs choses memorables, qui se verront au grand contentemẽt du

Lecteur, toutesfois ie sçay bié que plusieurs choses n'estans si bien recherchees par moy, & auec tel labeur qu'il merite, se trouuera beaucoup de defautes à augméter, mais il plaira au Lecteur considerer que cét œuure, combien qu'elle soit petite, est de grand trauail, ioinct que ie n'auois deliberé le mettre si tost en lumiere sans estre mieux acreu de plusieurs remarques de l'antiquité, mais i'ay esté forcé de ce faire par la priere de mes amis, outre l'ambition de plusieurs qui se vouloiét preualoir de ce mien petit labeur, le voulás rimprimer sans corriger les fautes qui ont passé à la premiere impression, à mon regret, mais considerant que tousiours il y a moyen d'augmenter ce liure de temps en temps: ce que i'espere de brief, remettant ce liure en lumiere, & par si bon ordre que le Lecteur aura occasion se contenter: Par le moyen d'vn docte Aduocat de la venerable Court de Parlemēt, lequel se trauaille à recercher les choses plus antiques & dignes de remarque de cette notable ville de Paris. Cependant ie prie le lecteur receuoir le tout en bonne part, A Dieu.

AVX NOBLES ET ILLVSTRES FAmilles de Paris.

G. CORROZET, S.

L'VN des principaux honneurs que les anciens ayent donné les vns aux autres, entre leurs louanges, ou qu'ils ont reputé leur estre faict, c'est quand ils ont esté dits & nommez en-

sans engendrez, & nez en villes excellentes, franches & de grãde renommee. Et sans particulariser les passages des Histoires, ceux qui ont leu les harãgues & concions de Thucidide, Isocrate, Demosthenes, & tant d'autres, peuuent iuger comme cela a esté pratiqué de long temps, & en quelle reputation d'excellence les hommes se sont estimez d'estre appellez enfans de telle & telle ville: ou s'ils estoient estrangers, d'estre nombrez & inscrits au catalogue des familles, citoyens & bourgeois d'icelles. Et si cela a eu lieu entre tous les peuples, combien se doiuent attribuer de tiltres hõnorables les enfans & habitans de la plus magnifique, grande, populeuse & souueraine ville de France, voire de toute la Chrestienté? C'est vn poinct où il n'y a que debatre: car Paris sans pair, excede toutes les autres en grandeur & estẽdue, en multitude d'hommes, bastimens & maisons, en religion Chrestienne, en Temples, en biens faits, en iustice, en police, en science, en bons esprits, en marchãdise, en arts & mestiers, en commoditez humaines, en viures & viandes, & en tout ce que le cœur peut souhaiter, si abondamment que nul ne sçauroit s'opposer au contraire: ce sont arguments (Seigneurs Parisiens) pour vous esleuer, sans arrogance, entre les autres nations, vous trouuans bien venuz, fauoris, prisez & recueillis en tous pays estrãges, par ce que le seul nom de vostre ville vous rend illustres & ennoblis enuers les autres. Or pour vous mouuoir dauantage à vertu, & à l'amour du pays (car ce n'est pas assez de dire, ie suis d'un tel lieu qui n'en sçait aussi exprimer les prerogatiues & beautez) i'ay dressé à l'honneur de la treschrestienne Courõne de France, & à l'exaltation de voz familles, les Antiquitez, Chroniques & singularitez de cette grand' ville de Paris, corrigees & augmentees de moitié.

lesquelles ie vous dedie: où trouuerez par la deduction, combien noz Roys ont enrichie & decorée cette ville capitalle de priuileges, de bastimens, & de leurs propres personnes, voire apres leur mort: comme elle a esté commencée, & depuis paruenue à cette grandeur. Le but de mon intétion est d'oster l'obscurité d'entre nous, & à fin que la memoire de si belles choses, soit perpetuelle entre les hommes. Acceptez (doncques de grace) la lecture de ce liure, supportant & corrigeant benignement les omissions que ie pourrois auoir commises, iugeant que le dessein du labeur, qui n'est de petite importance, ioinct à l'affection, qui peut quelquesfois s'esgarer, ce que i'ay euité auec diligence, A Dieu.

De Paris ce premier iour de May, mil cinq cens soixante & vn.

PLVS QVE MOINS.

Table des Antiquitez, histoires & singularitez de la grande & excellente ville de Paris.

TABLE.

Les François ont esté premierement gouuernez par Ducs, iusques en l'an de Iesus Christ 420. auquel temps ils creerent Roy le fils du Duc Marcomire, nommé Pharamōd.

La lignee des Pepins.

Icy finist la seconde generation des Roys de France en ligne masculine, qui a duré depuis Pepin 233. ans.

L'an 1129. le Roy fit couronner son fils Philippes, lequel deux ans apres mourut à Paris, tombant sur le paué, à l'occasion d'vn pourceau qui se mit entre les iambes de son cheual, puis fit couronner Loys son autre fils, par le Pape Innocent, estant lors en France.

Fin de la Table.

L'an 1129. le Roy fit couronner son fils Philippes, lequel deux ans apres mourut à Paris, tombant sur le paué, à l'occasion d'vn pourceau qui se mit entre les iambes de son cheual, puis fit couronner Loys son autre fils, par le Pape Innocét, estát lors en France.

Fin de la Table.

A

LOVANGES DE LA CITÉ DE PARIS.

En fin ie voy paroiſtre vn autre beau Palais,
Et ſiege d'Appollon, Paris tẽple de Paix.
Pleine de citoyens, & laquelle flamboye
D'or, & d'autres metaux: où le Grec coule en ioye,
Où l'eſtude Indien, & le Poëte Romain
Sont en pris où le ſage Attique eſt en la main
Du Frãçois c'eſt Paris, la roſe de la terre,
Où le baume flairãt de l'vniuers s'enſerre:
Qui en ſon ornement imite la grandeur
Des ſydõs & l'appreſt des bãquets pleins d'honneur.
Paris riche en ſes champs, & en vins abondante,
Courtoiſe au Laboureur, les moiſſons recueillante
A foiſon, où les champs ne ſont point offencez
De halier eſpineux: là l'on voit entaſſez
Les raiſins, comme és bois les fueilles eſpandues:
Tu y vois les foreſts de verdeur reueſtues

ormillier en gibier, & toute venaison,
lle a vn puissant Roy, & fort en sa maison,
uquel elle obeit, qu'elle sert & caresse
à est l'air bon, & doux, & l'assiette sans cesse
leine de tout bon heur: car tout y est plaisant,
Tout est beau & ioyeux, si l'heur n'estoit nuisant
Aux bons qui sont pressez d'vne faute commune,
Ayant tousiours au dos les rigueurs de fortune.

Extrait du Priuilege.

PAR lettres patentes du Roy, donnees à Paris le xxiij. iour de Feurier l'an mil cinq cens quatre vingts & vn, signé par le conseil BVTER, & seellé sur simple queue de cire iaune, Il est permis à Galiot Corrozet, marchant Libraire de Paris, de Reimprimer ou faire reimprimer, vendre & distribuer ce present liure, intitulé Les Antiquitez, Croniques, & Singularitez de Paris, (ville Capitalle du Royaume de France) reueues, corrigees & augmentees en cette derniere edition; Et fait ledict Sieur deffences à tous Libraires, Imprimeurs & autres d'Imprimer ou faire Imprimer & vendre ledict liure des Antiquitez, sans le gré & consentement dudict Corrozet, pendant le temps de dix ans finis & accomplis, sur peine de confiscation des liures autrement imprimez, & d'amande arbitraire, ainsi qu'il est plus amplement contenu esdictes lettres.

LES

ANTIQVITEZ, HISTOIRES ET SINGVLARITEZ de la grande & excellente Cité de Paris, ville capitalle & chef du Royaume de la France.

Chapitre premier

I'Aurois assez matiere pour escrire vn iuste volume, si les choses dignes de celebrer, faites en cette ville de Paris, apparoissoyent à la lumiere, eu esgard à lantiquité, à la grãdeur d'icelle, & à la frequẽtation des hommes de toutes les nations du monde, depuis que les Roys de France y ont mis leur siege, mais la negligence de ceux, qui ont eu les charges, en icelles &

ont manié les affaires, & la pareſſe de ſes enfãs meſmes, oules guerres en quoy les pariſiens ſe ſont exercitez, ou l'iniure du temps, qui n'a laiſſé venir les eſcritures iuſques à nous l'occaſion de ſes mutations, tout cela enſẽble nous à priuez de ce fruit, & laiſſez en ignorãce, dõt noz deuanciers ſont beaucoup à reprendre : car i'oſe aſſeurer que ſi les hiſtoires de noſtre ville n'euſſẽt eſté precipitees en l'oubliãce, que les Romains n'y les Grecs ne nous euſſent ſurmontez (encores qu'ils a yent eſcrit quelquesfois à plaiſir) mais la copie de leurs eſcritures les à ainſi hauſſez iuſques au ſommet & perfection de l'hiſtoire. Ie ne parle ſeulement de Paris, mais des autres villes, & d'auantage de tout le Royaume de France, qui n'a encores eu hiſtoriographe egal à ſon merite: combiẽ que pluſieurs s'en ſoyent efforcez, & auſquels nous ſommes redeuables pour le labeur de leur plume. De ceux la toutesfois & d'autres vieux fragmẽs non imprimez, enſembles des teſmoignages des anciens, & des Epitaphes des Princes & monumẽs antiques, i'ay baſty ceſte petite ville, pour rendre à ma patrie l'honneur que ie luy ſuis tenu, m'ayant produit & nourry en elle: non q̃ ie ſois ſuffiſant pour atteindre au comble du deuoir, mais pour n'eſtre ingrat au pays d'ou ie ſuis, & ayant faict ce que i'ay peu ne ſeray à reprẽdre: car ie penſe y auoir trauaillé ſelon la volonté qui a eſté telle qu'elle deuoit, & comme naturellement contraint à m'en acquitter, par l'amour & faueur que chacun porte au lieu d'ou il a prins ſa naiſſance & nourriture. Venons à l'hiſtoire, & voyons ſi elle a quelque fondateurs que nous voulissions approuuer.

Auertissement sur les diuerses opinions.

Plusieurs s'esbahissent, comme d'vne telle & si noble ville on ne trouue mieux à la verité le nom & le temps de son fondateur. Ie pense respondre à cela, & dirons les opinions des Autheurs qui en ont escrit, aucuns desquels (peut estre) seront reputez fabuleux: car à consideré la diuersité d'icelle, on n'en peut attendre autre fin que les vnes sont faulces ou toutes ensemble.

Toutesfois à fin qu'on ne pense que ie les ayes ignorees, ie ne les ay voulu passer en silence: car auec les coniectures qu'on pourra prendre de ce qui s'ensuit, les vns adhereront à vne opinion, & les autres à l'autre, combien que ie sçache que ie trouueray autant d'hommes du party, que i'ay, a declarer, comme d'autres qui le voudront nyer: si eſt ce que pour ne rien oublier ie diray ainſi.

Les opinions diuerſes de la fondation de la ville de Paris, & en quel temps elle fut erigee ſelon pluſieurs Hiſtoriographes.

NOz Anceſtres, ſoit que la groſſiere ſimplicité les rendit ſtupide ou qu'ils eſtimaſſent, que ſans eſcrit la memoire de l'antiquité des choſes ſe gardaſt par le recit des anciens de pere en fils, ont eſté ſi peu ſoigneux de laiſſer la ſouuenance de l'origine des villes, qu'ils ont baſties, que de peu des anciennes à l'on vne certaine aſſeurãce de leur origne premiere. Et qu'il ſoit ainſi encores voyez vous, que l'on fait des doutes ſur la premiere fondation de la Cité de Rome; & tiennent aucuns, que Romule n'en fut

Voy Denys de Halicarnaſſe.

point le premier bastisseur, ains en donnent l'honneur à ne sçay qu'elle dame Grecque, qu'il luy donna son nom.

Et souz l'iniquité de telle loy a passé vne des plus anciénes, belles, populeuses, riches, magnifiques, & des mieux policees, qui soyent en l'Vniuers, à sçauoir la ville de Paris, que les anciens ont nommé Lutece: L'origine de laquelle ceux qui ont les Troyens à cœur, & ausquels ils attribuent la gloire d'estre les peres de la plus part des Peuples, & citez de l'Europe, raporte à ne sçay quel Paris Troyen, ou à tout le moins aux Troyens fugitifs la conflagation de Troye, lesquels en souuenance & memoire de celuy qui estoit cause de leur ruine, bastisans certe Cité la nommerent du nom de ceste effeminé. Or s'il est ainsi, qu'vn Paris en soit le baſtiſſeur, encor ne ſeroit ce pas ce Troyen ains vn Gaulois de nation, & lequel viuoit plus de deux cens ans auant, que ce mol filz de Priam naſquiſt. Et lequel Gaulois eſtoit de la race, & ſang de cet ancien Samothé, lequel du tẽps meſme de Noé poliça les Gaulois, & les inſtitua en toute vertu, honneſteté & doctrine. Car de dire que la Cité de Paris ayt eſté baſtie par les Troyens, ou Sicambriens lors, que laiſſans le païs Scythien, ils vindrẽt en Gaule, ce ſeroit ſe moquer du tout de la verité de l'hiſtoire, comme ainſi ſoit, que plus de ſix cẽs ans auãt cette volee de Frãçois en Gaule la Cité de Paris eſtoit baſtie, & portoit le nom de Lutece, ſoit qu'elle fut ainſi appellee, à cauſe qu'elle eſtoit boüeuſe; ce que ie ne peux receuoir, veu que les Gaulois n'auoiẽt point la prati-

que, n'y vsage du Latin; & que les Autheurs plus illustres l'appellent Leucotece du nom cõme ie pense de Luce Roy des Celtes comme aussi les Parisiens furent nommez Luceës : comme le païs és entours fut appellé Parisis, & le peuple Parisien, du nom du sudit Roy des Celtes Paris, l'vn Roy estant le fondateur des villages Parisiens, lautre de la ville, laquelle à porté le
Strab. lib 4. nom de Leutece ou Leucotece, car ainsi l'appelle Strabon, parlãt d'elle en cette maniere. Le long de la riuiere de Seine sont les Parisiens, qui ont vne Isle, & en icelle, la Cité de Leucotece. Aucuns (mais sans preuue q̃ de coniecture) ont voulu dõner nom à ce peuple pris de plus loing, que de leur pays, à causeque ce qui vient des estrangers nous semble plus exquis que ce que nostre terre nous apporte: Par ainsi

disent que noz Luteciens, ou Luceens ont esté dits Parisiens de certains voyageurs de Grece la conduits par Hercule, & tirez du recoing de l'Arcadie, ou Strabon les rencontre, & les dit estre les plus anciens peuple de la Grece, mais il ne fait aucune mention que ces Parrhasiens (car ainsi s'appelloyent ces Archadiens) ayent voltigé hors de leur pays pour nous venir fonder cette belle Cité au cueur de la Gaule. Aucuns ont dit que Iules Cesar estoit fondateur de Paris, mais cela est faux comme il appert par son dire.

Iules Cesar rend tesmoignage de Paris, & l'aßiette & pourpris d'icelle ville.

Parlant donc de soy-mesmes, & de ses affaires en Gaule, il vse de ces mots. Ayant commandé que l'as- *Cesar 6. des Commentaires.*

semblee des Estats fut faite de tous les pays de Gaule sur l'entree du printemps, comme tous les Gaulois y fussent venus sauf les Senonois, les Chartrains, & ceux de Treues, il soupçonna ce delay, comme pour commencement de reuolte, & de guerre: & pource il changea le lieu de conseil, & assemblee des Estats à Lutece, ville des Parisiens, lesquels estoient voisins des Senonois: & des la memoire de leurs peres, ils auoyent alliance ensemble, neantmoins pour lors estimoit on, qu'ils n'estoient point de la ligue, & coniuration des rebelles.
Ou est l'homme si simple, qui osast dire ayant leu cecy, que Cesar soit le fondateur de Paris, puis que c'est luy, sans autre, qui confesse, & rẽd tesmoignage, que de tout temps, & memoire les Parisiens auoyent alliance iuree auec ceux de Sens,

lesquels de toute anciẽneté estoiẽt les mortels ennemys de la cité de Rome, & des Romains? Car commandant de transporter le conseil à Lutece de Paris, c'est signe, qu'elle estoit desia bastie, & qu'en si peu de temps qu'il auoit de sa venuë en Gaule, il n'eust pas dressé vn lieu propre à faire telle assemblee. Or pour mieux esplucher cecy oyez cõme il en parle en vn autre passage. Ces choses se passans, & demeslans ainsi deuant Cesar, Labian laissant à Prouins celle crüe de gẽdarmerie, que nouuellement on auoit amenee d'Italie à fin que elle seruist pour la garde du bagage de son camp, il s'en alla à Lutece, accompagné de quatre legiõs: Lutece est vne ville des Parisiens, assise en vne isle de Seine. Puis adiousta, parlant de Camulogene le general de larmee des Gaulois, &

Cesar. li. 7. de la guer. Galique.

declarant qu'elle estoit l'assiete de cette ville. Cestui-cy (dit il) voyant que tout estoit aux entours marecageux, & que ces palus perpetuels se vuidoyent en la Seine, & donnoient empeschement à ceux qui auroyent desir d'assaillir le lieu, si arresta auec deliberation d'empescher le passage aux nostres. Disant dōc, que Lutece estoit vne ville du terroir Parisien, & fondee en vne Isle, il est assez euident, que Cesar, l'ayant trouuee bastie, venant en Gaule, n'en fut iamais le fōdateur, comme en ses escrits n'y a pas vn trait duquel on puisse en rien tirer pour prouuer qu'il l'ait fait bastir. Voila quant à l'origine de cette excellēte cité, laquelle nous deuons aux anciens Gaulois longtemps auant les Romains, n'y que les Sicambriens ne vinsent oncques en Gaule.

Iulian l'apostat aux Antiochiens.

Pour veoir le plant de Paris, & cõmme iadis se comportoit son estendue, ie vous ameneray ce qu'en escrit Iuliã l'apostat, qui fut depuis Empereur, lequel estant Cesar, & gouuerneur des Gaules souz les enfans du grand Constantin, faisoit sa residence ordinaire à Paris, ainsi que luy mesme tesmoigne en vne Epistre qu'il enuoye aux Antiocheens, laquelle porte le tiltre de Misopogon, ou il descrit fort proprement cette ville, ainsi qu'elle estoit de son temps, parlant en cette maniere. I'estois jadis passant l'hyuer en ma bien aymee Lutece (c'est ainsi que les Parisiens appellẽt leur cité) laquelle est, & sied en vne petite Isle, voisine du fleuue qui le enuironne de toutes parts, sur lequel y à des ponts de bois, qui facilitent le passage de chacun costé, pour entrer en la ville, & la riuiere ne croissant, ou decroissant guere, est toute telle presques en hyuer, qu'elle a de coustume de se monstrer en esté : l'eau de laquelle est tresplaisante, & claire à la regarder, & d'icelle boyuent les citoyens, d'autant que se tenans en vne Isle, il faut qu'ils se pouruoyēt de cette eau pour leur vsage. L'hyuer n'est point trop rigoureux en ces quartiers la, a cause (comme l'on dit) des chaleurs de l'Ocean, qui n'en est eslongné, que d'enuiron 45. lieuës. Au texte de Iulian y à 900. stades, qui reuiennent à 45. lieuës prenant deux mil & demy d'Italie pour lieuë. Et peut estre, que quelque aleine du vent marin y vient, & s'espand iusqu'en ce lieu, & qu'aussi l'eaue de la mer semble estre plus chaude, que celles des riuieres de eau-douce. Et ainsi vous voyez, quel estoit Paris pour lors, & sa grandeur, si bien qu'Ammian Marcellin, pour cest esgard, l'appelle hasteau ou petite ville, lors qu'il poursuyt la vie, & gestes de l'Apostat : à la suyte duquel il estoit, viuant à ses gages. I'ay dit (auec Iulian) que les Luteciens habitoyent en vne Isle, pour la preuue dequoy il se trouue encores des memoires, & registres faisant foy, que du costé du grand Chasteler, & en la vallee de Misere y auoit vn pont: & par consequent, l'eau y passant, au bout duquel fut basty le Chastelet par Iulian, & non par Cesar premier Empereur, afin qu'il seruist de forteresse, & de Citadelle, si par quelque cas on vouloit assaillir l'Isle, ou si les habitans attentoient quelque sedition, ou dressoient quelque reuolte. Ie

Ammian Marcellin li. 15.

ſçay que le vulgaire, qui a ouy quelquesfois dire que ceſt edifice du grãd Chaſtelet eſtoit de l'œuure de Ceſar, à conclud tout auſſi toſt, que ce fut Iules Ceſar, qui en cauſa l'edifice, mais il faut veoir le temps, que Iules Ceſar ſ'arreſta à Paris, apres qu'il ſ'en fut rendu ſeigneur paiſible, veu que au paravant il fut long temps ſans y entrer, ſi bien que luy venant du coſté de Melun, & de Corbeil, vers le Heurepois, aſſiſt ſon camp du coſté des Mareſts, ou à preſent eſt baſtie l'Abbaye de Sainct Victor, les Gaulois poſerent le leur de l'autre coſté de la riuiere, qui eſtoient auſſi des Mareſts, ou à preſent ce ſont les Celeſtins, & tout ce quartier de ville, ou eſt la rue de Sainct Anthoine, & lieux adiacents. Or eſtoit cecy ſur les dernieres annees, que Iules Ceſar ſe

Commẽtaire Ceſar li. 7.

tint en

tint en Gaulle, & que il dompta les forces des Gaulois: & par ainsi faut conclure qu'elle impossibilité il y a, que ce soit esté luy, qui ayt fait bastir les forteresses de Paris, puis que par ses gens conduits par Labien, la ville susdite fut ruïnee, & bruslee, & restauree par ceux du pays, & depuis par les gouuerneurs y enuoyez au nom de l'Empire.

Par ainsi nous ayant asseurance par les escrits d'Ammian Marcelin, que Iulian faisoit sa residance ordinaire a Paris, tirons ceste consequence que ce fut luy, & non Iule qui bastit le Chastelet, & autres lieux, qui encores portent la marque d'antiquité en cette ville, & n'importent le nom de Cesar, veu qu'il estoit imposé aux Princes du sãg Imperial, ou à ceux, qu'on voyoit estre pour venir à la

Amian li.17.

succession de l'empire tel qu'estoit ce Iulian, & comme à present on nome Roy des Romains celuy qui est designé pour succeder à l'Empire. Le susdict Iulian, citoyen de Paris, ou aussi il fut proclamé empereur, feit bastir, outre le Chastelet, vn bastiment ou est maintenát l'hostel de clugny, pres des Mathurins qui estoit vn lieu champestre, & luy seruoit de lieu de plaisance, & seiour, lors qu'il vouloit prẽdre relasche de ses trauaux & affaires d'importance; & ce lieu estoit anciennement nommé le Palais des thermes, & de vray, il y a leans vne grande salle, sur la platte forme, de laquelle y a des iardins auec arbres qui porte creance de longue antiquité: car l'edifice est de matier forte & dure, comme vn roch, le nom de Palais des thermes luy est demouré iusques auiourd'huy pource comme aucuns croyét que l'on apportoit en ce lieu les deniers des termes des tributs deuz à l'empire Romain. Aucuns interpretent Palais desthermes, pour les baings lesquels y auoiét esté faits par l'Empereur Iulian l'Apostat, & diét que les eaux d'iceluy venoiét de deuers Gentilly : Ceste raison est confirmee par les lettres de la fontation du college de Sorbonne, esquelles (quant à l'assiette du lieu) sont expressemét contenus ces mots, *Ad locum Thermarun Cæsaris.* Quoy qu'il en soit, l'an mil cinq cens quarente quatre qu'on fit les ramparts & bastions à Paris, pour resister à la venue de l'Empereur Charles cinquiesme on trouua du costé de la porte sainct Iaques des canaux de pierre de taille & conduicts d'eaux, cõtinuez depuis le village d'Arcuil, ainsi nommé à cause des arcs bastis.

de brique, qu'on voit encores de present, ou de ce mot Latin cōposé *Æqueductus*, ou bien de *Arcus Cæsaris*, iusques dedans Paris. Lesquels conduicts des eaux auroiēt peu seruir ausdicts baings: & de present seroient necessaires à restablir, pour arrouser la haute partie de l'vniuersité de Paris, qui en a bon mestier si messieurs les Gouuerneurs s'y vouloient employer. Ce quartier la fut le premier habité apres que la cité eut prins son estendue, long temps parauant que celuy de la ville du costé de Septentrion, fust hāté qui est auiourd'huy le plus grād. Il estoit alors tout en bois & forests, ou se faisoient plusieurs homicides iusques sur la riuiere de seine, pour ausquels remedier, fut bastie vne tour pres la cité, pour seruir de guet aux parisiens, laquelle on voit encores auiourd'huy au mi

Le quartier le premier habité.

lieu du cimetiere des saincts Innocés ou est la chapelle nostre Dame. Et pour verifier d'auãtage que c'estoient bois, il y a vne chappelle en l'eglise sainte Oportune, à costé du cœur, dediee à la vierge Marie, quõ nomme encores de present nostre Dame du boys, en laquelle madame saincte Oportune, religieuse, frequentoit souuent, & depuis ladite chappelle a esté enclose dedãs l'eglise dediee à ladicte saincte. Reuenant à l'antiquité de nostre ville, on dit que le marché des bestes estoit par deça, ou est à present la ruë des Bourdonnoys, au lieu que l'on dit la place aux deschargeurs, & encores ce lieu est appellé la vielle place aux pourceaux. La Croix du Tiroir est ainsi nommee, pource qu'on y tiroit les bestes, & à proprement parler, c'est la croix du tiroir. Aucuns publient qu'elle fut ainsi appellé, pour la Royne Brunechilde, qui y fut tirree à quatre cheuaux, pour auoir fait mourir plusieurs Roys & Princes du sang de Frãce. Au carrefour Guillory estoit le pillory, ou l'on couppe les oreilles, & pource à bien dire c'est le carrefour Guigne-oreille.

En quels lieux se vendoiẽt les viures

Quant aux viures habondans en la cité, nous auons la halle de Beause, ou se vendoient de nostre temps les grains & bleds de la Beausse. Il y auoit vne certaine ruelle en la rue de la vieille pelleterie descendante en la riuiere de Seine, qui s'appelloit le port aux œufs: La boucherie de Paris estoit ou elle est à present, hors la cité & prochaine de la porte à l'issue du põt. Ce lieu estoit appellé l'apport de Paris, pour les viures que l'on y apportoit à vendre, comme encores auiourd'huy se nomme l'aporte de Paris, pource q̃ c'estoit la premiere de ce costé là, pour sortir & entrer en la cité. Et dessors y fut edifiee quelque forteresse pour defence de la cité, au lieu ou est de present le grand Chastelet, ou les gardes de la preuosté de Paris, d'antiquité tiennent la iustice ordinaire & la iurisdiction Royalle. Aucuns tiennent que le grand Chastelet est vn des edifices de Cesar, lequel il fit edifier pour fermer la cité au bout du pont, & que c'est là premiere porte de Paris, à laquelle on payoit les tributs des ports & passages, comme on fait encores de present, au lieu que on appelle de Treillis audict Chasteller: & sont encores aucuns viuans qui disent auoir veu escrit sur ledict Treillis.

Les princes aduenant à l'Empire estoiẽt appellez Cesars.

Icy se payoit le tribut à Cesar.

Et à la verité on y a trouué de nostre temps en quelques endroits des lettres Grecques & Latines, engrauees dans les pierres. Quant à la matiere du bastimēt, elle est tres dure: car vn pic en trois heures, n'en sçauroit leuer l'espesseur d'vn poing, comme on a veu l'experience. Quoy qu'il en soit, il estoit dés son commencement clos & enuironné de profonds fossez à fonds de ciuue, dans lesquels auoit son cours la riuiere de Seine, comme on voit auiourd'huy la Bastille: & qui bien le considerera, il le trouuera estre tresforte place. De la grosse tour d'iceluy despendent plusieurs fiefs nobles de Paris. Depuis fut habitee & fermee la ville iusques au lieu qu'on dit l'archet S. Merry, & alloit on de ceste porte tout droit à la riuiere de Seine, au lieu qu'on dit les planches demy-bray, c'est à dire, la moitié du bras de Seine, & l'à auoit vn pont de

On estoient les portes de la ville anciennement.

boys qui s'addressoit à S. Denis de la Chartre, (c'est auiourd'huy le pont nostre Dame) & estoit la seule porte de ce costé là pour aller & venir à Paris: Ceste pore estoit forteresse enclose d'eau cõme le grand Chastelet.

Apres fut fait le cimetiere que l'on dit des Innocés, qui estoit lors ainsi que les boucheries (hors la ville) afin d'euiter corruption & mauuais aïr. Au parauant il estoit licite à chacun pere de famille, de se faire enterrer luy & les siens en sa caue, court & iardin, cõme on en a trouué en grand nombre, en faisant les fondemés de quelques bastimens. Aussi se faisoient enterrer par les voyes & chemins, & de nostre temps auons trouué des sepulchres au long des vignes hors la ville S. Marcean, & n'y à long temps qu'en vne ruë, vis à vis de Sainct

Sepulchres antiques

trouuez en bastissans.

Victor, en pauant icelle ruë qui ne l'auoit onc esté, nous fut monstré au milieu d'icelle vn sepulchre de pierre, long de 5. pieds ou enuiron, au chef & aux pieds de laquelle furent trouuees deux medalles antiques de bronze. Pareillement l'an 1538. en edifiant des maisons sur la riue de Seine de la tour de Nesle, vis à vis du chasteau du Louure, furent trouuez vnze caueaux, en l'vn desquels estoit vn corpsmort armé de toutes pieces, qui tourna en poudre si tost qu'on le toucha. C'est vn argument que ces lieux ont esté autresfois habitez. Reuenant à nostre propos pres le cymetiere des Innocens, au lieu dit Champeaux on establit vn marché, on y fit de petis logis, & puis maisons, & par succession de temps, la ville s'estendit iusques à la porte S. Denis. La elle fut fermee & la vieille muraille desmolie, & encores de nostre tẽps voyoit on les premieres, qu'on appelloit fausses portes, és ruës S. Denis, S. Martin, S. Honoré, & Mõtmartre, qui ont esté abatues durant le regne du Roy Frãçois I. du nom par le conseil de M. Guillaume Budé maistre de ses requestes. A l'endroit de chacune desdictes anciennes portes, est l'Image de nostre Dame apposee contre vne maison: laquelle image estoit iadis sur chacune porte de la ville, & cela a esté fait pour vne recognoissãce. Es ruë de Iouy, & vieille ruë du Tẽple y a encores à chacune vne tour, qui jadis seruoiẽt de portes, & sont correspõdãtes à saincte Catherine du val des escoliers, à l'aué Maria, hostel de Barbeau, qu'on appelloit la porte des Beguines, ruë de Paradis, & autres endroits des fausses portes, iusques à l'ẽdroict du Louure,

Anciẽnes portes de la ville abatues de nostre temps.

Pres le parrin Gasselin estoit vne place ou on iettoit les chiẽs morts, qui s'appelloit la fosse aux chiens, & encores y a il vne rue ainsi appellee. Pour acheuer nostre propos q̃ les lieux anciennement n'estoient dedans la closture de Paris, on troue en la date d'aucunes lettres Royaux ces mots,

Donné à nostre Eglise de sainct Magloire, lez Champeaux pres Paris.

Semblablement la denomination de S. Martin des champs, fait cognoistreque ces lieux estoient hors la ville, cõme nous verrõs cy apres en la deduction de noz Antiquitez

Les Druides enseignoiẽt les loix.

Cesar en ses cõmentaires descriuãt les estats des Gaules met en souuerain degré les Druides, qui estoient les sacrificateurs, Iuges, legislateurs & gouuerneurs des villes & du peuple. Ils enseignoient les loix & science aux ieunes enfans nobles, & leur apprenoient les lettres, lesquelles (comme est à presupposer) estoiẽt grecques: car de donner certitude qu'elle lettre il vsoiẽt, est impossible. Et icy me souuiẽt de de Geoffroy Tory, en son liure du Champ fleury, qui dit auoir veu à Paris, quatre anciennes pierres de taille, esquelles y auoit lettres Hebraïques grauees & entaillees, l'vne en l'hostel de Fescamp, deux autres en vne maisõ en la rue de la Harpe, & la quatriesme pres des cordeliers qui est argument suffisant, que telles lettres aussi bien q̃ les grecques & latines, y ont esté iadis en honneur. Ces Druides gouuernoient le spirituel & le tẽporel, estoient frãcs de tous tributs emprunts imposts guerres & autres seruitudes. Ils ne vouloient souffrir que leurs enfans vinssent en leurs presence, iusques à l'aage capable de porter armes. Ils estoient grands obseruateurs d'Astrologie, & de la religion des faux dieux, entre lesquels ils adoroient souuerainement Mercure, Apollo, Mars & Iupiter. Ils sacrifioient à iceux hommes viuants, quant ils estoient atteints de crime. Le principal de leurs temples estoit au lieu de Montmartre, qui estoit nommé le Mont de Mercure, auquel les Parisiés alors idolatres, s'assembloiẽt à certains iours, & offroient sacrifices au Diable, qui estoit en ce tẽps le prince du monde. Depuis la conqueste que Iules Cesart fit des Gaules, les Parisiens furent tousiours en la subiection des Romains, iusques au temps de Claudion & Merouee, lesquels s'emparerent des Gaules, & y dresserẽt ce noble royaume de France, comme sera dit cy apres.

des Roys qui ont regné en la France, estãs payens: suiuant leurs effigies mißes au Palais royal de Paris, maison des Roys, & du premier Roy Chrestien, qu'außi de ses successeurs.

CHAP. II.

Continuant l'histoire de nostre ville de Paris, apres auoir esclargy les obscuritez de sa naissance, ie reste à dire son augmentation, accroissemẽt & perfection, depuis qu'elle a esté gouuernee és mains des Roys de France, qu'ils l'ont tant ennoblie, qu'ils en ont fait le chef de leur Royaume. Tous ceux qui descriuent l'histoire Françoyse, posent aussi Pharamond le premier en rang entre les Roys de France, comme aussi il a esté esleu le premier lors que ceste natiõ voulut cõmander à bon escient sur les Gaules, combien que plusieurs ont oppinion que iamais il n'à cõmandé, ce n'eantmoins puis qu'il est effigé auec les autres, & cõme la souche du sang Royal dedans ce grant Palais Parisien, ie ne faudray aussi le mettre au rang de ceux qui ont cõmandé sur les François, mais non sur le pays que maintenant on appelle France. Icy ie n'ay moyen de declarer comme les François paruindrent aux Gaulles d'autant qu'il faudroit bien autant de papier que tout ce liure contient pour en faire ample discours, ioint que plusieurs en ont assez descrit comme François de Belleforest, qui à orné & enrichie la cosmographie de Munster & encores és Annalles de la France recuillies par luy chose louable & meritant recompense, pour le trauail de son esprit, lequel sera en eternelle memoire a la posterité: or donc pour abreger ie commence-

ray

ceray vous declarer le premier esleu Roy de la France.

Pharamond premier Roy des Frãçois payen, commença a regner sur eux en l'an du monde 4383. apres la natiuité de Iesus 421. Il regna 11. ans, sous luy comencerent les Frãçois, à vser des loix, & ingerẽt leurs causes par quatre barons Nobles, sages & esleus de leurs gens, selon & ensuiuant la loy salique: Et en suiuant icelle loy, ordõnerent des lors lesdits françois, que iamais fẽme ne succederoit au Royaume ny à la couronne de france. Voyez Gaguin li. 1. & Paul Emile liure 1.

Le premier Roy des francois.

Clodium second Roy de Françoís payen, succeda a son pere Pharamond, en l'an du monde 4394. Apres la natiuité de Iesus Christ. 432. Il regna 18. ans. Il fut surnommé le cheuelu parce qu'il portoit longue barbe & longs cheueux, il

Le 2. roy des francois.

ordonna que les françois portassét longue cheuellure en signe de liberté, & aussi declara la ville de paris franche, ce Roy subiuga les Thuringiens ou Lorrains, print Cambray d'assaut, feit mourir les Rommains qui estoyent dedans, deffeit leur armee pres la riuiere du rhin, & conquist Tournay, la Bourgongne & plusieurs autres villes.

Le tiers Roy de France.

Merouee le tiers Roy des François payen succeda à Clodium, en l'an du monde 4412. apres la natiuité de Iesus Christ. 450. regna 10. ans, comme ses deuanciers il estoit payen, preux & hardy en guerre, cõme il a monstré en plusieurs batailles, esquelles il c'est trouué: Il feit ietter au feu vn sien fils, pour auoir tué le Roy de Cornouaille, qui venoit de s'esbattre, estant lors cornouaille tributaire à France.

Childeric fils de Merouee, 4 Roy

des François payen, Prince beliqu'eux luy succeda en l'an du mõde, 4422. apres la natiuité de Iesus Christ 460. Il regna 26. ans: Ce prince se gouuerna mal & pour sa luxure fut chassé par son insolẽce. Gillon vn citoyen romain, qui estoit gouuerneur de Soissons, succeda à son lieu par l'espace de huict ans Puis Childeric fut remis en ses estats, & se gouuerna fort bien & sagement.

Le quatriesme Roy de France.

De S. Denis premier euesque de Paris, qui apporta la foy au pays de france: Comme il fonda l'eglise S. Estienne des Grecs, S. Benoist & l'Eglise de nostre Dame des champs. De S. Geneuiesue, qui fit rebastir la chapelle ou reposoient les saincts martirs: De la prieuré s. Denys de la chartre & chappelle s. Blaise, quel estoit la ville & pays de France en son temps.

Sainct Denis fut n'ay d'Athenes, nasquit le 6. an du 6. aage du mõde: Il fut grand clerc, & mesme en l'art d'astrologie: Il auoit 26. ans lors que nostre Seigneur souffrit mort & passió, en l'arbre de la croix Il fut côuerty par S. Paul, par trois ans, & puis Euesque d'Athenes. Puis alla à Rome, pour visiter S. Pierre & S. Paul, lesquels il trouua prisonniers sous Neron 6. Empereur. Aprés fut enuoyé en Frãce, auec S. Rustic, & S. Eleuthere ses cõpagnons, par le Pape Clement, premier de ce nõ, & parce est appellé l'Apostre de frãce. Il fut descolé au pied de la montaigne de Montmartre, pres Paris, en l'aage de iiii xx. ans le xiii. an de l'empire de Domitian: & le feit decoler vn Tyran nõmé Sisinus Preuost de la prouince, auec vne doloire, pour ne vouloir adorer les Idoles: Ce fut l'an de la natiuité nostre Seigneur 96. & de sa passion 63. Lesdits bien-heureux

S Denys enuoyé en france

S. Denis mis a mort.

martirs furẽt mis en priſon, au lieu ou eſt a preſent la prieuré S. Denys de la chartre (ainſi nommee pour ceſte cauſe) A ceſte raiſon le mont de mercure a eſté touſiours depuis appellé Mõtmartre, ou montaigne des Martyrs: Apres leur mort, le corps S. à l'ayde des Anges, porta ſon chef iuſques au vilage de Catule, au lieu dit auiourd'huy la prieuré S. Denis de l'Eſtree: & la il fut par vne dame Chreſtienne enſeuely auec les deux autres martirs, ou il repoſerent trois cens 24 ans iuſques au temps de Dagobert: Comme nous dirõs en ſon ordre cy apres.

S. Denys porta ſon chef.

Ce bon S. fonda en la ville de Paris trois Egliſes. La premiere au nom de la Saincte Trinité, ou eſt à preſent S. Benoiſt, ainſi qu'il appert en vne verriere de ladite egliſe, en la chapelle S. Nicolas vers ſeptentrion, ou eſtoit eſcrit.

Egliſes fondee par. S. Denys.

In hoc sacello Sanctus Dionysius cœpi[t] inuocare nomen sanctæ Trinitatis.

S Estienne des Grecs.

La 2. S Estienne des Grecs, ains[i] nõmee pour autant que S. Denys & sa compagnie estoyẽt de Grec[s]. La troisieme nostre Dame, de[s] champs, auquel lieu y auoit vn tẽ[-]ple dedié à Mercure, l'idole duque[l] il ruina, & chassa le diable, puis l[e] consacra à la vierge Marie : La [...] esleut sa demeure & y fut prins.

Par la passion de S. Denys, plu[-]sieurs creurent en Iesus Christ, & entre les autres Laërtia, qui au pa[-]rauãt auoit procuré la mort de Li[-]sbius son mary conuerty à la foy & lequel en fin elle ensuyuit par l[a] couronne de martyre. Le fils de la[-]qu'elle aussi nommé Lisbius, ayan[t] milité sous trois Empereurs, & re[-]tournant es Gaules, fut bapeisé pa[r] Massus troisieme Euesque de paris apres S. Denys. Et depuis escriuit les martyres dudict Sainct & ses cõpagnons, ainsi qu'on les trouue en la librairie de ladite abbaye.

Depuis le trespas de ceste dame, qui enterra le corps S. Denys & ses compagnõs, on ne tint gueres cõte du sepulcre des Saincts iusques au temps de S. Geneuiefue, qui deuotement frequentoit en la pauure chapelle ou ils reposoyent, laqu'elle elle procura estre refaite de pierres carrees, & par miracle pourueut a l'indigẽce de vin autãt qu'il en falut aux ouuriers, iusques à la consomation de l'ouurage: & resplendit en ce lieu, & à Paris, par autres vertus diuines comme diray cy apres.

Saincte Geneuiefue fit rebastir la Chapelle ou les S. corps estoyent inhumez

La prieuré S. Denys de la chartre, iadis abbaye, mentionnee cy dessus, a autresfois esté en la collation de l'Euesque de Paris: mais de puis à esté baillee à l'abbé & conuent de S. martin des champs, cótre & enschãge de l'abbaye de mót martre, maison de Nonnains.

Chappel le Sainct Blaise

Il vient icy bien a propos de dire, que pres S. Denys de la chartre, dont i'ay faict mentiõ y a vne chapelle, laquelle on dit estre la plus ancienne Eglise & paroisse de la cité, dedice au nom de S. Blaise & S. Symphorien, tãt en haut qu'en bas à laquelle fit de grands biens haut & puissant seigneur Mathieu, Cõte de Beaumont, en l'an mil deux cens cinquãte cinq au temps d'odo Euesque de Paris. On void encores en bas les fons, & les sepultures dudit Conte, & de la Contesse sa femme.

Accroissement de la ville de Paris, sous Clouis, le premier Roy de France Chrestien: De la preeminence ancienne d'i-

celle ville, & de la fondation de l'Eglise Saincte Geneuiefue: Paris aßiegé par les Hongres & autres matieres.

CHAP. III.

Clouis cinquiesme Roy de france, premier Roy Chrestien, succeda à son pere Childeric, l'an du monde 4448. Apres la natiuité de Iesus Christ, 484. ans. regna 30 ans quinze ans payen & xv. ans Chrestien. Le susdit Clouis epousa Clotilde, qui estoit de Bourgongne, & Chrestiẽne, laquelle conuertit son mary en grãd peine: ledit Roy mit son siege a Paris, & l'establit ville capitale de son Royaume. Icelluy clouis monarque des Gaules, & Clotilde sa femme (que nous nommõs Saincte Clote) à la requeste de S. Geneuiefue alors viuante, edifficrent hors les murs, au mont de Pa-

5. Roy & premier Chrestien.

ris vne Eglise à l'honneur des Apostres S. Pierre & S. Paul, en l'an 400 quatre vingts & dix neuf, laquelle Eglise est auiourdhuy nommee S. Geneuiefue au mont de paris, pource que ladite Saincte y fut enterree l'an cinq cens quatorze. Encores y void on son sepulcre en la caue d'embas.

Saincte Geneuiefue au mont de Paris.

En c'est endroit il me souuient, que la plus part des anciennes Eglises ont des caues & voultes sousterraines, c'estoit la deuotion de ce temps là.

En ceste Eglise, au milieu du cueur fut enterré le Roy Clouis, comme verrez cy apres en son Epitaphe: Aussi la Royne Clotilde qui mourut en l'an cinq cens quarente sept. Au mesme lieu repose les os de Clotilde leur fille, femme d'Almarich, Roy des Gots, & deux des fils de Clodomire, Roy d'orleans: les quels Clotaire, leur oncle tua de sa main. Le Sepulcre duditRoy est haut de deux pieds son effigiee est esleuee dessus auec grãde maiesté, le tout est enclos d'vn coffre de bois, aux ouuertures duquel est escrit vn long Epitaphe, contenant ses faits en latin & françois, contenãt entre autres parolles ces mots.

Epitaphe du Roy Clouis.

Hic est illustrissimus Rex Ludouicus, qui est Clodoueus antè Baptismum nominatus est, Francorum Rex quintus, &c.

& en François.

Cõme le S. cresme fut apporté.

Cy gist le cinquiesme Roy de frãce, 1. Roy chrestien dit Clouis auant son baptesme, lequel S. Remy baptisa à Reims, & nõma Loys & la apporta vn Ange de Paradis, vne ampoule pleine de cresme, dõt il fut oingt, & ses successeurs Roys de France, en sont aussi oingts a leurs couronnemens. Celuy Roy à l'admonestement de S. Clote falfé me & de madame S. Geneuiefue fonda ceste Eglise en l'honneur des princes des Apostres S. Pierre, & S. Paul sacree par S. Remy, cest la premiere Eglise q̃ iamais Roy de Frãce fondast. Il conquist Thoulouze, & Aquitaine, iusques au monts Pyrenees, deuant luy les murs d'Engoulesme par miracle tomberent: Alemaigne luy fut tributaire, Thuringe, la haute Alemaigne & autres pais: Cestuy institua Paris chef du Royaume de France, deliura, & affranchit son royaume de la main des Romains. A ce noble Roy enuoya l'Empereur Anastase vesture Imperialle, & courõne d'or laquelle il donna a S. Pierre de Rome, il vesquit & mourut sainctemẽt xv. ans auant son baptesme, & autres xv. ans apres. Et fut icy enterré l'an cinq cens xiii. de ses iiii. fils Roys, Theodoric, Clodomire, childeric,

& Clotaire en l'an xxx. de son regne. En ceste Eglise Clouis mit Chanoines seculiers, & par testament il obliga à ceste eglise le païs de Bourgongne, qu'il auoit dompté, & plusieurs autres terres, ainsi qui se voit par les chartres & documés de ceste Royalle maison: L'an de grace 1148. regnant en France Loys le ieune, & lors qu'il estoit au voyage de la terre sainte, à la poursuitte de Sugger Abbé de S. Denis en France, & laissé regent du royaume auec quelques Seigneurs fut reformee ladicte Eglise, ostant les Chanoines, il y fut mis des religieux de S. Victor, & le premier qui porta tiltre d'Abbé à S. Geneuiesfue fut Odon, ou Eude religieux de S. Victor, la cause du changemēt fut par l'insolence & mauuais gouuernement des chanoines, si bien que le Pape Innocent second estant ve

Changement des Chanoines de saincte Geneuiesue.

nu en France, & se trouuãt en procession, ou le Roy assistoit, ces chanoines vserẽt de leurs folies accoustumees qui fut causeque quelques temps apres, furent chassez & mis hors, laissans ceux qui voulurent viure religieux soubs la reigle de S. Augustin. Et de ce faire eut charge cest Abbé tant du Pape Eugene 3. que du Roy Loys le piteux.

Siege des Hõgres deuant Paris.

Au temps de saincte Geneuiefue, les Hongres assiegerent Paris, mais par les prieres d'icelle enuers Dieu, ils se retirerent sans faire dommage à la ville, tous fuitifs & espouuentez, cõme s'il y eust eu vne gendarmerie qui les poursuit au dos. Ceste saincte vierge est la vraye patrone & garde des Parisiẽs, qui ont telle confiãce en Dieu, par les prieres & merites d'icelle, que de toute tribulation ou necessité, soit de maladie, pour les guerres & heresies, soit pour auoir de l'eau du ciel, ou pour auoir beau temps ; soit pour la famine, ou pour faire retirer la riuiere de Seine quãnt elle est desbordee : bref pour toutes choses dont on a affaire, ils la priẽt & font processions publiques, esquelles ils portent sa chasse par hommes nuds en chemise, en grande reuerence, & ne sont iamais frustrez de leurs requestes, ains sont exaucez de Dieu. A ceste procession assiste tout le clergé de Paris, la court de Parlement, & le corps de la ville: lesquels partans de ladicte Eglise, ou son corps repose, accompagnẽt la chasse saincte Geneuiefue iusques à nostre Dame, ou se dit & celebre la grand'-Messe en toute deuotion: puis est reconuoyee en tel ordre iusques au petit pont, icelle retournee en son Eglise est remontee en son lieu par les religieux de

Ordre que l'on tient en procession.

leans deuant que manger: lesquels religieux trois iours parauant sa descente, ieunent & vont pieds nuds en procession. Ie n'ay voulu icy oublier l'Epitaphe d'vne noble dame de sauoye, enterree au cœur de leans.

Exiguo clauduntur hoc saxo intestina nobilis dnæ Agnetis de Sabaudia vxoris quondam illustrissimi Francisci comitis Dunensis: molem autẽ carnis exuit sexta decima Martij, anno incarnationis millesimo quingentesimo octauo.

Eglise saincte Geneuiefue bruslee.

Nous auõs dit cy deuant que ceste Eglise estoit fondee au nom de S. Pierre & S. Paul, mais apres q̃ ceste glorieuse Dame S. Geneuiefue fut morte & enterree en icelle Eglise, les miracles de ceste Dame s'estant publiez par tout, & elle estant esleuee, & ses sacrez ossemẽs enchassez l'eglise aussi changea de nom, & fut renommee S. Geneuiefue. Et cecy

fut

fut des le temps que les Merouinges tenoient la couronne des Gaules sous le regne des Pepins, & enuiron l'an de grace viii.c.iiii xx.dix lors que les Normans coururent & pillerent la Gaule, ceste Eglise fut aussi comprise au sac de ces pillars & lors infidelles, mais au parauant les Chanoines auoient transporté le corps S. de la vierge hors de sa maison, & par l'espace de cinq ans fit plusieurs miracles.

Notez que tous les Roys de frãce qui ont tenu leurs sieges à Paris, sont les vrais & legitimes Roys: Et depuis Clouis, tous ont aymé & respecté le lieu y tenans leurs maisons, thresors, chartres, assemblees & deliberatiõs, conseils receptiõs des Princes estranges, entrees mariages, festes, funerailles, & tous autres actes de Princes: mesmement y faisoient gesiner les Roynes; & *Aduertissement au Lecteur.*

baptiser les enfans royaux, comme il est apparent par les histoires de Gregoires de Tours, & autres chroniqueurs anciens & modernes.

Fondation de l'Abaye de S. Germain des PreZ autresfois nommee S. Vincent leZ Paris : les singulariteZ qui y sont, & autres histoires.

CHAP. IIII.

1e 6. Roy de France.

CHildebert vi. Roy de France succeda à son pere clouis, au Royaume de France, en l'an du mõde 4478 apres la natiuité de Iesus Christ 516. Il regna xlv. ans. La premiere fondation royale qui fut faicte à Paris, apres celle de l'Eglise S. Pierre & S. Paul, à present S. Geneuiefue est celle de S. Vincent hors les murs: laquelle maintenant on nomme S. Germain des prez, de laquelle fut fondateur Childebert Roy de Paris, & de France, ainsi que portent les lettres de fontation, mises par Aymon moyne en son histoire. *Aimon moyne li. 2. c. 19*

Or l'occasion en fut telle, selon qu'il est escrit és patētes, & és chartres qui sont au thresor de ladicte Abbaye: Childebert fils du grand Roy Clouis, estāt allé en Espaigne contre les Gots, prit la cité de Tolede, rapportāt de ce pillage de grāds thresors, & ioyaux, entre lesquels y auoit plusieurs vases propres au seruice de l'Eglise, qu'aucuns estimoient, ne sçay si vrayement, auoir seruy d'autresfois au Temple de Salomon: il y auoit donc lx. Calices tresriches, & quinze Platines à couurir des Calices, xx. coffrets à couurir les Euangiles, & vne croix tresriche d'or massif, laquelle est encores à sainct Germain. Et bien que tout ce que dessus fut d'or massif, & enrichy de magnifique pierrerie, le tout elabouré subtilement, si est-ce que le Roy ne print rien pour en faire son propre plustost le dedia & distribua aux pauures, & aux Eglises en diuers lieux & endroicts de son Royaume. De rechef ce Roy fit le voiage d'Espaigne, & vint assieger la cité de Cesar Auguste, ores dicte Sarragosse, pour duquel siege les habitans desireux de se deliurer, furent contraincts y consentant l'Euesque dudict lieu, donner au Roy susnommé la Tunique diaconale du martir S. Vincent, & le Roy de retour en France sollicité par sainct Germain lors Euesque de Paris, dona celle Tunique à vne Eglise qu'il fonda en l'honeur de ce S. Diacre, & Martir Vincent en l'an de nostre salut cinq cēs quarāte deux y donnant encor la croix d'or susdicte, & des grands biens, & reuenus pour la nourriture des moynes, d'autant que dés sa premiere fondation, ce lieu fut erigé en Abbaye. En laquelle ce mesme Roy a esté enterré par S. Germain mesme derriere le grád Autel du costé de Midy, non trop magnifiquement, selon la simplicité, ou plustost grosserie du tẽps d'alors, ayát sur le corps vn Tombeau esleué haut de deux pieds, & par dessus est faicte l'effigie d'vn Roy, auec ceste inscription.

Childebert Roy des François secõd Chrestien fondateur de ce monastere fils de Clouis premier Roy Chrestien, eut le principal siege de son Royaume à Paris.

En ceste Eglise est aussi enterré Chilperic fils de Clotaire premier du nom, ayant son tombeau esleué dedans le cueur de l'Eglise du costé de Septentrion, ayant le sceptre Royal en vne main, & de l'autre tenant sa gorge, comme tesmoignát la trahison de la paillarde Fredegonde sa femme, qu'il le fit occire.

Chilperic 4. Roy de France, enterré à S. Vincent.

par son adultere, ainsi qu'il est contenu aux Annalles. A l'entour de son Tombeau sont escrites ces paroles en forme quadrangulaire.

Chilpericus hoc tegitur lapide.

Puis y a vne autre Epitaphe du mesme, disant.

Epitaphe de Chilperic.

Chilperic quatriesme Roy des François, fils de Clotaire premier, & nepueu de Childebert fondateur de ce mesme monastere, & pere de Clotaire second de ce nom; ensepulturé à l'opposite de ce lieu, lequel il engendra de Fredegonde, & regna vingt deux ans decedant par homicide. Et Bertude Royne femme de Childebert, & Fredegonde la meurtriere sont enterrez aussi en cest Abbaye, ainsi qu'on peut retirer de leurs Epitaphes.

Y est encores mis en terre le Roy Clotaire à l'étre du cueur du costé de Midy, auec vne telle intription.

Cy gist Clotaire second de ce nom, Roy de France, fils de Chilperic, enterré à l'opposite de ce lieu & pere de Dagobert fondateur de l'Abbaye Sainct Denis.

Epitaphe de Clotaire secód du nom.

Childeric aussi second de ce nom y est enterré auec son espouse, mais leurs tombeaux ne sont point esleuez.

Tous ces Roys ont fait des fondatiõs en ceste Eglise, & l'õt doüee de grãds reuenus, comme aussi Dagobert y donna quelques terres, & y auoit esleu sa sepulture, mais ce fut auant que bastir le Mosolee: & tombeau Royal qui est en l'Eglise S. Denis duquel sera parlé cy apres.

Apres la mort de S. Germain, qui fut enterré en la chapelle de S. Simphoriã, qui est à l'entree de l'Eglise Sainct Vincent, comme son corps fut transporté dedans le cueur par la volonté du Roy Pepin le bref, fils de Charles Martel, ayant auec luy Charlemaigne son fils, l'Eglise fut aussi dediee à ce S. Euesque, & depuis, & elle & tout le fauxbourg portent le nom de S. Germain. A laquelle le susdict Roy Pepin donna le village de Palaiseau auec ses dependances, ainsi que l'ay retiré d'vne pierre qui est contre l'autel, qui est derriere le grand autel, au bas d'iceluy.

Hic pausante sancto Germano, die translationis dedit ei Rex Pipinus fiscũ Palarioli cum appenditiis suis omnibus.

C'est à dire S. Germain reposant icy, le iour de la translation, le Roy Pepin luy donna le fief de Palaiseau auec toutes ces dependances. Auons encor tiré des vieux registres de l'abbaye, les parolles desquelles vsa ce Roy, faisant ceste donnation, lesquelles sont telles.

Accipe Domine Germane villã nostram

Palatioli cum appenditiis omnibus tibi actenus hactenus inimicam, tibi deinceps, ac seruis Dei profuturam.

Donatiõ de Palaiseau.

C'est à dire, reçoy mõsieur S. Germain nostre village de Palaiseau auec toutes ses dependances, qui a par cy deuant esté ton ennemy, & des tiens, & qui desormais redondera au profit & seruice tien, & des seruiteurs de Dieu.

De ceste donation ne iouirẽt trop long temps les religieux, à cause qu'il y eut des grands qui leur conuoitans ceste place, leur osterent. Loys fils de Charles le grand dit le Debonnaire, enrichit grandement ceste Abbaye, cõme aussi fit Charles le chauue son fils, lequel approuua, cõfirma, & ratifia les priuileges donnez par les Roys ses predecesseurs à ceste Abbaye, voulant qu'il y eust six vingts religieux nourris, & establissants de grands rentes,

& reuenus pour pouruoir & subue nir à leurs necessitez ainsi qu'il est couché és pãchartes, & instructiõs du thresor qui est en ceste abbaye. Ceste Eglise fut sacree & dediee en l'an de nostre salut 1163. és calen des de May, apres sa nouuelle reparation, regnant en France Loys le ieune, & seant à Rome Alexãdre 3. lequel s'en estoit fuy en Frãce persecuté par l'Empereur des Alemaignes. Et ce fut en ceste dedicace que fut authorisee l'exemption des Abbé & religieux de S. Germain lesquelles despẽdent sans nul moyen du S. Siege Apostoliq̃, sans que ils soyent en rien subiects à l'Euesque de Paris. En laquelle dedicace ne se trouua Maurice, lors Euesque de Paris, par deffence du Pape, à la requeste des moynes de leans, ainsi que porte lacte de ladicte dedicacace, escrit en vn tableau dans le cœur de l'abbaye sus nõmee. L'abbé est Seigneur du fauxbourg, qui est le plus beau qui soit es entours de Paris, & iouyt de Peages, subsides, & autres droits qui se leuent à la foire qui se tient es halles de S. Germain tous les ans, au moys de Feurier, commençãt le lendemain de la Chandeleur, & dure viii. iours consecutifs: Au reste l'Eglise S. vincent, ores S. Germain est hõnoree de plusieurs sacrees reliques qui y reposent, & premieremẽt le corps de S. Germain Euesque de Paris, vi. Abbé de ceste abbaye: Le corps de S. George, Aurelle & Natal & de S. Leuffroy, celuy de S. Amand euesque de Tours, les corps encor de S. Thurian, S. Droctouee abbé & disciple de S. Germain, & le corps de S. Venant Abbé a tours, duquel fait mention Gregoire de Tours en son liure de la gloire des cõfesseurs

Il y a encores plusieurs autres reliques, comme la Tunique susdicte de S. Vincent aussi quelque cas de S. Marguerite. Quant à l'edifice abbatial, il ressent son antiquité, & tient on que iadis ce fut vn temple dedié à la Deesse Isis, qui estoit la tutelaire des Parisiés; & de ce prẽd on argumẽt, pource que de nostre temps on n'y a veu la statue & representation de ceste Deesse seulement des anciens adoree, que les Parisiens appeloient l'Idole de S. Germain: mais elle fut abbatue par feu monsieur Guillaume Briçonet Euesque de Meaux, & Abbé de S. Germain des prez, l'an 1514. Ceste Abbaye a esté rebastie du tẽps d'vn bon Abbé nõmé Morand homme de saincte vie. D'autant que par trois fois les Normands infidelles en auoiẽt bruslé la plus grande partie. Et pour acheuer le contenu, en

De l'idole S. Germain.

ceste Eglise la plus part des Roys anciens sont peints és pillers d'icelle, auecvn petit memorial de leurs faicts. Il y à vne chappelle dediee à saincte Marguerite, à l'entree de laquelle est escrit.

Blanche d'Espagne Royne de France fonda cest autel au nom de Saint Nicaise & sainct Eloy.

Gregoire de Tours en son histoire. dit qu'au temps du Roy Childebert dessus nommé, la ville de Paris fut entierement bruslee, reste les Eglises & les maisons d'entour, & que l'inconuenient prouint par la negligẽce d'vn bourgeois, qui mit le feu en l'hostel de la ville sur le point du iour. C'est hostel dit-il estoit la premiere maison contre la porte, qui à son yssue du costé de midy, & la nomme *Domus negociantium* Maison des marchans, ou de la marchandise, dit d'auātage qu'il

Gregoire de Tours en son li. 8. chap. & 33.

y auoit prisons, & qui e par la force du vent le feu sauta de maison a autre, iusques à l'autre porte de la ville, ou estoit l'oratoire & chappelle S. Martin dediee en son nom, pource qu'en ceste place S. Martin par vn baiser, y auoit guary vn Ladre.

Des Roys qui ont regné en france iusques à Dangobert, le premier fondateur de l'abbaye Sainct Denys en France ensemble les noms & Epitaphes des Roys, Reynes, qui y gisent. Aussi toutes les Antiquitez & singularitez qui y sont.

CHAP. V.

LE Roy Childebert estant mort sans enfans le royaume eschut a Clotaire, premier du nom, & vii. Roy des François frere dudit childebert, en l'an du monde 4522. Apres la natiuité de Iesus Christ 560. Il regna

Le 7. roy de france

cinq ans.

Cherebert autrement dit Aribert, viii. Roy de France, succeda à son pere Clotaire, au royaume de france, l'an du monde 45 27. apres la natiuité de Iesus Christ 565. regna neuf ans. Le 8. roy

Chilperic neufiesme Roy de frace apres son frere cherebert en l'an du monde 4536. apres la natiuité 574. Il regna 14. ans, au commencement il ne tenoit pas tout le royaume aussi il n'estoit le plus fort. Le 9 roy

Clotaire premier du nom x. Roy de France succeda à son pere chilperic, en l'an du monde 4549. apres la natiuité de Iesus christ 587. Il regna 44. ans. Ce Roy passa en Angleterre pour deffendre son fils Dagobert, il desconfit les Angloys, & n'y laissa homme viuant plus long que son espee, laqu'elle il laissa au lieu en signe de recognoissance. Le 10. Roy.

Le xi roy fondateur de S Denys.

Dagobert xi. Roy des François, succeda à son pere Cloraire, l'an du monde 4593. de Iesus christ 61. Et regna xiiii. ans. Auquel temps il fit bastir l'Eglise S. Denys, & puis qu'il vient à propos ie vous descriray la fondation.

Dagobert en son ieune aage estant au deduit de la chasse à l'entour de Paris, se mit en queste apres vn cerf, lequel poursuiuy a force de chiens, se sauua au village de catuille, & entra dedans la chapelle S. Denys, auiourd'huy dit de l'Estree: & tout chaut qu'il estoit s'alla reposer & rafraichir sur la tombe des corps saincts. Les chiens poursuiuans, ne sceurent autre chose faire, q iapper & abbayer apres, n'ayans la puissance d'en approcher, q de bien loing, quelque force qu'on leur fit, parquoy faillit le deduit de la venerie.

Aduint

Aduint que Dagobert, pour auoir fait iniure a son maistre, fut en l'indignation de son pere, pour la fureur duquel euiter, se recordant de la sauuegarde que le cerf auoit eue se retira en ceste chapelle, ou il s'en dormit. Durant son repos S. Denys S. Rustic, & S. Eleuthere, s'apparurent a luy, promettans que s'il vouloit (quant il seroit en son regne) leuer leurs corps de la ou ils estoyent, pour les mettre plus honnestement, qu'ils le deliureroyét de l'ire de son pere. Le ieune prince, ayant faict la promesse, se reueilla, & venant les seruiteurs de son pere par deux fois, pour le prendre failliret, & n'en sceurent approcher, que de demye lieue. Le Roy en ce courroux, y vint luy mesme, & tout ainsi luy aduint qu'à ses seruiteurs: Parquoy, considerant que cela se faisoit par vertu diuine, pardonna

Dagobert estât à l'indignatiõ de son pere.

à son filz & se reconcilia a luy.

En l'an 632. apres que Dagobert eut le regne de france ayãt memoire de sa promesse, fit leuer la tombe, & chercher les Saincts corps, qu'on trouua auec leurs noms & le temps, comment & par qui ils auoyent la esté mis, & reposé l'espace de cinq cens xxxvi. ans, des le tẽps que regnoit l'Empereur Domitian. Et en grande reuerance & assẽblee de processions, prieres, oraisons, & ieunes. le sixiesme iour des calendes de May, les feit leuer du lieu eu ils estoyent, & fit faire par S Eloy, qui lors viuoit, & estoit orfeure, de belles & riches chasses, toutes couuertes d'or fin, & enrichies de pierres precieuses, & fit bastir l'Eglise & abbaye de fonds en comble, telle qu'on la voit a presẽt & y fit transporter lesdits corps S.

Ceste Eglise est grande & excellente, ayant sur le deuant deux hautes tours carrees, descouurans tout le pays, esquelles sot souf leuees les cloches de pur metal. Les portes sont de cuiure doré. Quant on est entré dedans, on voit la beauté & maiesté de ce Temple: auquel est le chœur en haut, ou les religieux chantēt le seruice diuin. Au dessus sont trois autels: l'autel matutinal, l'autel de la messe, dit le grād autel: & l'autel de derriere, ou sont les capses des trois corps saincts. La table du grand autel, est toute d'or luysante de la varieté des pierres precieuses, sur laqu'elle Dagobert, fit faire a S. Eloy, de si grand artifice, qu'il n'y a maintenant orfeure, n'y lapidaire, qui ne l'ait en grande admiration. Au dextre costé se presente le sepulcre du Roy Dagobert, sur lequel est son effigie esleuee en pierre. De la faut monter aucuns

Du bastiment de l'Eglise S. Denis

degrez, pour venir à la derniere partie du Temple, ou se presente en veuë le tiers autel d'or. La sont les saincts corps a l'endroit desquels sur la couuerture du temple, Dagobert fit couurir la rotondité de fin argent, deuant l'autel des Martirs, est vne croix d'or, auec l'image du crucifix, enrichie de pierres precieuses. Au dextre costé sont aucuns reliquaires de la passion de nostre seigneur; au senestre est le chef S. Denys, orné d'or d'argēt & pierreries. Tout le derriere du cœur est decoré par les chapelles de capses d'or & d'argent, ou reposent les corps de plusieurs Saincts: est aussi enrichie d'images, de lampes, chandeliers & autres ornemens de mesme estoffe: y a aussi derriere celuy cœur vne cuue de pierre rouge (iaspe, ou Porphire) qu'on dit estre la cuue ou le Roy Dagobert se baignoit:

Le temps que les Saincts corps furent esleuez.

mais tout ce que i'ay recité est vulgaire, à ceux qui y vōt, & n'est rien au pris des autres sainctes & riches reliques, ioyaux enfermez au tresor de leans.

De la dedicace de l'Eglise S. Denys faite par nostre Seigneur Iesus Christ.

Quant L'Eglise fut paracheuee, & qu'on auoit tout preparé, pour la dedier & consacrer: & que la estoit venu vn grand multitude de peuple, pour veoir le mistere de la dedication, qui le lendemain se deuoit faire par l'Euesque de Paris, & autres prelats: Il aduint qu'vn pauure Ladre malade & deffait de sa face, auoit singuliere deuotion de veoir le mistere de la dedicace, sachant que le lendemain quant il seroit iour, on ne le laisseroit point entrer auec les autres, pour sa maladie, des le soir precedent se mussa derriere vne des portes d'icelle Eglise, & fut enfermé dedans: & en icelle nuit ledit ladre, *Propriis oculis*. Veid venir nostre Seigneur Iesus Christ, tout habillé de blancs vestemens accompagné de ses Apostres, & de grãde multitude de martyrs, d'Anges & Archanges, & luy mesmes consacra, & dedia ladicte Eglise, & contre les parois d'icelle il imprima le signe euident de ladite dedication. Et nostre Seigneur dict au ladre qu'il raportast & denonçast le lendemain ce qu'il auoit veu, & qu'il dict aux Prelats qui ne estoit plus besoing de la cõsacrer. Et a fin que l'on ne fit doute de ce qui diroit, nostre Seigneur luy passa sa main dessus le visage, & le guarist, luy ostant vne Raphe de la maladie de lepre, & la face luy demeura belle clere & nette. Quant à l'Eglise, elle n'est pas bastie au lieu mesme ou saincte Geneuiefue fonda

Vn ladre fut guary de sa lepre.

la chapelle en laquelle se sauua Dagobert, ains à vn iect d'arc loing d'icelle. En ceste Abbaye sont les sepulchres de la plus grande partie des roys de France sur lesquels sont esleuees leurs effigies de pierre de marbre, Cuyure, Albatre, estoffees d'or, & autres metaux, auec leur Epitaphes desquels aucuns sont si vieux, qu'on n'en peut auoir entiere cognoissance. Toutesfois auec le grand labeur que nous y auons pris, nous les representons de mot à mot, ainsi qu'ils sont escrits sur les tombeaux.

Les noms & Epitaphes de Roys, Roynes, Princes, Princesses, & grands Seigneurs, escrits sur leurs tombeaux en l'Abbaye S. Denys en France.

Ceux qui sont dedans le cueur, vers la partie de midy, en effigies de pierre.

Le Roy Dagobert fondateur de leans, est à costé du maistre Autel *Le Roy Dagobert.*

en effigie, auec quelques Images, representans certaines visions de son estat, apres sa mort, sans escriture. Ceux qui s'ensuiuẽt ont leurs noms ainsi escrits aux chapiteaux de leurs effigies.

Ludouicus Rex filius Dagoberti.
Karollus Martellus Rex.
Pepinus Rex pater Karoli Magni
Berta Regina Vxor Pipini Rex.
Kallomanus Rex filius Ludouici Balbi.
Ludouicus Rex filius Ludouici Balbi.

De ceste mesme partie, en descẽdant vers l'Autel matutinal, sont trois effigiees d'Albastre sur tombeaux de marbre noir, sans escriture n'y Epitaphe, sinon vne, les effigees sont du Roy Philippes, fils de Sainct Loys, & d'Isabel d'Arragon son espouse, l'Epitaphe de laquelle ne se peut lire, estãt enclos du tombeau d'iceluy Roy Philippes : & la tierce effigie est du Roy Philippes le bel leur fils.

Ceux qui sont dedans le cueur vers Septentrion, en tombeaux & effigees de pierre, ont leurs noms ainsi escrits sur les chapiteaux.

Kallomanus Rex filius Pipini.
Hirmintrudis Reg. Vxor Karoli Magni.
Constantia Reginay.
Venit de Hispania.
Odo Rex.
Hugo Capet Rex.
Robertus Rex,
Constantia Rex. Vxor Roberti.
Henricus Rex filius Roberti.
Ludouicus Grossus Rex.
Philippus Rex filius Ludouici Grossi.

Ce Philippe est celuy qui tomba & mourut à l'occasion d'vn porceau qui se mit entre les iambes de son cheual.

A costé du maistre Autel vers Septentrion, sont six effigies d'albastre sur tombeaux de marbre noir. Le premier du costé de la muraille est Philippes le long, auec son Epitaphe, & les autres suyuamment comme s'ensuit.

Epitaphe de Philippes le lõg. Cy gist Philippes le long Roy de France & de Nauarre, fils de Philippes le Bel, qui trespassa l'an mil trois cens vingt, le troisiesme iour de Ianuier, & le cueur de la Royne Ieanne sa compagne, fille de noble Prince le Comte Hugues de Bourgonne, laquelle trespassa l'an mil trois cens vingt neuf.

Epitaphe du Roy Charles. Icy gisent le Roy Charles, iadis Roy de France, & de Nauarre, fils du Roy Philippes le Bel, & Ieanne sa compagne, fille de noble Prince mõsieur Loys de France, iadis Comte d'Eureux. Le reste est rompu.

En vne lame de cuiure affixee cõtre la muraille opposite des sepultures, est escrit c'est Epitaphe plus au long.

Cy gist le Roy Charles, Roy de France, & de Nauarre, fils du Roy Philippes le Bel, qui trespassa l'an mil 327. la veille de la Chandeleur: & Madame la Royne Ieanne sa cõpagne, fille de noble Prince, Monsieur Loys de France, iadis Conte d'Eureux: laquelle Royne donna ceans cette chasse, ou il y a de la vraye Croix, & vne Espine de la saincte Couronne, & du sainct Sepulcre de nostre Seigneur.

Cy gist de bonne memoire tresexcellente, & tres-haute, & trespuissante dame Madame Ieanne, iadis Royne de Frãce & de Nauarre, Contesse de Bourgõgne, & d'artois, le reste est rompu.

Les deux autres effigie ioignantes à la dessusdicte, sont des Roys Philippes de Valoys & Iean son fils, sans Epitaphes.

Presque à costé de l'autel matutinal, en la porte septentrionale, est le tombeau & effigie en marbre & albastre, du Roy Loys Hutin, premier fils du Roy Philippes le Bel, & pres de luy son fils Iean en maillot sans Epitaphes.

Loys Hutin Roy de Frãce.

Tout aupres est le tombeau de sa fille, auec tel Epitaphe.

Cy gist Ieanne, par la grace de Dieu Royne de Nauarre, Contesse d'Eureux, fille de Loys Roy de Frãce, aisné fils du Roy Philippes le Bel, Mere de Mãdame la Royne blanche, Royne de France: & trespassa à Consians lez Paris, l'an mil 349. le sixiesme iour d'Octobre.

Vn peu au dessus en la mesme partie est l'effigie du Roy Charles huictiesme, esleuee apres le naturel ſur ſon ſepulcre le tout de bronze bien doré, en forme d'vn homme priát à genoux ſur ſon oratoire: aupres eſt eſcrit en cuyure doré.

Hic octaue iaces Francorũ Carole regnũ.
Cui victa eſt forti Britonis ora manu.
Parthenope illuſtrẽ tribuit captiua triũphum.
Clara que Fornouio pugna peracta ſolo.
Cœpit & Henricus regno depulſus auito
Bellare auſpiciis ſceptra Britanna tuis.
O plures longinqua dies ſi fata dediſſent,
Te nullus toto maior in orbe foret.
Vixit annos 28, obiit anno à natali Domini. 1498. Aprilis. 7 Opus pagnani mutinenſis.

Au milieu du cœur ou les moines chantent, eſt le tombeau & effigie e cuyure du Roy Charles le chauiadis Empereur, à l'entour ſont ſcripts ces vers.

Charles le Chauue iadis Empereur.

mperio Karolus Caluus regnoq; potitus allorum, iacet hac ſub breuitate ſitus.

Plurima cum villis cum clino cũq; corona
Ecclesiæ viuus huic dedit ille bona.
Multis ablatis nobis fuit hic reparator,
Sequanij fluuij Ruolijque dator.

Derriere le premier autel, à l'entree du cœur, appellé lautel matutinal ont esté inhumez trois Roys, les sepultures desquels estoyent iadis d'argent & maintenāt est le lieu vide. Les noms des Roys sont, Philippes le Conquerant, dit Auguste qui gisoit au millieu. Loys huictieme, dict de Montpensier, pere de S. Loys, à partie dextre, lequel depuis à esté canonisé. Le corps en partie est leans, & partie en l'Eglise nostre Dame de Paris, en capses dor & dargent: & le chef en la S. Chapelle. Es places dessus dictes sont lōgues pierres de taillé plattes, Les Anglois ont emporté l'argēt du temps qu'ils ont iouy de la ville de sainct Denys en France.

Deuant le maistre autel est vne tombe platte en cuiure, de l'espouse de S. Loys, à l'entour de laquelle est escrit.

Icy gist la noble Royne de France Marguerite, qui fut femme de monsieur S. Loys, iadis Roy de France, qui trespassa le mecredy deuant noel, l'an de l'incarnation de nostre seigneur, mil deux cens 95. Priez Dieu pour l'ame.

Dans le cœur d'icelle abbaye, par le recit des religieux conferé auec les histoires & Annalles de France, outre les dessus nommez y gisent, & sont inhumez les corps de clotaire troisieme du nom, roy de France Theodoric deuxiesme du nom Roy de Frãce. Lotaire penultisme Roy, de la lignee de Charlemaigne. Alphons comte de Poitiers frere de S. Loys. Ceux la n'ont effigees ny epitaphes. Voyla quant à ceux qui giſent dedans le cœur.

Les tombeaux & Epitaphes des Princes, Princeſſes, & ſeigneurs inhumez és chapelles de ladite abaye vers midy: Et premierement en la chapelle du Roy charles le quint, ſur tōbeaux de marbre noir & effigees d'albaſtre: & eſt à noter qu'en icelle chapelle y a iour & nuict continuellement vne lampe ardante.

Epitaphe de Charles le quint.

Icy giſt le roy charles le quint, sage & eloquent, fils du roy Iean, qui regna xvi. ans, cinq moys, & ſept iours, & treſpaſſa l'an de grace, mil 380. Le ſeiziesme iour de ſeptēbre.

Et Ieanne de Bourbon

Icy giſt madame la royne Ieāne de Bourbon, eſpouſe du roy charles le quint, & fille de tres-noble Prince monſieur Pierre de Bourbō laquelle regna auec ſondit eſpoux xiii. ans & dix moys, & treſpaſſa, l'an mil 377. le ſixieſme iour de feurier.

Icy

Icy gist le Roy charles sixiesme, tres-aime, large & debonnaire, fils du Roy charles le quint, qui regna quarante deux ans, vn mois & six iours: & trespassa le xxi. iour d'Octobre, l'an mil quatre cens xxii. Priez Dieu qu'en paradis soit son ame.

Icy gist la royne Isabel de France espouse du Roy charles sixiesme, & fille de tres-puissant prince Estiéne duc de Bauiere, & conte Palatin du Rhin, laquelle regna auec sondit espoux & trespassa l'an mil quatre cens xxxv. le dernier iour de septembre. Priez Dieu pour elle.

Icy gist le Roy charles septiesme tresglorieux victorieux, & bien seruy, fils du roy charles sixesme. qui regna 39. ans, neuf mois & vn iours & trespassa le iour de la Magdeleine, xxii. iour de Iuillet, l'an mil 461 Priez Dieu pour luy.

Icy gist la royne marie, fille du roy de Scicille. Duc d'Aniou ; espouse du roy charles vii. qui regna auec sondit espoux & trespassa le penultime iour de nouẽbre l'an mil 463. Priez Dieu pour elle.

Icy gist noble hõme, messire Bertrand du Guesclin, conte de Longueuille, & connestable de France, qui trespassa à Chastel nuet de randan en Innandan, en la senechaussee de Beaucaire, le xiii. iour de Iuillet, l'an mil trois cẽs quatre vingts Priez Dieu pour luy.

Icy gist Loys de Sancerre, Cheualier, iadis mareschal de France, & depuis Connestable ; frere germain du comte de Sãcerre, qui trespassa le Mardy sixiesme iour de Feurier, l'an mil 402.

En ensuiure dans la mesme chapelle.

En ce lieu gist souz ceste lame.
Feu noble homme, à qui Dieu pardoint l'ame,

Arnaud Guillen seigneur de Barbazan
Qui Conseiller, & premier Chambellan
Fut du Roy Charles septiesme de ce nom
Et en armes Cheualier de renom,
Sans reproche, & qui aima droicture
Tout son viuant, pourquoy sa sepulture
Luy a esté permise d'estre icy,
Priez à Dieu qui luy face mercy.

Deuāt l'autel d'icelle chapelle sont ii. tōbes basses auec tels epitaphes

Icy gist le noble charles Dauphin de Viennois, fils du Roy de France charles sixiesme qui trespassa au chastel du bois de Vincennes, le 28 iour de Decembre, lan mil 386.

Icy gist noble homme messire Burcā, iadis seigneur de la riuiere, Cheualier chambellan des Roys, Charles sixiesme & septiesme, lequel trespassa le xvi. iour d'Aoust, mil iiii c. Et fut cy enterré de l'ordonnance du Roy, pour la consideration de ses notables faits, & la singuliere amour qu'il auoit en luy. Le reste ne se peut lire.

Plus bas de la partie de midy est vne sepulture en marbre noir, & l'effigee d'albastre, qu'on dit estre d'vne contesse de Flandres: il n'y à aucune escriture, & est ladite sepulture fermee d'vn treillis de fer.

La sepulture magnifique du grant Roy Frãcois, & de son Espouse.

Tout ioignant est l'excellent & magnifique Mauseole du grãd Roy, François en Albastre taillé & esleué, representant le mort & vif dudit Seigneur Roy, & de son espouze: Par bas dessus le lict funeral, sont les deux effigie, estandues de leur long, cõme corps trespassez, nuds & descharnez, representans ceux dõt les Ames en sont separees l'vne du Roy François, premier du nom qui deceda à Ramboillet, le dernier iour de Mars, mil cinq cens quarente six, auant Pasques. Lautre de ſon eſpouze la Royne Claude de Bretaigne, fille du Roy Loys douzieſme : laquelle treſpaſſa le xxvi. iour de Iuillet, l'an mil cinq cens vingt quatre. Au deſſus de meſme eſtoffe, ſont à genoux les effigees au naturel d'iceux Roy & Royne, de madame Charlotte leur fille, de Frãçois leur aiſné fils Dauphin & Duc de Bretaigne, & de Abdenago, ou Charles duc d'Orleans : Les flancs du ſepulcre ſont enrichis & eſleuez en taille des guerres, batailles victoires & geſtes dudit ſeigneur Roy deffunct: en la foſſe duquel repoſe le corps de madame Loyſe de Sauoye ſa mere, iadis regẽte en Frãce.

Enuiron ces tombeaux, pendent quatre enſeignes de guerre des couleurs iaune & rouge, pour le Roy Loys douzieſme, cinq autres enſeignes des couleurs iaune, violet, & incarnat, pour le Roy François, &

ſept enſeignes de couleurs noir & bläc, pour le Roy Henry, que Dieu abſolue.

Les tombeaux, & Epitaphes des Princes, & Princeſſes inhumez és chapelles de ladite abbaye vers septentrion: & premier en la chapelle noſtre Dame la blanche, en marbre noir & Albaſtre.

Icy giſt madame Marie de France fille du Roy charles. Roy de France & de Nauarre, & de madame Ieanne d'Eureux: qui treſpaſſa lan mil trois cens xli. le vi. iour doctobre.

Icy giſt madame Blanche, fille du Roy Charles, Roy de france & de Nauarre, & de madame Ieanne d'Eureux: qui fut femme de monſieur Philippes de France, Duc d'orleans, conte de Valois, & de Beaumont: & fut fils du Roy Philippes de valois: laquelle treſpaſſa l'an mil trois cens quatre vingts xii. le ſeptieſme iour de Feuri. Priez Dieu pour elle.

En basse tombe.

Icy gist tres-noble & haut prince monsieur Loys d'Eureux, conte d'Estampes, & de Gien, pair de France, qui trespassa en l'an de grace mil quatre cens, le vi. iour de May.

En tombe platte.

Icy gist madame Ieanne d'Eu, iadis contesse d'Estampes, & duchesse d'Athenes fille de tres-noble homme monsieur Raoul conte d'Eu, & de Guines, iadis cõnestable de Frãce, & de tres-noble dame Ieanne de Mello: & fut attraicte de monsieur Alphons, iadis conte d'Eu, & chambrier de France: laquelle trespassa en la cité de Sens, le sixiesme iour de Iuillet, mil quatre cens quatre vingts & neuf.

En icelle chapelle sont quatre effigies debout sur colonnes aux quatre coings d'icelle, dont trois seule ment ont telles escritures : & est a croire qu'elles sōt apres le naturel.

Le Roy Charles, fils du Roy Philippes le Bel madame la royne Ieāne d'Eureux, cōpagne du Roy charles, Madame Marie de France, fille du Roy charles, & de madame la royne Ieanne d'Eureux sa cōpagne

En la chapelle saincte Hipolite, y a deux sepultures de marbre noir, & les effigies dalbastre.

Icy gisent Dames de bonne memoire, Madame Blanche, par la grace de Dieu Royne de France, fille de Philippes, Roy de Nauerre, conte d'Eureux, & de la royne Ieanne, fille du Roy de France, royne de Nauerre de son heritage, la femme espouse iadis du roy Philippes le vray catholique. Et madame Ieanne de France leur fille, qui trespasserent, c'est assauoir ladicte madame Ieanne à Besiers, le xi. iour de Septēbre, mil trois cens septăte quatre. Et ladito royne le 5. iour d'Octobre, mil trois cens quatre vings & xviii. Priez Dieu pour elles.

Entour ceste sepulture des deux dames cy dessus nommee ont esté xxiiii. figures esleuez en albastre, dont la plus part sont rompues; & aucunes ostees; & sur les testes des images les noms en lettres d'or, mal aisez a lire, de ceux qui sont descendus de la lignee S. Loys.

En ceste chapelle sont trois effigiees debout sur colomnes, d'vn roy & deux roynes, sans escriture.

En la chapelle S. Martin y a vne sepulture & effigie d'vn prince armé, en cuiure doré & esmaillé, auec tel epitaphe.

Icy gist Alphons, iadis conte d'Eu, chambellan de France, qui fut fils a treshaut homme, tresbon, & tresloyal cheualier Monsieur Iean de

Bayne, qui fut Roy de Ierusalem, & Empereur de Constantinople: Et fut ledit Alphons, fils de treshaute dame Berengere, qui fut Emperiere de constantinople, laquelle fut mere de madame blanche, la bonne & la sage royne de france, qui fut mere au bon roy Loys de france qui mourust en Cartage. Et fut ladite Berengere sœur au bon roy Ferrand de castille: & mourut ledit Alphons ou seruice de Dieu, & de tres haut & tres-puissant prince monsieur Loys, par la grace de Dieu iadis roy de France, & de tres-haut Prince Monsieur Philippes son fils, par la grace de Dieu Roy de France, dessous Cartage, au royaume de Thunes, l'an de l'incarnatiõ nostre Seigneur mil deux cens septante, la veille de S. Croix, en Septembre. Et fut enterré ledit Alpons en ceste Eglise monsieur S. Denys, l'an de l'incarnation nostre Seigneur, mil deux cens lxxi. le vendredy d'apres la Penthécoste, le iour & l'heure quand monseigneur le Roy Loys fut enterré. Et pour Dieu priez pour l'ame d'iceluy comte mout sage, & mout loyal cheualier.

En la croisee de ce Temple, à costé du cœur, vers la part de septentriō se presente en veuë le tres elabouré, tres magnifique, & tres artiste monument du Roy Loys 12. & de son espouse madame Anne de Bretaigne, en blanc albastre, au bas duquel sont represantez sur le lict mortel les effigies estēdues de leur long dudit Roy Loys xii. & de sa compaigne, selō la representation des corps morts, hideux, & maigres de vers: & dessus le Ciel en voute sont taillez au vray naturel les effigies desdicts Roy & Royne à genoux deuant leur acostoit ou ora-

La sepulture du roy Loys 12. & de M. Anne de bretaigne.

toire, represẽtez selõ le vif, les quatre coings dudit sepulcre sont ornez des quatre vertus, prudẽce, force, iustice, & temperance, puissantes en grosseur & hauteur apres le naturel. L'enuiron d'icelluy sepulcre est borné des xii. Apostres, & les flancs esleuez & entaillez des batailles, & cõquestes dudit ROY LOYS en la DUCHÉ de Millan, & autres lieux, il est enuironné d'vne enceinte de bois noir, affin que l'on ny face offence.

21. A costé du cœur, vers Septentrion, est vn tombeau, & l'effigie d'vn cheualier en pierre auec tel Epita.

Icy gist noble homme Guillaume du chastel de la basse Bretaigne panetier du roy charles, & escuyer d'escuirie de monsieur le DAUPHIN, qui trespassa le xx. iour de Iuillet, l'an de grace mil quatre cens quarante & vn, durant le siege de Pontoise, en deffendāt le passage de la riuiere d'Oise, le iour que le Duc d'Yor la passa, pour cuyder leuer le dit siege, present le Roy, qui pour sa grād vaillance, & les seruices qui luy auoit faits en maintes manieres, & principallement en la defence de ceste ville S. Denys contre le siege des Anglois, le fit enterrer ceans. Dieu luy face mercy Amen.

La ville s. Denys assaillie par les Anglois.

De ce mesme costé est la naturelle effigie à genoux de reuerendissime Cardinal de Bourbon, sur vne colonne de porphire ou iaspe: au bas de laquelle est peinte la figure de son cœur, auec ses Armoiries timbres du chapeau de Cardinal, & est escrit dessous.

Obiit xi. Marij 1556.

Au bas de la nef, vers Septentrion en la chapelle du ladre, en laquelle on voit dedans le creux de la muraille la rasle de la lepre, que Iesus-

Chriſt auoit arrachee de la face du dit ladre, en ſigne que ledit Temple eſtoit dedié par noſtre Seigneur. En laquelle chapelle eſt vne colonne de Iaſpe rouge, & vn globle de marbre noir deſſus, qu'on dit eſtre la hauteur de noſtre Seigneur, enſemble vne forme de Tombeau de meſme pierre leuee ſur deux coullõnes, que l'on dit eſtre la largeur & lõgueur du Sepulcre de noſtre seigneur.

Dans le cloiſtre eſt l'effigie du ROY Dagobert, fondateur de leans, au pied de laqu'elle ſõt eſcrits ces vers

Fingitur hac ſpecie bonitatis odore refertus,
Iſtius eccleſiæ fondator rex Dagebertus,
Iuſtitiæ cultor cunctis largus dator accis
Affuit, & ſceleris ferus ac prũptiſſimus Vltor,
Armipotens bellator erat, Veluti, procella
Hoſtes confregit populoſque per arma ſubegit.

Dedans le cimetiere qui ioinct à l'Egliſe du coſté Septentrional, entre la sepulture de Loys douziesme & nostre Dame la blãche, on bastit maintenant vne chapelle en forme rotonde, qui a xxxiiii. toises de circonference, au milieu est la sepulture du Roy Henry second, dont les figures sont de bronze; & le reste de marbre & pourphire de couleurs diuerses, œuure fort superbe à voir en la mesme chapelle sont enterrez François second, & Charles neufiesme son frere. Ladite chapelle se construit auec tel artifice qu'on y pourra mettre plusieurs sepultures Cecy suffira pour les singularitez de labbaye S. Denys en France.

Au bout de laditte ville S. Denys à la porte de Pontoise y à vne bonne prieuré nommee S. Denys de l'Estree, en l'Eglise de laquelle deuant le maistre autel, sont en pierre trois representions de monumẽs, ou tombeaux, & dessus les effigies des trois corps Saincts: S. Denys premier Euesque de Paris, au milieu, S. Rustic, & S. Eleuthere diacres, aux deux costez. C'est le lieu ou ils furent premierement enterrez. Ces saincts lieux ont esté quasi ruinez par les guerres ciuiles, sous le regne du roy charles neufiesme.

Fondation du Prieuré de Sainct Eloy, de l'Eglise Sainct Paul, Saincte Aure, de sainct Landry, & de leurs fondations, & autres incidens: Aussi les Roys qui ont regné sur la France depuis Dagobert iusques à Pepin le bref.

CHAP. VI.

Du prieuré S. Eloy: & le changement,

SAinct Eloy Euesque de Noyon viuoit du temps de Dagobert, & ses enfans, & comme il estoit homme du tout adonné au seruice de Dieu, aussi fonda il a Paris en la cité & non loing de la riuiere, vn

mona

monastere de filles iusques au nõbre de trois cens, desquelles Sain. Aure estoit Abbesse: comme aussi il fit bastir l'Eglise de S. Paul, hors les murs qui à present est vne belle paroisse dedans la ville, pour enterrer le corps de ces vierges seruantes de nostre Dieu, & ou furẽt mis les ossemens de la susdicte S. Aure: Ces Religieuses ont esté longtemps en ceste Eglise, asçauoir depuis enuiron l'an six cens xxxv. ans iusques au Pontificat de Paschal second de ce nom, qui vint au siege de Rome, l'an mil cent: car alors pour la maluersation de quelque vne d'entre elles, on les osta de la, & les mit on à Montmartre, à Chelles, & à S. Anthoine des champs: & la place fut donnee a xii. moynes de l'ordre S. Benoist, sous la charge d'vn Prieur lequel ayant departy les terres qui estoyent suiettes audit monastere, fut aussi cause de la fondation des Eglises parochiales de S. Croix, en la rue de la Drapperie, qui estoit vn hospital, de Sainct Pierre des assis, de S. Martial, de S. Bon, & de sainct Paul: Toutes lesquelles Eglises doiuent quelque respects, obeissance, & recognoissance a ce prieuré de S. Eloy qui est ores chanoinerie (ainsi qu'auons dit cy dessus) le tout ainsi changé, par le Cardinal du Bellay, lors qu'il estoit Euesque de Paris.

Des Eglises S. Croix S. Pierre des assis, S. Martial & s. Bon.

Du temps des Merouinges furent fondées les Eglises que dessus, aussi n'ay voulu oublier ce qui est graué & escrit sur vne haute sepulture en la nef d'icelle Eglise S. Paul, en ceste maniere.

Hec in vita sancti Eligij.

Postremo edificauit sanctus Eligius filium in honore sancti Pauli ad cunctorum Dei corpora sepelienda, quam operuit plumbo cum elegantia in qua quoq beatus Quintinianus iacet abbas humatus. 1490.

L'an 1431. l'Eglise S. Paul nouuellement rebastie fut dediee & consacree par reuerend pere en Dieu, Monsieur maistre Iaques du chastelier, Euesque de Paris, le dimanche d'apres Quasimodo. En ceste eglise y a grand nombre de blasons d'armoiries de princes & seigneurs, qui les y ont fait apposer apres les ioustes, & tournois faits deuant les Tournelles. Aussi y sont plusieurs sepultures de nobles personnes: entre lesquelles i'en ay seulemẽt noté ceux qui ensuiuent: l'vne est celle du premier qui à escrit les Annalles de Frãce, qui cõmence ainsi.

Fondation de l'Eglise Saint Paul.

Cy gist noble homme & sage maistre Nicole Gilles, en son viuãt notaire & secretaire du Roy nostre sire, clerc & cõtroleur, de son thresor, lequel Gilles fit de ses deniers faire & edifier ceste chapelle sainct Loys, & trespassa le dixiesme iour de Iuillet, mil vc. iij.

Dedans le cœur de ladicte Eglise gist le tres sçauant Euesque d'Auranche, à main senestre trouuerez son tombeau de marbre noir, au dessus duquel est l'effigie dudict esleué en cuiure autour d'icelle est escrit.

Icy gist reuerend pere en Dieu, M. Robert Cenalis, en son viuant Euesque d'Auranches, doyen en la faculté de Theologie & natif de Paris: qui trespassa en expugnant les heresies le 27. Iour d'Auril. 1560. Son Epitaphe est en vne lame de cuiure, comme il s'ensuit,

Ego Iegouad. Hoc est nomen meum
Vni trino numini, ac nomini sacrum
Huc ades, quisquis es Christianæ cultor
Pietatis, hoc monumentum vocat
Suadetque, vt te esse mortalem vel casibus,
Discas nostris: tum quæ sequuntur legas.

Epitaphiū Roberti cenalis Arboriensis episcopi Doctoris Teologi ordine, & origine parisiensis.

En moriturus ego vixi, quò viuere poßim
Iam moriens, mortem vita beata manet.
Vixi equidem, fateor, sed quam vixisse pigeret
Ni mihi spem faceret gratia larga Dei.
Busta tui miseranda vides, qui fortè Roberti,
Dc tandem æterna pace fruatur. Amen.
Obijt 27. Aprilis 1560.

Du mesme costé il y à vn tõbeau de marbre noir fort magnifiquement elaboré, autour d'iceluy sont les armoiries du deffunct & autres figures de bronze. Au dessus est esleué son effigie en guisse d'vn gentilhomme à genoux, represantant le vif. Aux flancs du Tombeau est escrit ce qui ensuit.

Franc: Maugeronij clariß. & generosis adol: Epitha.

Ante tempus decidit flos, & pramatura mors spem patriæ,
Principis, & parentum fefellit in expugnatione Isoria pro:
Religione & patria dimicans amicos natus sedecim oculum
Perdidit: amicos vitam dedit monumentum hoc corpus:

Cœlum, haniman posteritas factit memorian ser-nat.

Obiit 1578. Quinta kalenda Mai natus Annos, 18.

D'autre costé dudit tombeau au derriere du cœur, est cecy escrit.

Maugerius in hoc sunt reposta sepulcro,
Cui virtus annos cum tigit ante suos
Octo namque decem natus non pluribus annis,
Alter erat coqueles, Anibal alter erat,
Testis erit tanta iuueniali Issoria capta
Virtuti testis perditus huic oculus.

A main droicte entrant au cœur à costé du maistre autel, il y a deux tombeaux de pareille estoffe: en l'vn desquels est escrit ce qui ensuit:

Pauli de caussade. comi. Samegrini.
Epitha.

Nil virtus, nil, genus, nil opes, nil vires possunt,
His omnib⁹; & fauore polẽs, iacet: virtus fraude
Et multorum viribus: incautum vis obruit quem
Nec publicus inimicus domuit, nec priuatm terruit.
Abi viator: tace: & pro mortuo ora, Obiit Kal. augu. anno 1578. AEtat. Sue 44.

D'autre costé du tombeau il est

escript ce qui ensuit.

Tu quoq; Samegrine iaces in hoc marmore tactus
Vni cui non vis unica par fuerat:
Obruetis numerò victus, non viribus æquis:
Cui totas acies ducere ludus erat
Cum tua non posset virtus virtute domari.
Virtutis subijt fraus inimica locum.

Vn peu plus haut est l'autre tombeau de mesme estoffe, autour duquel est escript ce qui ensuit,

Iacobi de leui clariss. familiæ & summa virtutis adol. Epitha.

Quid marmor, æras, & artes suspicibus dignus fuit hoc honore.
Queslaus, ingenio, prestãs, morib⁹ facilis aspectu.
Gratus: cui artes erant, virtutem collere, deo, patriæ
Et principi seruire; non iniuriam, sed mortem patienter.
Tulit grati animi est hoc monumentum.
Obijt 4. Kal. Iunij anno 1578. Æta. 24.

D'autre costé du tombeau est escript ce qui ensuit.

Quæslaus iacet hic, martis certissima proles
Marcia si parta tempus ad arma darent
Quantum vi inuictus tam mente & moribus

aquus:
Felix si felix non nimis ille foret
Inuidiam peperit virtus maturior annis,
Cæsus ad inuidiæ viuit in inuidiam.

En la mesme Eglise i'ay trouué l'epitaphe qui ensuit en la chappelle sainct Sebastien

Cy gist qui en son temps, homme bien preux & fort vaillant
Cy son nom voulez sçauoir
Pierre de Chambray s'appelloit
Le. x. iour de Nouembre
L'esprit du corps luy fallust rendre
Ce fust le iour du Lundy,
Entre Paris & le Landy
En debattant la querelle
De Iesus christ & ses fidelles
Estant au combat soubs la charge du seigneur de Brissac
De son cheual rué par terre
De ses amys retourné querre
Pour ceans estre inhumé,
Priez Dieu pour le trespassé, Seigneur de la fosse de Sandurville 1567.

De ceste Eglise S. Paul, le corps sainste Aure fut depuis translaté son propre monastere, qui de sent est nommé S. Eloy: pres le lais, qui souloit estre prieuré de oines, cõme aussi estoit l'abbaye Maur des fossez, lesquels ont esté angez cõme il est dit cy deuant. Quant à la mutation de ce monstere & de ses edifices il faut endre, que d'antiquité le circuit de ut le bastiment, comprenoit les stez des rues de la Calēde baril-rie (deuant les murs de la court du alais) vielle Drapperie, Sauaterie, aux Feure: le tout clos de hauts urs, ou sont maintenant les maions de plusieurs Bourgeois: ces eux s'appellent encores la ceintu- sainct Eloy: le cœur de ladicte Eise estoit ou est maintenant la pete paroisse S. Martial. En ceste Elise S. Eloy dans la chappelle de

La grandeur que anciēnement auoit l'abbaye S. Eloy.

nostre Dame, gist Pierre Berchoté, prieur dudit lieu, pour l'honneur d la science duquel (entre pattes) i'ay voulu transcrire son Epitaphe tel qu'il est graué sur sa tombe.

Hic iacet verabilis, magna profundeque scientiæ, ac mirabilis & subtilis eloquentia, frater Petrus Berchory, prior huius prioratus, qui fuit oriundus de villa sancti Petri de itinere, in Episcopatu Maillezacensi in Pictauia, qui tempore suo fecit quinque opera sua solennia, scilicet dictionarium, Reductorium, Breuiatorium, descriptionem mundi, & translationem cuiusdam libri vetustissimi de Latino in Gallicu, ad preceptum excellentissimi Ioannis Regis Francorum qui obiit anno M. CCCLXII.

Le corps Saincte Aure vierge.

Le corps de saincte Aure vierge est l'an mil quatre cens xi. le vendredy troisiesme iour d'Auril, regnant le Roy Charles 6. fut mis dedans vne capse d'argent, qui pa uant estoit dedans vne de bois & verre, laquelle fut portée en procession à S. Paul, le iour de Pasques fleuries ensuiuant, accompagnee des Euesques de Therouenne, de Beauuois, & autres prelats, & continuent tous les ans ceste procession, à tel iour.

Pour ne nous esloigner & reuenir à nostre propos du Roy Dagobert, il donna par testament à l'abbaye S. Denis le village de Branare en brie, à S. Germain des prez le village de Combres en Parisi, & à saincte Geneuiefue du mont le village de Drauerne en Brie, tesmoing Aimonius en son troisiesme liure. *Aimonius en son li. 3.*

Apres le trespas de Dagobert, son fils Clouis succeda au royaume de France, & fut le douziesme Roy, l'an du mõde 4607. De Iesuschrist 645. Il regna dixsept ans. En ce temps y eut tres-grande famine en *Du Roy Clouis le 12.*

France, pour obuier à laq̃lle Clouis osta quelq̃ richesses en l'Abbaye S. Denis, pour subuenir aux pauures. En ce temps estoit Euesque d'icelle ville S. Landry, qui a flory par les vertus diuines, au nom duquel y a vne petite paroisse, fondee en la cité, qui estoit iadis sa demeurance. Ce S. Euesque, à la requeste dudit Clouis deuxiesme, cõfirma l'exemption de l'abbaye Sainct Denis en France, de n'estre subiecte à l'euesque de Paris.

S. Landry Euesque.

Clotaire treziesme Roy succeda à son pere Clouis l'an du monde 4624. De Iesus christ 662. Il regna quatre ans. Depuis ce Roy iusques au Roy Pepin, les Roys deuindrẽt oyseux & pusilanimes, se tenans en leur maison priuee à Paris, & ailleurs & ne se monstroient qu'vne fois l'an au peuple, assauoir le premier iour du mois de May: par vn

Clotaire le 13. roy de Frãce.

fenestre, treillissee & de leur hauteur, comme l'on en a peu voir vne au Chasteau & hostel des Tournelles rue sainct Anthoine, puis apres faisoient au peuple des largesses, dons & presens, receuoiēt aussi des Parisiens les louanges & gratulations, puis se retiroient chez eux: & cepēdant les maires du Palais gouuernoient le Royaume de France, tellemēt que Paris, & la Normandie estoient la demeure des Roys de ce temps là, & l'estendue de leur domination.

Childeric 14. Roy.

Childeric 14. Roy des François fut mandé d'Austrasie, & fut fait Roy au lieu de Theodoric, l'an du monde 4629. De Iesus christ 667. Il regna douze ans, en son temps il regna orgueilleusemēt & auec cruauté, & feit maintes iniustices & griefs à ses Barons.

Theodoric le 15. Roy.

Theodoric ou Thierry quinziesme roy fut remis en son estat royal, l'an du mõde 4641. De Iesus christ 679. regna 14. ans: Ce Roy est enterré à Arras en l'Eglise de S. Vuast.

Clouis 16. Roy.

Clouis seiziesme Roy succeda à son pere Theodoric, l'an du mõde 4655. De Iesus christ 693. regna 4. ans. En ce temps florissoit en vertus & sciences le venerable Bede.

Childebert le 17. Roy.

Childebert dixseptiesme Roy succeda à son frere clouis, l'an du mon 4659. De Iesus Christ 697. regna dixhuit ans. Le nom de ses Roys susdits & le cathologue d'iceux, parce qu'ils estoiẽt seulemẽt Roys de nom, sõt assez incertains, & mal ordõnez: Car les Historiographes mesme de ce tẽps la, ne les content quasi point pour Roys: Et au pays de France y a eu de grãds troubles, iusques à ce que ceste maniere de Roys fut estainte, & que l'administration du royaume fut deuoluee la famille de Martel fils de Pepin.

I'auois oublié vne des plus anciennes Eglise à sçauoir à S. Germain Euesque d'Auxerre, celuy qui auec sainct Loup Euesque de Troyes en Champaigne passa la mer, & fut comme (recite Bede en son histoire Angloise) en la grand Bretaigne pour conuertir les insulaires infectez de l'erreur des Pelagiens. Ceste Eglise fut fondee l'an cinq cens quarante deux, par le mesme Roy Childebert fils de Clouis: & de cecy font foy les representations de Roy, & de la Royne Vultrogote son espouse qui sont sur le portail de ceste Eglise en laquelle y a doyenne, Chanoines, & paroisse, de laquelle le roy est paroissien, pource que le Chasteau du Louure en est.

Eglise S. Germain de l'Auxerrois.

Dagobert nommé Clouis dixhuictiesme Roy succeda à son pere Childebert l'an du monde 4677

Dagobert nommé Clouis 18 Roy.

De Iesus Christ 715. Il regna quatre ans. Ce Roy fut enterré à Nancy.

Clotaire 19. Roy. Clotaire dixneufiesme Roy que aucuns disent estre frere de Dagobert, regna deux ans. Apres la mort de Clotaire il rappelle Chilperic, & le fait Roy pour dominer souz son nom.

Chilperic 20. Roy. Chilperic 20. Roy fut mandé de Gascongne l'an du monde 4683. De Iesuschrist 721. Il regna v. ans ce Roy fut enterré à Noyon.

Teodoric 21. Roy. Theodoric 21. Roy fils aisné de Dagobert. L'an du monde 4688. De Iesus Christ 726. Il regna quinze ans: est enterré en l'Eglise S. Denys en France. Enuiron ce temps l'Empereur Cõstantin sixiesme, fit assembler vn Concile de trois cens trẽte Euesques à Constantinople.

Childeric 22. Roy. Childeric 22. Roy succeda à son frere Theodoric. L'an du monde 4703. De Iesus Christ 741. Il fut dechassé

dechassé du Royaume, & rendu Moine, parce qu'il estoit inutile de la royale maiesté.

Depuis Pharamōd iusques à Pepin y a trois cens trente & vn an: Depuis Merouee, trois cens vingt. Depuis Clouis Chrestien, 252.

Pepin le bref fut estably 23. Roy de France, auec la faueur & consentement des nobles, il fut le premier de sa race. L'an du monde 4712. de Iesus christ 750. il regna 18. ans. Ce Roy mourut à Paris le 24. iour de Septembre 768. & delaisse ses enfans Roys Charlemaigne de Soissons, & Charloman de Noyon.

Pepin le bref 24. Roy, qui estably le parlemēt

A l'aduenement en son regne, le Pape Estienne troisiesme du nom, pour les oppressions qu'on luy faisoit, vint à refuge vers iceluy Roy, lequel le receut en sa ville de Paris: & pour luy faire plus d'honneur alla au deuant de luy auec ses Prin-

Humilité du Roy de France.

ces, vne lieuë & demye, & s'estans rencontrez, le Roy se mit à terre, & apres auoir baisé le pied du sainct Pere print la regne du cheual sur lequel le Pape estoit monté: & luy seruant d'escuyer la teste nuë, le mena ainsi dedans la ville iusques à son Palais, ou il le festoya. Et fut par iceluy Pape Estienne, sacré Roy en l'Eglise sainct Denis en France. En ce temps l'Empereur de Grece Constantin, fit mettre les Images des saincts hors des Eglises; surquoy les Prelats de France s'assemblerent à Gentilly lez Paris, & tindrent Concile, en la presence des Embassadeurs de l'Empereur, lesquels ils renuoyerent chargez d'aduertir leur maistre, qu'il eut à se tenir à l'oppinion des Catholiques. Le Roy susdit ayant fait guerre en Italie cõtre Altulphe Roy des Lombars, remet le Pape en son pontifi-

Assemblée de Prelats à Gentilly lez Paris.

eat luy faisant de grands dons. Aussi le susdit Pape approuue Pepin Roy des François, & luy donne le nom & honneur de Patrice, en la ville de Rome. Au mesme temps le chef sainct Iean Baptiste fut apporté en France de Constãtinople. En l'an sept cẽs soixante, ledit Roy Pepin fit construire & bastir vne belle Eglise à sainct Iean d'Angely ou fut mis ledit chef. Le Roy Pepin institue parlement en France en l'an sept cens cinquante sept.

Le chef sainct Iean apporté en France.

Parlement estably en France.

L'institution & ordre de l'uniuersité de Paris, fondee par Charlemaigne, Des fondateurs de saincts Iaques de l'Hospital, de sainct Marcel, & autres choses memorables & remarquables durant son regne.

CHAP. V. II.

CHarlemaigne fils de Pepin vint quatriesme Roy commença à regner l'an du mõde 4730. De Iesus Christ 768. Apres qu'il eut regné 32 ans. Il fut declaré Empereur, & fut sacré l'an du mõde 4762. De Iesus Christ 800. il regna 46. ans, estant vn Prince magnanime, & fort grãd amateur de sciences, Aussi il fit tant de bien à sa ville de Paris, qu'à tousiours, nous & tous estrangers, luy sommes redeuables, pour la tres-excellente & incomparable Vniuersité d'estude, qu'il y à fondee.

En son temps vindrent deux moynes Escossois en France, crians publiquement qu'ils auoyẽt de la science à vendre. Cela venu à la cognoissance de l'empereur, experience & preuue faicte de leur suffisance, commanda à vn appellé clement, se tenir à Paris. Et luy faisant bailler enfans de toutes qualitez edifia lieux & escoles conuenables en Paris, selō les arts & doctrines, affranchissans les Estudians par beaux preuileges, graces, dons & liberalitez, leur eslargissans lieux, viures, & exemptions de toutes seruitudes. De la vint la premiere institution de l'vniuersité, non que ie vueille inferer qu'il ny eust escoles pour aprēdre la ieunesse, mais non auec tels preuileges & franchises.

En ce temps estoit en Angleterre vn autre grand Teologien & Philosophe nommé Alcuyn (qui a fait la glose ordinaire) lequel sçachant que Charlemaigne auoit les doctes & sages en grande reputation, passa en France, & vint vers l'Empereur, qui le receut honnorablemēt. A sa poursuite Charlemagne trāslata l'vniuersité de Rome, qui autresfois auoit esté à Athenes, & l'establit à Paris. De ceste vniuersité furent principaux fondateurs quatre doctes disciples de Béde le venerable à sçauoir Alcuyn, Raban, Claude, & Iean l'Escot ou l'Escossois: laquelle depuis à tousiours resplandy és lettres diuines & humaines, comme la vraye & pure source de toutes sciences. C'est la mere souueraine du laict, de laquelle tous doctes & lettrez, tant estrangers, que François ont esté nourris & par elle sont paruenus aux honneurs & dignitez seculieres, & ecclesiastiques. Elle est fondee sur quatre fermes colonnes.

La saincte faculté de Theologie.

La faculté du droict canō ou decret

La faculté de Medicine.

La faculté des Arts.

A chacune des trois premieres facultez preside vn doyen, chacū des quels à deux bedeaux, qui sont comme huissiers.

Sur toute ceste vniuersité y a vn chef appellé Recteur, qui est esleu par la faculté des ARTS, de trois mois en trois mois, auquel tous les Escolliers obeissent, & mesmement les quatre facultez. Il y a aussi quatre Procureurs selon les quatre nations.

La nation de France premiere.

La nation de Picardie seconde.

La nation de Normandie tierce.

La nation d'Allemaigne auec l'Angleterre.

La quatriesme. La nation de Frãce est diuisee en cinq prouinces.

Paris, Reims, Bourges, Sens, Tours

La Prouince de Paris, qui est la premiere contient ces dioceses.

Paris, Meaux Chartres.

La prouince de Sens, contient ces dioceses.

Sens, Troye, Orleans, Auxerre, Neuers, Bourgongne, Vienne, Bezanſon, Lyon, Sauoye.

La prouince de Reims, contient ces dioceſes.

Reims, Chalaons, Thou, Verdun, Mets, Soiſſons, Senlis.

La prouince de Tours contient ces dioceſes.

Tours, Angers, le Mans. Et neuf dioceſes de Bretaigne, à ſçauoir. S. Brieu S. Maclou, ou S. Malo. Dol, Nantes, Vannes, Leon. Triguer, Renes, Cornouaille.

La prouince de Bourges contient ces dioceſes.

Thoulouze, Bordeaux, Poietiers, Narbonne, Auchx, Auignon, Arles. Aix, Embrun, Romanie, Eſpaigne, Arabie, Armenie, Ægypte, Medie, Perſe, Syrie, Paleſtine, Samarie, Italie, Lombardie, Gennes, Veniſe, rome, la pouille, Cãpagne.

Naples & Scicile, & autres nations non comprises souz les autres prouinces.

Les procureurs de ceste nation de Frãce, sont esleuz par les Intrans des cinq desusdictes Prouinces, à sainct Iulian le pauure, & aussi les autres dignitez.

La nation de Picardie est diuisee en deux parties: La premiere partie contient cinq dioceses.

Beauuais, Amiens, Noyon, Arras, Terouenne.

La seconde contient cinq Dioceses, Cambray, Tournay, Traiect, Laon, Liege.

La nation de Normandie contiét Rouan auec ses suffragants, à sçauoir, Auranches, Constances, Eureux, Lisieux, Sees, Bayeux.

La nation d'Allemaigne est diuisee en trois parties.

La premiere prouince des hauts

Allemans contient.

Boheme, Bauieres, Auguste, Constance, Suisse, Lozanne, Pologne, Magonce, Strasbourg, ou Argentine, Hongrie, Basle, Dannemarch, Treues.

La seconde Prouince des bas Allemans contient.

Le Traict, Liege pour vne partie, car l'autre est de Picardie. Et fut faite ceste limitation du consentemét des nations. L'an de grace mil trois cens 58. Les fleuues de Meuses & Moselle separent les Picards des Alemans: semblablement les François des Alemans. Et du costé de sauoye, le lac de Lozenne, separe les François des Allemans. Ceste prouince auec les dessus nommees, à d'auantage, Coulôgne, Prusse, saxs, Hollande, Lorraine, & autres pays.

La tierce prouince contient Escosse, Angleterre, Hibernie.

Chacune de ces quatre nations cõprinses sous la faculté des Arts, à deux Bedeaux comme les autres facultez.

L'election du Recteur se faict quatrefois l'an, à Noel, à la feste nostre Dame de Mars, à la feste Sainct Iean Baptiste, & à la feste Sainct Denys.

Les quatre Chanceliers.

Deux chãcelliers sur les Bacheliers
Le chancelier nostre Dame de paris
Le Chancelier de S. Geneuiefue.

Les Officiers de l'Vniuersité.

Quatre Aduocats en Parlement.
Deux Procureurs.
Deux Aduocats en Chastelet.
Vn Procureur.
Vint-quatre Libraires Iurez, quatre grands & xx. moindres.
Quatre Parcheminiers iurez.

Deux enlumineurs.

Deux relieurs.

Deux escriuains.

Et de chacune nation vn messager. Tous lesquels officiers iouyssent des priuileges d'icelle Vniuersité.

Fōdatiō de l'hospital S. Iaques.

Pour reuenir à nostre histoire, Charlemaigne entre autre edifices fit edifier l'hospital & Eglise S. Iaques, en la rue sainct Denis, alors dehors, & de present enclose dedās Paris, afin d'heberger les pelerins qui alloiēt au voyage de S. Iaques en Galice, dont il auoit fondé l'Eglise: ce sont œuures de pieté & d'hospitalité.

Fondatiton de l'Eglise S. Marcel lez Paris.

Roland, Comté de Blaies, Pair de France, & nepueu de l'Empereur Charlemaigne, comme il est apparu par ancienne chartre, à fondé l'Eglise canoniale de s. Marceau és faux-bours de Paris, appellez la ville & faux-bourg sainct Marcel lez Paris, au lieu ou estoit la chappelle sainct Clement bien ancienne, & dans laquelle auoit esté inhumé S. Marceau, Euesque de Paris, duquel on voit encore le tombeau en la basse voulte : & a donné le nom à l'Eglise & à la ville. Le corps est en vne chasse d'argẽt en la grande Eglise de la cité. Il gouuernoit l'Euesché de Paris, enuiron l'an de salut quatre cens, lors que les François descendirent és Gaules.

En ceste Eglise ay trouué vne Epitaphe de memoire.

Hic iacet magister Petrus Lombardus Pariensis Episcopus, qui composuit Librum Sententiarum, glosas Psalmorum & Epistolarum, cuius obitus dies est xiij. Kalendas Augusti.

Cestuy mourust l'an 1164.

En ceste Eglise se chantent deux obits pour Charlemaigne, qui a fait beaucoup de biens, & duquel l'effigie se void en vne verriere derriere le grand autel.

L'an 777. Sous le regne dudict Roy Charlemaigne, fut l'hyuer si grand, qui dura depuis le moys de Octobre iusques à Feurir, la Mer gelee plus de 50. lieues, & la neige de 20. coudees de haut sur la glace, & sembloit q̃ les estoilles deussent cheoir du ciel auec merueilleuse Esclipse du Soleil le 6., iour de Iuin,

Merueilleux hyuer.

De l'establissement des vendit, de la course des Normans, des Comptes de paris De l'Eglise S. Germain le vieil, des Roys qui ont regné depuis Charlemaigne iusques à Hue Capet Roy de France, & des siege deuãt la ville de paris

CHAP. VIII.

LOys debonaire ou le pieteux fut le 25. Roy, il succeda a son pere Charlemaigne. L'an du monde quatre mil sept cens soixante seize De Iesus Christ huict cens quatorze. Il regna xxvi. ans. Au téps duquel viuoit Suger, Abbé de S. Denys en France, lequel fit faire le crucifix d'or, & autres reliquaires qui sont en ladicte Abbaye. Il mourut le xxi. iour de May 840. *Loys debonnaire 25. Roy.*

Charles le Chauue, filz de Loys xxvi. Roy. L'an du monde 4838. De Iesus christ 840. Ce roy regna 38 ans: Aussi est le premier roy de France à qui separement est escheu & aduenu le royaume, lequel est maintenant appellé France: Car Charlemaigne & autres ses predecesseurs tenoiét quelque chose de la Germanie. *Charles le Chauue 29. Roy.*

En ce temps on transporta la foire que Charlemaigne auoit establie à Aix en Allemaigne, & la fit establir pres Paris, qui fut deslors appellee, comme encores est, le Lendit, & en

Comme fut esta-bly le Lẽ-dit à S. Denys.

donna le profit à l'abbaye S. Denis. Aucuns ont escrit que le Roy Dagobert institua ceste foire du Lendit : tant y a que du temps du Roy Henry deuxiesme à la requeste du reuerendissime Cardinal de Lorraine, il a esté transporté en la ville de Sainct Denis en France.

Paris pillé par les Normãs

L'an huict cẽs trente sept du tẽps & regne du susdict Roy Charles le Chauue, les Normans coururent toute la France, assiegerent la ville de Paris, la pillerent, & emporterẽt grandes despouilles, richesses & thresors. Ce Roy demoura malade à Mantoüe, & y mourut le quatorziesme iour d'Octobre, estant empoisonné par son Medecin, nommé Sedechias.

Le 27. Roy de France.

Loys le begue, fils de Charles fut le vingt septiesme Roy : l'an du monde 4840. De Iesus Christ 878. regna deux ans.

Le pape

Le Pape Iean vint en France : & couronna Empereur Loys le Begue : il delaissa sa femme enceinte, laquelle apres son trespas enfanta Charles le simple.

Loys & Carloman, freres, fils de Loys le Begue furent 28. Roys, regnant sur la France. L'an du monde 4842. De Iesus Christ 880. Carloman pourcequ'il estoit aisné, tiét le rang des Roys par sus l'autre, il regna quatre ans. En ce temps les Normans & Dannoys gasterent cinq ans durant toute la Gaule, en mettant cruellement toute à feu & à sang par tout, ou ils passoient, fust chose sacree ou profane. *Loys & Carlomã 28. Roy.*

Loys Fay-neant, fils de Carloman 29. Roy. L'an du monde 4846. De Iesus Christ 884. Il regna cinq ans & fut chassé : En son temps l'an 886 & l'annee suyuante les Normans mettent le siege deuant Paris, ils *Loys Fay neãt 29. Roy.*

mettent à mort le duc Henry pour eux végér de leur Roy Godeffroy qui auoit esté tué, & tindrent long téps la ville de Paris assiegée auec quarante mil hommes: mais Eude, Comte de Paris, Gontselin Euesque d'icelle, & l'abbé de sainct Germain des prez, se fortifierét par dedans, & la defendirent si constamment, par les merites de nostre Dame, & de sainct Marcel, & saincte Geneuiefue, dont les corps auoiét esté retirez en la cité, que ils ne la peurent prendre, & se departirent. Mais auant leur departement, ils saccagerét & bruslerét les monasteres de S. Germain des prez & saincte Geneuiefue, qui estoit alors hors Paris, à ceste cause les Religieux de saincte Geneuiefue entre leurs prieres Ecclesiastiques, disent ceste-cy. *A furore Normanorum, libera nos Domine.* Et ne reçoiue iamais leans vn

Siege de nât paris par les Normâs.

religieux de ceste nation.

Le corps de S. Germain au temps du siege des Normans; fut mis en vne chapelle en la cité: & le sainct corps ayant esté rapporté par Eude comte de Paris, & Roy de France, en son Abbaye: ceste chapelle où il auoit reposé, fut tousiours depuis nommee S. Germain le vieil. On dit qu'elle appartenoit lors à icelle Abbaye de S. Germain des prez, & qu'elle luy fut ostee par arrest auec autres pieces, à raison d'vne anciẽne querelle qu'ils eurent contre les Escoliers; touchãt le pré aux clers.

Fõdatiõ de S. Germain le vieil.

En ce temps la ville & les enuirons de Paris, estoit vne Comté tresnoble, & de supreme seigneurie, dont les Comtes (cõme il est à croire) estoient naturels Gaulois, qui ont attainct à la couronne de France. Eude Comte de Paris, & depuis Roy de France, Robert fre-

Les enuirons de Paris.

La Côté des Paris vnie à la couróne. re d'Eude, comte de Paris. Hugues le grand, comte de Paris, Hugues Capet comte de Paris, & depuis Roy de France, & par luy la Comté fut vnie à la couronne.

Odo, le 30. Roy. Odo, fils du Comte d'Anjou estranger fut fait trentiesme Roy de France. L'an du monde 4752. De Iesus Christ 820. il regna neuf ans: ce Roy donna à S. Germain des prez la chasse d'argent, tant riche, dans laquelle le corps de S. Germain repose: aussi il apporta en Frãce ceste nostre baniere toute couuerte de fleurs de lys, laquelle à duré iusques au temps de Charles 6.

Charles le simple 31. Roy. Charles le simple, fils de Loys le Begue 31. Roy de France, regna aprés Odo. L'an du monde 4861. De Iesus christ 899. il regna 27. ans En son temps fut assemblé vn concile pour reformer les Seigneurs & Princes, qui iouyssoient & occupoient les Abbayes, & autres grosses maisons & reuenus des Eglises, & ce Roy susdict soustint la cause & droit des Euesques & Abbez, les remettant en leur entier & en leurs droicts.

Roul, fils de Richard de Bourgongne 32. Roy de France, vsurpa le royaume apres Charles. L'an du monde 4888. De Iesus christ 926. regna deux ans paisible: il fut couróné Roy à Soissons, le treiziesme iour de Iuillet, & ne regna que deux ans selon les Croniques S. Denys, Sigisbert, & de Phrygien. Mais Paul Emilie, Robert Guaguin, & plusieurs autres afferment qu'il a regné douze ans presque accóplis, iusques en l'an 937. *Rooul 32. Roy.*

Loys fils de Charles le simple 33. Roy, fut rappelé du pays d'Angleterre, & fut fait Roy de France l'an du monde 4890. De Iesus Christ *Loys le 33. Roy.*

neuf cens trente huict il regna 27. ans. Les Hongres qui estoient encores Sarrazins passerent par Austrasie & Allemaigne, & gasterent par feu & par glaiue les villes & citez, & trauerserent tous les pays iusques à la mer Oceané.

Lothaire fils de Loys 34. Roy de France. L'an du mõde 4. mil 9. cẽs dix sept. De Iesus Christ 955. regna trente & vn an il fut couronné à Reims le 13. iour de Nouembre.

Siege deuant Paris par Oton 2.

L'an neuf cens septante & huict, regnant en France le susdict Roy: Othon deuxiesme Empereur, pour quelque querelle qu'il eut contre Lothaire, entra en Frãce auec grãd armee, & vint mettre le siege deuant Paris: mais par l'impetueuse saillie que feirent les Parisiens sur son camp le nepueu d'Othon, & plusieurs autres furent occis deuãt la porte, & les ennemis vaincus en haine dequoy Othō brussa les faux-bours de la ville, & se retira: Le roy Lothaire, Hugues Capet, Cōte de Paris, & Henry Duc de Bourgongne saillans de la ville, poursuiuirent l'Empereur, & le desconfirent au païs de Soissons sur la riuiere d'Oyse.

Derechef, durant le regne dudit Lotaire, fut la ville de paris assiegee par vn prince Danois, nōmé Huastendanus, accompagné de quinze mil hommes, entre lesquels estoit vn Geant, nommé Betelgulphus, de grandeur meruellleuse, lequel venoit par vn chacun iour deffier & prouoquer au combat les Cheualiers François. Le roy Lothaire, estant dedans Paris assiegé, auec sa noblesse Geoffroy, conte d'Anjou, venant à Paris au mandement du Roy, se trouua ou estoit le Geant, lequel il combatit, & luy trencha

Paris assiegé & d'vn Geāt de grandeur merueilleuse.

la teste, laquelle il presenta au Roy. Les Danois à demy vaincus, leuerent le siege bruslerent Montmorency, & en fin estans campez en la vallee de Soissons, furent deffais par le Roy & les Parisiens.

Des fondtions des Eglises sainct Magloire, sainct Barthelemy, sainct Nicolas des champs, nostre Dame des champs, sainct Martin des champs, S. Victor, & les Blancs manteaux.

CHAP. IX.

DEs le temps de Charles le Chauue, iusques à Loys dit d'outremer, pere de Lothaire, comme il appert au discours de nostre histoire. Le royaume de France fut grandemēt trauaillé des Normans, à l'occasion dequoy chacun serroit les choses precieuses, aux plus ſeurs lieux: & meſmement l'Eueſque d'Alethe, nommé Saluator, ſe ſaiſit des corps ſaincts Magloire & ſainct Sanſon, qui eſtoient en l'Eueſché de Dol en Bretaigne, auec autres corps ſaincts, print le corps ſainct Maclou, à Leon en Bretaigne, & accompagné de pluſieurs venerables hommes d'Egliſe, vint à Paris, où il preſenta ſa requeſte au Roy, & à ſon conſeil, tendant à ce qu'il pleuſt à ſa majeſté donner lieu, pour mettre ces corps ſaincts honorablement le Roy Lothaire aquieſſant à leur requeſte, principalemēt, par le cōſeil de Hugues Capet, lors Duc des François & Cōte de Paris: fit mettre les ſaincts corps en ſa Royalle chappelle, & de ſes predeceſſeurs, ou eſt à preſent ſainct Barthelemy pres ſon hoſtel, ou ils furent receus en grande uerance, & mis auec les anciēnes

Requeſte preſentee au Roy Lothaire

& precieuses reliques, que les feux Roys y auoient colloquez. Et lors y auoit Chanoines seculiers, mais ledit Roy Lothaire à la suasion du Comte de Paris, & en l'honneur de S. Magloire, fonda ladite chapelle l'an de grace 975. vne Abbaye en laquelle il mit abbé & religieux ausquels il fit de grâds dons, & mit les chanoines seculiers en la chapelle S. Nicolas, qui est à present appellee sainct Michel, dedans la closture du Palais: lesquels chanoines, du consentement du Roy laisserent la dicte Eglise S. Barthelemy, bien ornee & garnie des reliques dessusdicts, & demourent les abbé & religieux long tẽps en ladite abbaye, & iusques au regne du roy Loys le ieune, lequel pource qu'ils estoiẽt trop estroittement, les translata auec les corps saincts au lieu ou estoit l'abbaye sainct Magloire, dõt

Fondation des religieux S. Magloire mis a S. Barthelemy.

La chapelle S. Michel.

Changement des Moines.

l'Eglise auoit ja esté fondee par le Roy Hugues Capet, en la ruë S. Denis, hors Paris : auquel lieu y a-uoit eu vne chapelle de S. Georges fondee de tres-grande antiquité, ou estoient deux os de ses bras, & vne partie de son chef.

Ceste translation ou derniere fon-dation par Loys le ieune, fut en l'an de l'incarnation de nostre seigneur mil cent trente huict és nones de Nouembre.

Huë ou Hugues Capet, Conte de Paris, fut le trente sixiesme Roy de France, l'an du monde 4949. De Iesus christ 687. Il regna vn an seul & fit couronner son fils Ro-bert, estant seul, qu'auec son fils il regna neuf ans. Il mourut enuiron le commencement du 9. an de son regne, & fut enterré à S. Denis.

Hugues Capet 36. Roy de France.

Pour vous asseurer mieux que ce-sudit Roy fut le fondateur de l'ab-

Le fondateur de S. Magloire.

baye S. Magloire. Ie vous descriray ce que i'ay trouué au cœur d'icelle abbaye, en laquelle est vn Roy en platte peinture & dessus est, escrit.

Hugues Capet, Roy de France, fondateur de cette Eglise.

Dauantage les religieux de leans monstrent quelques escritures en tapisserie, par lesquelles appert l'abbaye auoir esté fondee par Hugues Capet, & allegues ces deux vers.

Hugues Capet en sa grand gloire.
Fonda à Paris sainct Magloire.

Encores disent ils, que la iustice patibulaire estoit en ce lieu, & que enuiron l'an mil cinq cens vingt cinq, l'Abbé de leans, nommé de Mommiral, faisant bastir dedans des iardins, autour de l'Eglise, on trouua dedans terre, plusieurs ossemés de corps morts, auec des chaines de fer, & poteces à gibet. Semblablement en fut trouué autant l'an mil cinq cens quarante neuf, és fondemens d'vne maison contre icelle Eglise, en la ruë S. Denis.

Ces Moines ont esté suiects à estre muez de lieu en autre, tant iadis que de nostre temps, d'autant qu'en l'an mil cinq cens lx. douze. on les osta de la ruë S. Denis, pour y mettre les filles repenties, & furent enuoyez auec leurs ornemés, vases, reliques & cloches, au faux bourgs sainct Iaques en l'Eglise & hospital sainct Iaques du haut pas, esquels lieux on bastit pour mieux accòmoder les religieux.

De l'Eglise S. Barthelemy.

Les religieux estans ostez de l'Eglise que l'on dit S. Barthelemy, de l'Abbaye laissee fut faicte vne paroisse, dont le Roy (à cause de son Palais) est le premier paroissien: & en laquelle y a vne prieuré dependant de sainct Magloire & y viennent les religieux chanter aux quatre festes annuelles. Le lieu du prieuré est derriere le cœur, qu'on appelloit anciennemẽt nostre Dame des voutes, en ladicte Eglise sainct Barthelemy.

De la chappelle S. Michel. Quant à l'Eglise sainct Michel, dans la closture du Palais, elle fut chapelle des Roys, iusques au tẽps de sainct Loys. En icelle sont deux chappelles, l'vne fondee par les dix huict messagers de la chambre des Comptes & du tresor, creez par les Roys de France, l'autre fondee par le grand guet du Roy.

L'an neuf cens septante sept, trespassa Albert autremẽt nommé Ascelin, Euesque de Paris, fils de Baudouyn le ieune, conte de Flandres. *Trespas de l'Euesque de Paris.*

Robert 37. Roy de Frãce. Robert fils de Hugues Capet fut le trenteseptiesme Roy, & succeda à son pere, & commença à regner seul l'an du monde quatre mil neuf cens cinquante 8. De Iesus Christ neuf cens nonante 6. Il regna trete quatre ans, homme lettré, studieux religieux debonnaire, vertueux sage & de bonne meurs, lequel fonda l'Eglise & paroisse de sainct Nicolas des chāps en son Palais, pres Paris. L'an 1579. fut commencé à bastir, pour eslargir l'Eglise S. Nicolas des champs, du costé de l'abbaye S. Martin, & pour ce faire furent abbatues les prisons & geolle de ladicte abbaye, moyennant recompense adiugee audit Moynes S. Martin, qui sera chose de belle decoration estant acheué & pour le bien public des Paroissiés attendu le grand nombre de peuple & que ladicte Eglise est trop petite. Nicolle Gilles à escrit, que son Palais estoit ou est de present le monastere sainct Martin des champs

Fondation de S. Nicolas & de nostre Dame des champs.

toutes-fois il appert du contraire il fonda aussi l'Eglise, & prieuré de nostre Dame des champs pres Paris, au lieu ou parauãt sainct Denis auoit ia edifié vne Eglise: L'on tiẽt pour vray que ce lieu fut le premier ou les Chrestiens de Paris, commencerent à inuoquer le nom du tout puissant, y abbatant sainct Denis l'idole de Mercure, qui estoit le Dieu estimé tutelaire des Gaules. Le susdit Roy Robert, comme religieux, & plus soigneux du seruice de Dieu, que du maniement des armes, ayant apprins de son pere Huë Capet, que l'establissemẽt d'vne seigneurie s'aquiert plus par pieté, & Iustice que par effusion de sang, s'addonna aussi aux œuures sainctes.

Hors la susdicte Eglise nostre Dame des champs, contre la muraille, à l'entree du Cymetiere, est vne

pierre ca

pierre caree, dedans laquelle est peinte d'or & d'argent l'effigie de nostre Dame, bien antique, & dessous est escrit.

Siste viator, Mariam reuerenter honora,
Nam fuit hæc saxo primum depicta minori
Quod medium spectas.
At sculptam primitus ædes,
Et basilica tenet tanto de nomine dicta.

Henry fils de Robert premier du nom 38. succeda à son pere. L'an du monde 4992. De Iesus christ 1030. Il regna 30. ans. En son viuant fit plusieurs choses memorables, & d'autant que non loin du lieu ou estoit le logis du Roy, il y auoit eu iadis assemblee de religieux, & que sainct Martin si estoit tenu, & y auoit fait de grands miracles, comme encore y estoit la chappelle en laquelle S. Martin auoit guery vn

Henry 38. Roy. Fondation de l'Abbaye S. Martin.

ladre, cette abbaye ayant esté ruinee par la violẽce des guerres, soit des Normans ou autres: tellement qu'il ny auoit aucune apparence d'abbaye, sinon les ruines. Et la closture de ce lieu & grãdeur d'iceluy, passe beaucoup plusieurs villes de France: Le bon Henry premier du nom, & fils de Robert, imitateur des vertus de son pere, restitua à Dieu la place qu'il y auoit esté dediee, & de son Palais fit bastir vn temple, & dresser vne abbaye auec chanoines reguliers de sainct Augustin, ausquels il donna rentes, reuenus terres, & possessions fort amples & suffisantes pour les entretenir, outre ce leur octroya droit de toute iustice, haute moyẽne & basse, non que tout l'enclos fut du Palais, ains le costé qui est vers la geolle, & le plus proche de S. Nicolas, estant vne maison de seiour des

Roy: ou ils oyoient les doleances du peuple. En ce tẽps aduint si grãd feu en la ville de Paris, que la cité fut quasi toute bruslee. En l'an mil trente quatre. La riuiere fut fort grande l'espace de sept ans.

Philippes fils de Henry 39. Roy succeda à son pere. L'an du monde 5022. De Iesus Christ 1060. Et il regna quarante neuf ans. Le Roy decede à Melun, le 29. iour de Iuillet, & est enterré à sainct Benoist sur loire. En son regne fut deliberé le voiage de la terre saincte ou furent plusieurs seigneurs de France entre autres Godefroy, Duc de Lorraine autrement nommé de Buillon qui fut Roy de la terre saincte en l'an mil cent vn. la Cité de Ierusalem fut prinse par les Chrestiens le 39. iour apres qu'elle fut assiegee, qui fut le quinziesme de Iuillet. Et selon Emile, le quatriesme. En l'an

Philippes 39. Roy de France, l'Abbaye S. Denys.

nee mil quatre vingts dix neuf.

Et d'autant qu'auōs cōmencé cy deuant à deduire la fondation de l'Eglise S. Martin ie vous veux aussi declarer le changement. Les chanoines n'y furent gueres long tēps, d'autant que ce Roy Philippes premier du nom, fils de Henry, desirāt voir cette Royalle maison mieux reformee, la dōna l'an mil septante neuf, à sainct Hugues abbé de Clugny pour la remettre en quelque estat plus sainct, & ce bon pere y mit vn Prieur, & des Religieux de l'ordre sainct Benoist, tels qu'à present on y voit, & en furēt ostez les chanoines, sinon ceux qui voulurent se soumettre à la rigueur, & discipline du Prieur claustral, laquelle y regne encor auec telle integrité qu'il n'y a homme qui puisse dire, que cette maison soit autre que vn vray Asile de vertu, & le repaire

Changement de l'Abbaye S. Martin.

de toute sainctété : Iadis il estoit hors les murs, & ores dedans, mais assez pres des remparts, qui est cause que encores on luy dóne le nom de sainct Martin des champs, estāt la fondation de trois Roys, Henry premier, Philippes premier, & Loys sixiesme, ainsi que voyez és inscriptions qui sont à l'Eglise du susdict Prieuré, laquelle despend de Clugny: Le premier Prieur fut nommé Vrse, lequel estoit fort S. hōme, & mourāt fut enterré cōtre les murs de l'Eglise entre les deux portes du cloistre, & du dortoir, car ce fut là que le bon S. Hugues l'enterra luy-mesme, comme voulāt le laisser pour garde des actions des religieux nourris pour l'aduenir en ce monastere: Apres le deces de cestuy le S. Abbe Hugues ordonna Prieur de sainct Martin vn bon religieux nommé Thibaut, lequel

Nom du premier Prieur.

gist vis à vis du benoistier, auquel succeda Mathieu le troisiesme en rang entre les chefs de ceste maison Royalle : lequel par ses vertus fut fait Cardinal du sainct Siege, & Euesque d'Alby, & depuis Legat en France : il mourut & fut enterré à Rome.

La prieuré close de murailles.

Hugues premier du nom, & quatriesme en nombre, est celuy qui fit clorre tout le circuit de la maison de forte muraille, & de tours, & petits bouleuers, telle qu'on la voit à present, à fin qu'on ne pense point que ce fut la closture du Palais Royal.

Reprenant l'ordre de l'histoire, quant à la prieuré de sainct Martin des Champs, il y a dessus la porte, par laquelle on entre du cœur dans le cloistre, en platte peinture, les effigies de trois Rois sur la teste de l'vn tenant vne Eglise est escrit.

Henricus primus.

Inclita Martino construxi hæc mœnia diuo.

Sur l'autre est escrit.

Philippus primus.

Cluniaco accivi monachos, censuque iuui.

Sur le tiers est escrit.

Ludouicus sextus.

Dona ego maiorum, collatáque iura probaui.

Derriere le cœur de l'Eglise dedans vne chapelle, est vn sepulchre sur lequel sont deux effigies de pierre, visage & mains d'Albastre, l'vne d'homme, l'autre d'vne Dame: & contre l'vn des pilliers est vne effigie d'homme debout, vestu comme vn President, de couleur rouge. Contre l'autre pillier est l'effigie d'vne Dame, aussi debout, coiffee à l'antique, & son habit doré. Au lõg du sepulchre est escrit.

Le Sieur de Moruellier, premier presidẽt.

Cy dessous repose le corps de nobles personnes messire Philippes, Sieur de Moruillier, Clary, & Charenton, Conseiller du Roy nostre Sire, & premier President en son Parlement: & Madame Ieanne du Drac, sa femme, & trespassa ledit President le 25. iour de Iuillet, l'an de grace 1438. Et ladite Ieãne l'an mil quatre cens trentesept.

L'an 1576. Regnant Henry 3. Roy de France & de Polongne, fut refaict plusieurs bastissemẽs en la susditte Abbaye S. Martin, & entre autres vn grãd portail, pour entrer droict dans la court du monastere, chose de bonne inuẽtion, d'autant que ce lieu estoit presque inutile, & outre ce que l'entree est sur la grande rue sainct Martin, au lieu que pour entrer en ladite Abbaye il failloit se destourner de la grand rue. Au portail d'icelle est escrit ce qui ensuit, sous les pieds de deux Effigies de Rois faicts de pierre, qui sont des deux costez de la porte.

M. LX.

Henricus posuit primus primusque Philippus auxit
Septem probas quas lodoicè domos.

A main droicte en entrãt audict lieu est escrit.

M. V. LXXV.

Dum reficit vitalar, Biturix præsulque priórque tertius Henricus Gallica sceptra tenent.

Loys le Gros 40. Roy, fit bastir l'Abbaye S. Victor.

Loys le Gros, fils de Philippes 40. Roy, succeda à son pere. L'an du monde 5071, de Iesus Christ, mil cent neuf, il regna vingthuict ans. Il fut oingt & sacré le 3. d'Aoust en la ville d'Orleans, en l'Eglise S. Sanson, par Gilbert, Archeuesq.

que de Sens, nonobstant les oppositions, que firent ceux de Reims, disans auoir seuls ce droict. Ce susdict Roy de France, en recognoissance de la victoire qu'il auoit obtenue contre aucuns Seigneurs de France, qui auoient conspiré trahison contre luy, en l'honneur de sainct Victor, auquel il auoit singuliere deuotion, fit construire & edifier l'Abbaye sainct Victor, pres Paris, en laquelle il mit religieux Chanoines de sainct Augustin, l'an de grace mil cent treize.

Telle est la teneur de la fondation, ainsi que le Roy susdit la fit, laquelle à fin d'estre mieux entendue d'vn chacun, l'ay mise en François.

Nous Loys, par la grace de Dieu Roy des François, instruict par l'exemple de mes ancestres, & accusé de ma conscience, mettant deuant mes yeux le iour du dernier iugement : voulons & auons desiré par le conseil & consentement des Archeuesques, Euesques & Seigneurs de nostre royaume, que l'Eglise dediee au nom de S. Victor assise pres Paris, soit ordõnee pour des Chanoines reguliers, viuans selon leur reigle, à fin qu'ils prient Dieu, tant pour nous que pour le salut de nostredict royaume, & qu'ils facẽt memoire en leurs prieres & oraisons, tant de nous que de nos ancestres. Et à fin que le soin temporel de la necessité des freres, ne les destourne pour les tirer au soucy des choses exterieures & terriennes, nous auons doté & enrichy la susdicte Eglise auec la faueur & magnificence de nostre Royalle liberalité. Donc les Archeuesques, Euesques, Comtes & autres Seigneurs de nostre royau-

Fõdatiõ de l'abbaye S. Victor.

me à Chaalons assemblez, par le commun accord & consentement de tous, auons estably & ordonné que les susdits Chanoines esliront vn Abbé tel que bon leur semblera, soit de leur troupeau, ou de quelque autre Eglise que ce soit, mais l'eslisant auec telle conditiõ, qu'ils ne seront obligez de demãder le consentement du Roy, ny attendre l'auctorité du Roy, ny la volonté ou louange & adueu de quelque autre personne, ains en choisiront celuy qu'il plaira à Dieu leur donner, & esliront canoniquement sans demander congé (comme auons dict) au Roy, n'y a personne quelconque, & l'offrirõt sans nul contredict à l'Euesque de Paris pour le consacrer.

Faict à Chaalons au Palais public, l'an de l'incarnation de nostre Seigneur, mil cent treize, & de noſtre regne le cinquieſme.

Par ces lettres vous voyez la modeſtie des Rois anciens en ce qui eſt de l'autorité Royale, ne voulás faire aucun eſtabliſſement ſans la volonté & conſentement du clergé, & nobleſſe & officiers de la iuſtice ; & le reſpect qu'ils portoient à l'Egliſe, puis que franchemét ceſtuy ſe demet de la nomination de l'Abbé de S. Victor: & bien que ce ſoit de ſa fondation, ſi eſt-ce que purement & ſimplement il ſ'en rapporte à l'election des Chanoines, ne voulant qu'autre quelconque ſ'en entremette, & y eſt à cõſiderer leur bonne cõſcience, puis que canoniquement ceſtuy veut que l'Abbé ſoit eſleu, & ordonne que l'Eueſque dioceſain aye l'autorité de ſacrer, à fin de ne rompre aucun ordre Eccleſiaſtique ; & violer la diſcipline auec tant de priuileges,

Modeſtie des Rois anciens.

puis qu'il est ainsi, que les moindres dignitez ont esté establies pour obeyr aux superieurs. De ceste Abbaye anciéne n'en reste plus que la vieille porte, & le paruis: car elle a esté du temps du Roy François toute rebastie de neuf, en Architecture autant excellente qui se puisse inuenter, auec decoration d'images representátes le naturel: de compartimens dorez, de verrieres, & autres singularitez. Ie n'ay sçeu passer outre, sans apposer icy certains Epitaphes de leur fondateur, & de noz Euesques de Paris, & autres hommes doctes enterrez en ce monastere, recueillis, entre plusieurs dignes de recordation.

Epitaphe du Roy susdict escrit au cloistre de ladicte Abbaye.

Illustris genitor Ludouici Rex Ludouicus,

Vir clemens, Christi seruorum semper amicus:
Instituit, fecit pastorem canonicorum,
In cella veteri trans flumen Parisiorum.
Hanc vir magnanimus almi Victoris amore,
Auro reliquiis ornauit rebus honore.
Sancte Dionysi, qui seruas corpus humanum
Martyr & Antistes Ludoui solue reatũ
Christi centeno cum mile decem & tribus anno,
Templum hoc Victoris struxit regalis honoris.

Derriere le cœur de ceste Eglise y a vn sepulchre de pierre, & dessus l'effigie d'vn Euesque : l'epitaphe est tel.

Discite mortales sortis memorandæ supremæ
Fata quibus mors est indita: vita breuis.
Nobile pontificum, decus has Reginaldus in vrna

Occubat, exili contumulatus homo.
Parisiæ quondam præsul celeberrimus vrbis
Fatali ad superos sorte vocatus obit.
Quisquis ades, sic te fragilem memorare viator.
Mors est certa, breuis gloria, vita nihil.
Obit anno super M.cclviij.

Pres de là est vne sepulture platte, du costé de Septentrion, d'vn Euesque de Paris, au dessus est escrit en cuyure.

Epitaphium Guillemi Parisiensis.

Conditus hic recubat fatali sorte Guillelmus,
Parisii pastor, qui gregis aptus erat.
Reperit illustrē cœlesti munere famum,
Quam nequit in tanto mors abolere viro.

Autre Epitaphe d'vn Euesque de Paris.

Epitaphium Petri Cometoris.

Petrus eram quem terra tegit, dictusque comestor,

Nunc

Nunc comedor viuus docui, nec cesso docere
Mortuus, vt dicat qui me videt incineratum,
Quod sumus iste fuit, erimus quandoque quod hic est.

Celuy qui s'ensuyt a vne sepulture esleuee toute pleine.

Epitaphium Magistri Hugonis de sancto Victore.

Conditus hoc tumulo doctor celeberrimus Hugo,
Quem breuis eximiũ cõtinet vrna virũ:
Dogmate præcipuus, nullique secundus amore,
Claruit ingenio, moribus, ore, stilo.

Ces deux qui s'ensuyuent sont dedans le cloistre de l'Abbaye.

Epitaphium magistri Richardi de sancto Victore.

Morib⁹, ingenio, doctrina char⁹ & arte,
Puluereo hic tegeris, docte Richarde, situ.
Quem tellus genuit felix Scotica partu.

Te fouet in gremio Gallica terra suo.
Nil tibi Parca ferox nocuit, quæ stamina paruo.
Tepore tracta graui rupit acerba manu,
Plurima namque tui superãt monumenta labores,
Quæ tibi perpetuum sint paritura decus.
Segnior vt lento scelèratus mors petit ædes,
Sic propero nimis it supia tecta gradu.

Epitaphium magistri Adæ de sancto Victore.

Hæres peccati, natura filius iræ,
Exilióque reus nascitur omnis homo.
Vnde superbit homo? cuius cõceptio culpa
Nasci pœna, labor vita necesse mori.
Vana salus hominis, vanus decor, omnia vana
Iter vana nihil vnius est homine.
Dũ magis alludit præsentis gloria vitæ,
Præterit. imo fugit: non fugit, imo perit.
Post hominem vermis, post vermen fit cinis, heu heu.

Sic redit ad cinerem gloria nostra simul.
Hic ego qui iaceo miser, & miserabilis Adam,
Vnam pro summo munere, posco precem.
Peccaui fateor, veniā peto, parce fatenti:
Parce pater, fratres parcite parce Deus.

En la chappelle de l'enfermerie est l'effigie d'vn Patriarche d'Alexandrie, Euesque de Paris, en albastre blanc, sur vn tombeau de marbre noir, autour duquel sont engrauez ces vers.

Hic situs est dominus G. de Ganac patriarcha
Alexādrinus, iuris dum viueret archa,
Mores ornatos ad culmen nobilitatis,
Adiungēs gratos actus habuit pietatis,
plebis Ecclesiæ Prælatus Parisiensis,
Cultor iustitiæ, peruersorum fuit ensis.
Hunc sibi non solum, sed eum qui post ibi sedit,
Dictus fulco, dedit Lemouicēse solum

Te fouet in gremio Gallica terra suo.
Nil tibi Parca ferox nocuit , quæ stamina paruo.
Tepore tracta graui rupit acerba manu,
Plurima namque tui superant monumenta laboris,
Quæ tibi perpetuum sint paritura decus.
Segnior ut lento sceleratus mors petit ædes,
Sic propero nimis it supia tecta gradu.

Epitaphium magistri Adæ de sancto Victore.

Hæres peccati, natura filius iræ,
Exilióque reus nascitur omnis homo.
Vnde superbit homo? cuius cõceptio culpa
Nasci pœna, labor vita necesse mori.
Vana salus hominis, vanus decor, omnia vana
Iter vana nihil vnius est homine.
Dũ magis alludit præsentis gloria vitæ,
Præterit, imo fugit: non fugit, imo perit
Post hominem vermis, post vermen fit cinus, heu heu,

O quam sollicitè quam sanctè, quamque perité
Ipse studuit, Cleri libertatésque tueri.
Multos promouit, quos sancte viuere nouit.
Clam refouens inopes distribuebat opes.
Cor de Deū sitiēs trāsiuit ad atria lucis,
Sanctæ luce crucis in Maio moriens.
Anno mileno trecenteno quadrageno,
Octóque centenos annos peragens quasi plenos
Pro delectoris anima tui dulciter ora,
Sancti Victoris cōuentus qualibet hora.

On dit qu'en ceste Abbaye est le corps de Olanus, Roy de Morefque, alias Nouergne, iadis payen, & depuis conuerty à la foy, par Robert Archeuesque de Rouans puis occis pour la foy, comme martir, par ses propres subiects, enuiron l'an mil vingt: Au mesme temps Alix, femme du Roy Loys le gros,

Fōdatiō du monastere des dames de Montmartre.

fonda le monastere des religieuses de Mont-martre où elle gist sous vn tombeau de pierre, sur lequel est son effigie engrauee, qui apparoist bien antique, & de nostre temps a esté transporté ledict monumét à costé du grand autel, vers Septentrion. En l'an mil cent soixante le susdict Roy Loys le gros eut vn fils, nommé Philippes, Archediacre de Paris, lequel ceda l'election de l'Euesque à Pierre le Lombard, Docteur tres-sçauát en Theologie, dont l'Epitaphe est cy dessus: lequel Euesque fit tant auec le Roy Loys le ieune, que les lógs cheueux & les barbes furent abbatues. Ledict Philippes, Archediacre, gist à nostre Dame de Paris.

Loys le ieune, fils de Loys le gros quarante & vniesme Roy succeda à son pere. L'an du monde, cinq mil nonáte & neuf, de Iesus Christ

Loys le Ieune 41. Roy de France.

mil cent trente sept, il regna quarante trois ans. En son regne le Pape Eugene vint en France, & illec assembla vn Concile à Paris & à Reims. L'an 1145.

Iceluy Pape Eugene en l'an mil cent quarante six, és Calendes de Iuin, à la supplication des religieuses de Mont-martre, consacra & dedia le grand autel de la chapelle des Martirs, és noms d'iceux martirs S. Denys, S. Rustic, & S. Eleuthere ainsi qu'il est escrit dans ceste chapelle, en la bulle donnee audict an, en la ville de meaux.

La chapelle des martyrs.

S. Bernard va en Allemagne.

L'an 1146. Sainct Bernard s'en va en Allemagne pour prescher, & pour persuader la guerre cõtre les infidelles, à la persuasion duquel l'Empereur, & le Roy, prindrent les sainctes armes, pour aller mettre le siege deuãt la ville de Damas.

L'an mil cent vingt & vn. Le sus

dit sainct Bernard au 12. an de son aage auec 30. de ses compagnons, en vn mesme iour se rendirent religieux de l'ordre de Cisteaux: Et estāt Abbé de Cleruaux alla de vie à trespas l'an 1153.

Trespas de sainct Bernard.

Le Roy susdict estant maladif, faict couronner à Reims son fils Philippes, le premier iour de Nouembre, auquel couronnement assista Henry le ieune, Roy d'Angleterre, pour lors beneficié en Frāce.

Ainsi de temps en temps, Paris se multiplians, les Eglises & oratoires y furent aussi fondees en plus grād nombre, car le Comte Guillaume, Duc de Guiēne, & Comte de Poitou, s'estant rendu Hermite institua l'ordre des Guillemins, suiuās l'ordre sainct Augustin, & apres sa mort, le conuent des Blancs manteaux de Paris, fut des premiers qui receut ceste nouuelle semence

Fōdatiō des Guillemins, dits blācs manteaux.

de religieux en l'an de nostre salut mil cent soixante, ainsi que discourt Boucher en ses Annales d'Aquitaine. Or y auoit il difference des Blancs manteaux (qui estoient mendians) aux Hermites du bon Duc Guillaume, lesquels se tenoient à Montrouge, iusques au temps de Philippes le Bel, qui les introduict à Paris, & leur donna la maison des Blancs-mãteaux, que le Roy sainct Loys auoit fondee, & ainsi les Guillemins prenans le logis des Blancs-manteaux, en ont aussi retenu & retiennent le tiltre.

Du Bastiment de la grand' Eglise nostre Dame de Paris, & de ses singularitez, & de sainct Anthoine des Champs, des Roys qui ont regné en ce temps, & des choses plus memorables.

CHAP. X.

PHilippes Dieu dõné, fils de Loys 42 Roy succeda à son pere. L'an du mõde cinq mil cẽt quarante deux. De Iesus Christ 1180. Il regna quarante trois ans. Au commẽcement de son regne il fut aspre à reprimer les seditions des ennemis tãt des siens que de ceux de l'Eglise: Le premier edict du nouueau Roy fut contre les blasphemateurs du nom de Dieu, & contre ceux qui auec opprobres pour choses trop legeres & friuole l'appellent en tesmoignage. Par lequel Edict il condemnoit toutes telles manieres de gens à estre iettez en la riuiere, sans encourir la mort. Le second fut contre les basteleurs, ioueurs, farceurs, & autres plaisanteurs, ausquels il defendit sa cour.

Philippes le 42 Roy de la France.

Philippes estant à Paris, & encores viuãt son pere, vn iour de sabbat le 26. iour de Feurier entra en la Sinagogue, pilla, & spollia les Iuifs. Et le 29. iour de May, iour de l'Assention de nostre Seigneur, Philippes fut de rechef couronné Roy, auec sa femme. Elizabeth, fille de Baudouin, Comte de Haynault. Le pere a veu son fils Roy vn an durãt, auec grãdissime ioye.

Les Iuifs pillez.

L'an 1194. si grãde famine fut en Frãce, qui dura quatre ans, dont le peuple fut si apauury, que ceux qui estoient au parauant riches, mandioyent publiquement leur vie.

Famine en frãce.

L'an mil cent quatre vingts & six mourut à Paris Geoffroy, Duc de Bretaigne, & comte de Richemõt, troisiésme fils de Henry Roy d'Angleterre, lequel fut inhumé par le vouloir du Roy Philippes, deuant le grand autel nostre Dame de Paris.

Mort de Geoffroy Duc de Bretaigne.

L'an mil cent quatre vingt neuf le vingtiesme iour de Feurier, deceda à Paris la Royne Elizabeth, femme du Roy Philippes Auguste & fille de Baudouin. Comte de Henaut, laquelle fut enterree en l'Eglise nostre Dame de Paris, qu'on bastissoit alors, encores voit on sa tombe, de marbre blanc, & noir, dedans le cœur d'icelle Eglise, qui du cõmencement a esté haut esleuee, auec autres tõbes, de Princes & Princesses, mais par antiquité les Epitaphes estans rompus & vsez, les noms en sont incogneuz.

Sepulture de la royne Elizabeth.

Pour les ames des deux defuncts dessusdits & autres, le Roy fonda en ladicte Eglise six chapelles sacerdotales, les chapelins desquelles doiuent celebrer, l'vn pour iceluy Roy Philippes, & pour son pere Loys. Le second, pour Geoffroy Duc de Bretaigne. Le tiers, pour la

Six chapelles sacerdotales.

Comtesse de Châpaigne. Le quatriesme pour la Royne Isabel sa femme. Le cinquiesme, pour les feux Roys ses predecesseurs. Et le sixiesme, à la deuotion du Chapitre.

fondatiõ de l'Eglise nostre Dame.

Au temps dudict Philippes Auguste, tenoit le siege cathedral Maurice de Soliac septantiesme Euesque de Paris, fondateur des Abbayes de Heriuaux, Hermieres, Hyerre, Gif, & sainct Anthoine des champs, esquelles il mit religieuses, & composa le respons des Vigilles *Credo quod redemptor meus viuit*, & ce qui s'ensuit : lequel il ordonna estre engraué sur sa tombe. Ce bõ Euesque pourchassa enuers le Roy Philippes, & luy mesme y employa tout son bien, à ce que la grand' Eglise de Paris fust edifiee & construicte de tressumptueux ouurage, ainsi qu'on l'a voit à present: les fondemẽs de laquelle par-auant luy auoient esté fairs & esle-uez iusques au rez de terre.

L'an qu'elle fut commencee est incertain, mais c'est chose certaine que l'edifice fut leué du temps dudict Euesque, qui mourut l'an mil cent quatre vingts & seize, & encor ne fut le bastimẽt continué iusques à l'an 1257. ainsi qu'on peut recuillir par ce qui est graué en la croisee vers Midy, y a escrit aux deux costez de la porte de ce costé là ce qui ensuit.

Anno domini, M. C C. L V I I. mense Februario idus secundo, hoc fuit inceptum Christi genitricis, Kallensi latomo viuente Ioanne magistro.

Ce temple est la seule merueille de France pour sa grandeur & forme. L'edifice est fondee sur pilotis au bout de la cité sur la riue de Seine, creux par dessous. Il a six vingts colomnes, ou pilliers dedans œuure, soustenans l'edifice, & faisans deux allees, sans la grande closture d'espaisse muraille, qui enuironne le tout. La nef & le cœur sont au milieu du Temple en telle largeur que sont aux costez, les deux allees & rangs de six vingts colomnes. La longueur de la nef est de cent pas ou eniambees.

Depuis la nef iusques au chef de l'Eglise y a septante quatre pas, ce sont en lõgueur de l'edifice dedãs œuure cent septante quatre pas ou eniambees.

La largeur tant de la nef que des allees & costez est de soixante pas ou eniambees.

La hauteur est estimee à la mesure de la longueur de la nef.

D'autres la mesurent ainsi, soixã

re six toises de long dedans œuure, vingtquatre toises de largeur, dix-sept toises de haut, le tout dedans œuure.

Sur les grosses colomnes sont galleries par dedás, tout à l'entour de l'Eglise, grandes & larges, le deuant desquelles est distinct par cét huict colõnes chacune d'vne pierre, entremeslée parmy les grandes, lesquelles galleries sont verrinees tour à l'entour.

Le cœur est tout clos de pierre, l'entour d'iceluy cõtient par haut les histoires du nouueau testamẽt, par images, entierement taillees, peinctes & dorees: & par bas contient le vieil testament engraué dedans la pierre, desquelles histoires celle de derriere le cœur sont plus modernes, comme on voit par la datte d'icelles, engrauee sur l'effigie d'vn homme à genoux, auquel est escrit ce qui ensuit.

Epitaphe d'un Masson. C'est maistre Iean Raui, qui fut Masson de nostre Dame de Paris, par l'espace de vingtsix ans, & cõmença ces nouuelles histoires, & maistre Iean le Bouteillier, son neueu, les a parfaites en l'an mil trois cens cinquante & vn.

45. chapelles. A l'entour de l'Eglise sont quarante cinq chapelles toutes treillissées de fer, desquelles on trouue la datte de la fondation de celles de derriere le cœur, sous l'effigie d'vn Euesque, debout sur vne colomne qui gist en l'vne tout aupres, sous vne haute sepulture de marbre, & est escrit ainsi.

Cy est l'image de bonne memoire Simon Matifas de Bucy, Euesque de Soissons, iadis Euesque de Paris, par qui furent fondees premierement ces trois chapelles où il gist, en l'an de grace mil deux cens

quatre

quatre vingts & seize, & puis on fit toutes les autres enuirõ le cœur de ceste Eglise. Cét Euesque a laissé beaucoup de distributions annuelles en icelle Eglise.

A chacune des deux croisees y a deux portes, qui sont quatre.

A l'entree sont trois portes doubles, & vne autre petite à costé du cœur, vers Septentrion, ce sont vnze en tout, lesquelles sont enrichies & ornees d'images effigiees, statues, representations des personnes saintes de Roys, Roynes, Princes & Princesses, & autres qui sont entaillees & entierement esleuees parmy tant de colomnes, qu'il est impossible de le reciter. Au regne du Roy Charles neufiesme, fut muré quatre portes de la premiere entree qui est sortant du costé de la rue Neuue nostre dame, ce fut à l'occasion des troubles : & main-

xi. portes à la susdite Eglise.

M

tenant elles sont ouuertes.

Roys en effigie à l'entour de l'Eglise.

Sur les six portes du deuant de ceste Eglise, entre les colõnes, sont les effigies de vingt & huict roys, dont Pepin monté sur vn Lyon est au milieu, & au plus haut se presentant en veuë deux hautes tours carrees, de grandeur merueilleuse, mieux ressemblantes à deux forteresses de deffense sur vn rocher, qu'à clochers, lesquelles ont trente quatre toises de hauteur. Les cloches sont si grosses, qu'il conuient dixhuict ou vingt hommes pour esbranler la plus materielle, appellee Marie, le son de laquelle en temps coy & de nuict, se peut entẽdre de sept lieues loing de la ville.

A l'entour des deux tours sont doubles galleries à deux estages, dont la plus haute est soustenue de colomnes, ayant leur pied d'estail dessus la premiere, tout au plus haut y a plate forme, le regard de laquelle en bas fait sembler les hômes ainsi petis qu'vn oyseau, tout le comble est appuyé d'arcboutãs, au bout desquels, en partie, sont des piramides carrees & triangulaires, auec effigie des Roys & autres personnages qui sont dedans & dessus: brief c'est le spectacle le plus grand & le mieux basty de la Chrestienté.

On montoit iadis treize degrez pour entrer dedans cette Eglise, lesquels sont sous le paué à cause que les rues de la Cité ont esté haussees, pour obuier à l'inundation de Seine.

Entre les images du dehors, du costé de Septẽtrion, sont ces deux vers escrits.

Noz cottes crottees, decrottees furent,
Et noz faces trop mieux en durent.

I'ay bié voulu annoter cela, pour ce que la pluſpart dient & interpretent, que la riuiere de Seine a eſté quelquefois ſi grande, qu'elle attaignit iuſques à icelles images. Mais cela eſt faux, car c'eſt la datte de l'annee que leſdites images ont eſté repaintes portee par les lettres numeraires qui eſt vn M. vallant mil, quatre c c c c. vallant quatre cens, puis vn x. trois v v v & vn i. qui vallent xxvj.

Au portail de deuant ſont deux effigies, en platte peinture, l'vne tient vne Croix, & repreſente l'Egliſe : l'autre tenant vn liure, eſt bandé ſur les yeux, & repreſente la Sinagogue.

Les dignitez de leans ſont telles.
L'Eueſque.
Son grand Vicaire.
Le Doyen.

Le Chantre.
Le Chancelier de Paris.
Le Penitencier.
L'Archediacre de Paris.
L'Archediacre de Iozas.
L'Archediacre de Brie.
Le Souſ-chantre.
Les cinquante Chanoines, dont le Roy eſt le premier, entre leſquels ſont comprinſes les huict dignitez de cy deſſus.
Les ſix grands Vicaires.
Les 10. Chanoines S. Denis du pas.
Les 6. Chanoines de S. Iean le rōd & les deux Curez.
Les deux Chanoines de S. Aignan, & les deux Vicaires.
Les 12. Enfans de cœur.
Les Clercs de matines.
Cent quarāte Chapelains, fondez aux quarante cinq chapelles.
Tous ces perſonnes d'Egliſe, n'aſſiſtent iamais au ſeruice diuin auec

robe de ſoye mais en robe de drap: n'oſeroient auſſi y aſſiſter aux principales feſtes, ſinon ayant les barbes razes.

En icelle Egliſe y a beaucoup de reliquaires, les plus cogneuz, ſont, La vraye Croix, dont on faict feſte, pour ſa ſuſception.
La Chaſſe noſtre Dame.
La Chaſſe ſainct Marceau.
Le Chef ſainct Philippes.
Le tableau ſainct Sebaſtien, & autres Martirs, qui eſt d'or reſplēdiſſant de pierres precieuſes.

Tout le cœur eſt quaſi plein de tombes des Eueſques, iadis treſpaſſez, auec Epitaphes communs, entre leſquels i'ay prins ces deux cy, pource que les ſepultures en ſont eſleuees.

Quem cathedræ decorauit honor, quem ſanguis auitus, quem morum grauitas, hic iacet Odo situs : præsulis huius erat, quod habebit hæc tempora raro, mens sincera, manus munda pudica caro. Lenibus hic lenis, tego nudus, victus egenus: vita fuit iuuenis clara, probata senis bis sexcenteno Christi quartóque bis anno tredecimno Iuly transiut Odo die.

L'autre est vn sepulchre de marbre noir & l'effigie d'vn Euésque à costé du grand autel, vers Septentrion, l'Epitaphe est tel.

Hic iacet reuerendus in Christo pater Dominus Petrus de Ordemunte Parisius oriundus, in vtraque iure licentiatus, olim Morinensis, postmodum vero Parisiensis Episcopus, qui obiit anno domini millesimo quadringentesimo nono, xvi. die mensis Iulij.

En vne Chapelle derriere le cœur sont deux effigies, à genoux, dont l'Epitaphe est tel.

Epitaphe de M. Iean Iuuenal, des Vrsins.

Cy gist noble hõme Messire Iean Iuuenal des Vrsins, Cheualier, Baron de Tramel, & Conseiller du Roy nostre Sire, qui trespassa à Poitiers, l'an de grace, mil quatre cens trente vn, le premier iour d'Auril, iour de Pasques. Et Dame Michelle de Vitry, sa femme, qui trespassa à Paris l'an de grace, mil quatre cés cinquante six, le 10. iour de Iuin.

Au dessus sont les armes, armoiries, & pourtraictures de ceux qui sont de luy descendus, entre lesquels sont, Iean Iuuenal des Vrsins Euesque & Comte de Beauuais, Euesque & Duc de Laon, deux fois Pair de France. Iean Iuuenal des Vrsins, Archeuesque & Duc de Reims, Pair de France, President en la Chambre des Comtes.

Dans icelle Eglise, pres l'effigie du Roy Philippes de Valois, à cheual est vne autre effigie debout, qu'on dit estre celle du Pape Gregoire vnziesme du nom, qui tint son siege en Auignõ, aux deux costez de laquelle sont deux autres effigies : Iceluy Pape fonda en ladite Eglise aucunes deuotiõs, pour certains iours, comme il se lit en vn tableau de leans emmy la nef.

Pres la croisee d'icelle Eglise, du costé de Midy, est vne chapelle toute blanche, où est l'image de la vierge Marie, les effigies de trois Euesques, lesquels y gisent, & l'effigie du Roy Loys le gros. Dans le cœur du costé de Septentrion, cõtre vn pillier, est l'effigie du Roy Philippe Auguste.

Monseigneur Pierre d'Orgemõt, natif de Paris, & Euesque dudict lieu, & de Terouenne, fist cõstruire l'ancien hostel episcopal, en bas

Les Euesques qui ont fait bastir l'hostel

Epitaphe de M. Iean Iuuenal, des Vrsins.

Cy gist noble hōme Messire Iean Iuuenal des Vrsins, Cheualier, Baron de Tramel, & Conseiller du Roy nostre Sire, qui trespassa à Poitiers, l'an de grace, mil quatre cens trente vn, le premier iour d'Auril, iour de Pasques. Et Dame Michelle de Vitry, sa femme, qui trespassa à Paris l'an de grace, mil quatre cés cinquante six, le 10. iour de Iuin.

Au dessus sont les armes, armoiries, & pourtraictures de ceux qui sont de luy descendus, entre lesquels sont, Iean Iuuenal des Vrsins Euesque & Comte de Beauuais, Euesque & Duc de Laon, deux fois Pair de France. Iean Iuuenal des Vrsins, Archeuesque & Duc de Reims, Pair de France, President en la Chambre des Comtes.

Dans icelle Eglise, pres l'effigie du Roy Philippes de Valois, à che-

Episcopal. vers la nef de l'Eglise, du costé de Midy.

Monsieur Estienne Poncher, Archeuesque de Sens, & Euesque de Paris, fit bastir le nouuel edifice, qui est vis à vis de la croisee & porte, du costé de Midy, où est de present la Geole.

Monsieur François Poncher, son neueu, Euesque dudict lieu, fit faire l'hostel Episcopal moderne, à costé du cœur, vers le chef de l'Eglise, & là souloient estre les prisons.

Entre ces deux hostels, est la grãd salle de l'Euesque, où se celebrent les actes de Theologie, au chef de laquelle salle est vne chapelle ancienne, consacree par l'Euesque Maurice, ainsi qu'il appert en vne escriture à la main, dans la muraille sous vne verriere, du costé de Septentrion.

Hac Basilica consecrata est à domino Mauricio Parisiensis Episcopo, in honore beatæ Mariæ beatorum martirum Dionisii, Vincentij, Mauricij, & omnium sanctorum.

La longueur, largeur & hauteur du Tẽple de Nostre Dame de Paris, ensemble la hauteur des Tours.

Si tu veux sçauoir comme est ample
De Nostre Dame le grand Temple,
Il a dans œuure pour le seur
Dixsept toises de hauteur,
Sur la largeur de vingt & quatre
Et soixante & cinq sans rabattre,
A de long, aux tours haut montees
Trente quatre sont bien comptees,
Le tout fondé sur pillotis
Aussi vray que ie te le dis.

Il y a quarante ans, ou plus, que ce que dessus estoit escrit en vn tableau attaché au pillier où est l'image sainct Christofle.

Il se verra au chapitre 16. du Roy Philippes de Valois, qui entra tout armé, mõté sur son cheual, iusques deuant l'image Nostre Dame, auquel il presenta sesdites armes & cheual.

Au mesme lieu de M. Pierre de Cumieres Cheualier & Conseiller dudict Sieur Roy.

Voila quant à l'Eglise de Paris.

Fõdatiõ de Sainct Anthoine des Chãps.

Ce bon Euesque, Maurice, cõme il a esté dict cy dessus, fonda l'Abbaye des Nonnains de S. Anthoine des Chãps, auquel lieu sont sur vn monumẽt de marbre noir, esleuees deux effigies de petites Princesses en marbre blanc doré: aux chefs desquelles sont deux Epitaphes, quasi d'vne forme & teneur, sinon quant aux noms & temps.

Le premier est tel.

Cy gist madame Ieanne, aisnee, fille de monsieur Charles, aisné, fils du Roy de Frãce, regent du royaume, Duc de Normandie, & Dauphin de Viénois, & depuis Roy de France: & de madame Ieanne de Bourbon, Duchesse de Normandie, Dauphine de viennois, & depuis Royne de France, qui trespassa en l'abbaye S. Anthoine lez Paris, le 21. iour d'Octobre, 1360.

Le second Epitaphe.

Cy gist madame Bonne, seconde fille de monsieur Charles dessusdit, & de madame Ieanne de Bourbõ, dessusnommee, qui trespassa au Palais, le septiesme iour de Nouembre, 1360.

Ce qui ensuit est escrit au dessus la porte de l'Eglise sainct Anthoine des Champs, par lequel il se veoid ceste Eglise estre de grãde antiquité.

L'an mil deux cens cinquante sept, Par la permission de mõsieur le Preuost & Escheuins de la ville de Paris: Fut enuoyé vn nommé Pierre de Mõsiaux maistre des œuures de ladite ville, pour abattre l'Eglise de ceans, disans par eux auoir affaire de pierre pour affaires de ladite ville: mais si tost que ledit de Mõsiaux eust frappé le premier coup de marteau sur l'vn des pilliers du portail de ladite Eglise, ledit de Mõsiaux fut embrazé du feu sainct Anthoine, mesme audit tableau y a portraict & figure comme le faict aduint.

De la creation des Preuost & Eschemins, des armoiries de la ville, de sa fermeture anciene, reedification du Chastelet, tour du Louure, & erection du Cimetiere des Innocens, de la foire des Ladres, banissement des Iuifs, du Concile celebré à Paris, des fondations des Eglises de la Trinité, de sainct Honoré, S. Iean en Greue, saincte Geneuiene des ardents, & autres choses memorables du regne de ce Roy.

CHAP. XI.

REuenons au temps du Roy Philippes Auguste dit le Conquerant, lequel accreut grandemēt son royaume, & enrichit de beaucoup sa ville de Paris: Car en l'an mil cent nonante, il crea des Escheuins d'icelle ville, luy donnant les armoiries qu'elle porte auiour-

Creation des Escheuins & armoiries de l'hostel de ville.

d'huy, c'est de gueules à vne nauire d'argent, le chef d'azur, semé de Fleurs de Lys d'or, dõnant par ces signes à entendre, que Paris est la dame de toutes autres villes de Frãce, dont le Roy est le seul gouuerneur & patrõ, qu'elle est la nef d'abondance & affluẽce de tous biẽs. Et tout ainsi que la nauire represente vne republique biẽ administree aussi les autres villes se reiglent selon le gouuernement, & police d'icelle. Ce bon Prince voyant que la ville estoit si orde & boueuse, mãda le Preuost, Escheuins, & Bourgeois, ausquels il donna charge, moyennant certains deniers, qu'il fit deliurer, que toutes les rues d'icelle, fussent pauees de carreaux de gres, ce qui fut faict, & depuis y a esté tousiours continué.

Dauãtage, pource que ladite ville estoit de peu de deffence, commanda

manda aux dessusdicts faire fermer & clorre icelle ville de gros murs, portaux, & fossez, ce qu'ils firent, & est ce qui comprent, commençant à l'hostel de Nesle, tout le circuit des portes S. Germain des prez S. Michel, S. Iaques, S. Marceau & S. Victor, iusques à la riuiere, au lieu appellé la Tournelle, vis à vis des Celestins. Aussi la fit clorre des mesmes portes & grosses murailles, qui enuironnent tout le reste de la ville, à sçauoir les portes & fossez sainct Honoré, Mõtmartre, S. Denis, S. Martin & S. Anthoine, & ordonna edifier en ceste closture des maisons pour y habiter: car tout estoit vague depuis les vieilles portes, qui ont esté abbatues, iusques à celle qu'on voit maintenãt. Desdictes vieilles clostures apparoissent encores les murailles faictes en circuit auec leurs tournel-

En quel temps la ville fut fermee.

les, cõme en la rue aux Ouës, derriere les maisons & en autres rues.

Ie ne veux passer sans vous declarer la maniere & quels sont les Escheuins de ceste notable ville : Ie dis que nul ne peut venir à la dignité de Preuost des Marchãs, ny d'Escheuin, qui ne soit enfant des habitans d'icelle ville, à fin que les estrãgers ne soiẽt instruicts aux secrets de la ville, & que la communicatiõ d'iceux, ne soit preiudiciable à la communauté & de mauuais exemple à la posterité: Mais encore y a-il vn autre obseruatiõ, qui est, qu'on espluche de si pres la vie de ceux qui aspirent à ces dignitez, qu'il est impossible, qu'homme y puisse paruenir qui soit le moins du mõde marqué de quelque note d'infamie, ressantant denigrement de renõmee, ou qui pour quelque mesfaict, & fust-il leger, auroit esté

Nul noté d'infamie n'est receu à l'Eschevinage.

mis en prison, tant est saincte ceste authorité & hõneur d'Escheuinage, que la seule opiniõ de vice luy peut donner empeschement. La quantité des Magistrats de cét hostel de Ville est: vn preuost des Marchãs, les susdits quatre Escheuins, ainsi que l'Estat est dressé dés sa premiere institution, les vingtquatre Conseillers, le Greffier, Procureur, Receueur, Clerc, Quarteniers, Cinquãteniers & dixiniers: souz le regne de ce susdict tresauguste Roy on fit reparer le grand Chastelet de Paris, siege ordinaire de la iustice. Aussi fit faire la grosse tour du Louure, à qui tous les Chasteaux de France estoient subiects & en relenoient, laquelle a esté desmolie par commandement du Roy François, en l'an mil cinq cens vingt & neuf, qui auoit esleu le Chasteau pour sa commune residẽce. En cet-

Chastelet reparé, & la Tour du Louure.

te tour, lors qu'elle fut nouuelle edifiee, fut mis prisonnier Ferdinãd de Portugal, Comte de Flandres, qui auoit esté desconfit par ledit Roy. Il fit clorre le parc du bois de Vincennes, de hautes murailles, & y mit la sauuagine, que le Roy d'Angleterre luy enuoya. Les malades de la Prieuré sainct Ladre auoient en ce temps & d'ancienneté acquis le droict de marché & foire publicque, pour distribuer toutes marchandises, lequel marché se tenoit pres de leur maison: mais le Roy ayant faict fermer sa ville de Paris, acheta le droict d'iceux, & ordonna qu'il seroit tenu dedans la ville, en vne grande place, vague, nommee Champeaux: auquel lieu furẽt edifiees maisons, habitatiõs, ouurouers, boutiques, & places publiques, pour y vendre toutes sortes de marchandises, &

Clesture du boys de Vincennes.

Halles ordõnees.

les tenir & serrer en seureté, & fut appellé ce marché les Halles, ou Alles de Paris, pource que chacun y alloit: mais il vient plustost du mot Grec, Allo, qui signifie place, ou Aire.

Par mesme prouidence fit clorre & enuirõner de pierres carrees vne partie desdits Champeaux, pres la Chapelle des Saincts innocens, au long de laquelle closture se vendoient les merceries. Ce lieu estoit & est encores de present deputé à la sepulture des corps humains trespassez: c'est le grand cimetiere de Paris, la terre duquel on dit estre si pourrissante, qu'vn corps humain y est consumé en neuf iours. Il cõtient quatre vingts arches & charniers, sans les murs de l'Eglise. En ce cimetiere y a tant d'ossemens de trespassez, que c'est chose incroyable. Entre les innombrables sepul-

Du Cimetiere des Innocens.

tures & Epitaphes des corps nobles, & d'autres, tant d'hõmes que de femmes qui y gisent, combien qu'il y ait des premiers Presidents, comme les Boulengers, & les Torestes, des Conseillers, Aduocats & Procureurs du Roy, & autres de tous estats: si est-ce que ie ne les ay voulu inserer, parce qu'il est impossible l'escrire, & tiendroient plus de grosseur six fois, que toute la matiere de ce liure: & aussi que y mettant les vns, ie pourrois offencer les autres que ie n'y aurois mis: ie me suis contenté d'y en mettre deux, l'vn d'vne Dame, pource qu'on n'en voit gueres de semblables, l'Epitaphe est tel.

Epitaphe d'vne dame.

Cy gist Yoland, Bailly, qui trespassa l'an mil cinq cens quatorze, le quatre vingt huictiesme an de son aage, le quarãte deuxiesme an de son veuuage, laquelle a veu, ou peu voir deuant son trespas deux cẽs quatre vingts & quinze enfans issus d'elle. L'autre est tel.

Cosmas Guymier inquestarum Præsidens patri matrique sibique monumentũ fecit, legit, consulit, glosas super pragmatica ædidit. Obiit III. die Iullij anno 1503. Sed neque moriens pauperum oblitus est eos enim hæredes instituit.

Aussi il y a vne croix fort excellente qui a esté mis audit lieu, nous en traiterõs sous le regne du Roy Charles 9. du nom, cy apres.

Du tẽps dudit Philippes Auguste, les Iuifs estans demeurãs à Paris, crucifierent vn ieune Chrestiẽ, nõmé Richard, on l'appelle sainct: son corps repose en ladite Eglise des Innocens.

Les Iuifs crucifierent vn enfant.

Pour cette cause, & aussi que les

Le Roy Philippe fait bannir les Iuifs de son Royaume.

Iuifs tenoient obligez, la plus part des citoyens de Paris, & s'estoient si bien enrichis de leurs heritages, qu'ils pretendoient ja à eux appartenir la moitié de la cité, & trauailloient les autres de prison, en leurs maisons propres, se seruoient de Chrestiens comme des esclaues, vsoient de larcins & sacrileges, & s'adonnoient à toute vsure & auarice. Le Roy Philippe conseillé par Bernard Anachorite, residant au boys de Vincẽnes, remit toutes les debtes des Chrestiens, & priua les Iuifs de toutes leurs terres, domaines & possessions, sans en estre diuerti, quelque priere que les Courtisans luy sçeussent faire : & pour tout delay vuiderent de Paris la feste sainct Iean Baptiste, l'an mil cẽt quatre vingt & deux. Leurs Sinagogues furent appropriees au seruice de Dieu, & en leurs lieux sont de present aucunes chapelles & paroisses. Durant ce regne, la riuiere de Seine fut tellement creue & enfla son cours qu'elle abatit & submergea le petit pont de Paris.

Petit pōt abatu.

On y celebra vn Concile contre les Albigeois. Et plusieurs heresies y furent publieés, mais à la poursuitte de Pierre, Euesque de Paris, les heretiques beneficiez furẽt priuez de leurs dignitez, & les seculiers bruslez à Coipeaux, hors Paris. Le corps d'Amauri, Euesque de Chartres, inuenteur de l'erreur, qui auoit esté au reste hõme docte, qui estoit ensepulturé derriere l'Eglise Sainct Martin à Paris, fut deterré, & puis bruslé auec les autres.

Cōcile tenu à Paris.

On lisoit en ce temps en l'Vniuersité de Paris, deux liures de la Metaphisiq̃ d'Aristote, qui auoiẽt esté traduicts de nouueau de Grec en Latin, mais pource qu'on pre-

Lecture defendue.

sumá qu'ils estoient cause desdicts erreurs, pour l'obscurité & subtilité d'iceux, ils furent bruslez, & fut defendu sur peine d'excommunication d'en escrire, & lire de lors en auant.

Premiere fondation de l'hospital de la Trinité.

L'an mil deux cens deux, deux nobles Cheualiers seigneurs de Galédes, dónerent leur maison, & y fonderét vne Prieuré de l'ordre de Premonstré, au nom de la Trinité, qui fut acheué comme est engraué sur le portail, l'an mil deux cens dix, & renouuelé l'an mil cinq cens dixhuict: Et le fondement d'vn Prieur & deux Religieux. En ce portail sont Peintes les effigies des deux Cheualiers, auec leurs armoiries de Gueulles, semees d'Espreuiers d'argent. Ce Prieuré est en la rue sainct Denis, & y'a vn grand Cimetier pour enterrer les pauures.

Et du téps du Roy Héry deuxiesme du nom, fut institué l'ordre des Pupilles & Orphelins, en l'hospital de la Trinité, & en vne salle où jadis les Confreres de la Passion souloient ioüer leurs Moralitez, & lesquels falut qu'achetassét vn lieu en l'hostel de Bourgongne pour leur assemblee & ieux Theatraux: car cette institution de pauures est de plus grande importance au Public que les choses qui ne consistét qu'au plaisir des Citoyés. Aussi est-ce belle chose veoir sortir de cette maison la ieunesse propre à faire seruice, & mis en mestier, estre adextre à toute action honneste: Encores plus les iurez de tous les mestiers, ne peuuent aller faire recerche en ladite maison ou hospital, d'autát qu'il ne leur est permis. Au cimetiere d'iceluy on porte enterrer la plus grande partie des malades qui meurent à l'hostel Dieu

L'ordre des Pupilles à la Trinité.

de Paris, lesquels estans enseuelis, ils mettent en vn chariot pour les conduire audict hospital, chacune nuict, conduicts par vn hõme d'Eglise qui faict les prieres accoustumees pour les deffuncts.

La fondation de l'Eglise S. Honoré.

L'an mil deux cens & quatre, fut fondee l'Eglise canoniale de saint Honoré, par madame Sebile, veufue de mõsieur Renon Cherim, hõme noble, le corps de la fonderesse gist audict lieu. Leans gist aussi monsieur Simon Morthier, Cheualier Seigneur de Villiers, & de Boudene, & du Tour en Champagne, garde de la Preuosté de Paris, au temps des Anglois. l'an 1579. fut commãcé à bastir pour croistre ladite Eglise, qui sera chose honnorable pour la decoratiõ dudit lieu.

Diuision de S. Geruais & de S. Iẽa en Greue.

L'an de grace mil deux cens douze fut diuisee l'Eglise S. Geruais en deux paroisses, l'vne de S. Geruais

& l'autre de S. Iean en Greue, qui n'estoit lors que chapelle. Cette diuision fut faicte par Pierre Loys, Euesque de Paris, pour la multitude & abondance du peuple, qui ne pouuoit estre administré par le seul Curé de S. Geruais, & du consentement de tous, aux charges que le Curé de S. Iean doit quelque rente à l'Eglise de Paris & autres redeuāces de son office, à sçauoir estāt accompagné de la Croix & Cierges ardens, Encenser, quand la Procession de Nostre-Dame passe par la Mortelerie pour aller à sainct Paul des Champs, & quād elle va à Mōtmartre aux iours des Rogations, auec autres charges contenues en la chartre dudit Pierre Loys, Euesque de Paris, qui commence.

Petrus dei gratia Episcopus Parisiensis, & fine, Actum anno domini, M. C C. X I I. mense Ianuario.

Extraicte des registres de l'Abaye du Bec, l'Abbé de laquelle, le Prieur & Conuent de S. Nicaise, sont collateurs & donateurs desdits deux paroisses. Le cimetiere de cette Eglise S. Iean estoit où est la grande place du marché, pres l'aport Baudoyer, ou la porte Baudés laquelle place en retient encores le nom, & y a vne Croix au milieu, pour ses enseignes. La cause pourquoy ce lieu sainct fut conuerti en prophane, fut (côme on dict) pource que deux freres s'y entretuerent. le manoir & heritage desquels, estant pres de là, fut appliqué à la sepulture des trespassez en lieu de l'autre, comme on voit à present.

Lieu prophané pour vn homicide.

Loys fils de Philippes quarante troisiesme Roy, succeda à son pere. L'an du monde cinq mil vn cent quatre vingts v. De Iesus Christ mil deux cens vingt & trois. Il re-

Loys 8. du nom 43. Roy de Frãce.

gna trois ans. Au commencemẽt de son regne, les Princes de son Royaume s'esleuerent alencontre de luy pour luy nuire, & mirẽt embusches pour le prendre, luy, voulant aller de Montlehery à Paris, mais les Parisiẽs incitez par la mere du Roy, se mirent en armes, & sortãs hors de la ville en bon equipage, allerent à Montlehery mettre le Roy hors du dãger de ses ennemis, & fut conduict par eux dãs la Ville de Paris, à l'entree de laquelle firent deux hayes de gens d'armes, sur le chemin, & passa le Roy au milieu, receuãt gratulation & offre du seruice des citoyens de Paris.

Le Roy deliuré de peril par les Parisiens.

L'an mil deux cens vingt six, au moys de May, le Roy s'en va contre les heretiques Albigeois, il destruict la ville d'Auignon & en fait abattre les murailles. A son retour

Le Roy va cõtre les Albigeois heretiques.

il mourut à Montpensier, le douziesme iour de Nouembre.

Loys son fils (dict S. Loys) fut sacré Roy en l'aage de quatorze ans, le vingtneufiesme iour de Nouembre, par l'Euesque de Soissons.

S. Loys 44. Roy.

Sainct Loys, fils de Loys, fut le quarantequatriesme Roy qui regna sur les Frãçois, il succeda à son pere. L'an du monde cinq mil cent quatre vigts huict. De Iesus Christ mil deux cẽs vingtsix, il regna quarantequatre ans. Blanche, la mere dudit Roy, par le vouloir testamẽtaire du defunct Roy, demeura regente en France.

L'an 1234. Le Roy seul prenant la charge & administratiõ du Royaume, prend pour femme Marguerite, fille de Remõd, Comte de Prouence.

Mutinerie entre les Esco-

L'an mil deux cens trentedeux, se leua vne mutinerie entre les Bourgeois

geois de Paris, & les Escoliers de l'Vniuersité, en laquelle furẽt plusieurs occis, d'vne part & d'autre. Les Escoliers se cõplaignans qu'on ne leur auoit fait reparation ny satisfaction des torts à eux faits, procederẽt en telle indignation qu'ils delibererent, & se fermerẽt en opinion de transporter l'estude en autre lieu, auec ce qu'ils estoiẽt pratiquez du roy d'Angleterre, qui leur promettoit donner la ville de Ox, dicte en Latin *Oxoni*, fort, pour y demeurer auec beaux priuileges & franchises: Le Roy sainct Loys aduerty de ce trouble, y pourueut si prudentement, qu'il appaisa le discord, donna cõtentement aux estudians, & remit en son entier l'vniuersité, laquelle estoit preste à perir, iugeant ce bon Prince, que si leurs deliberations eussent sorty effect, il eust perdu vne des belles

lieus & les Bourgeois.

perles de sa couronne.

Fõdatiõ de l'Eglise saincte Geneuieue des ardents, en la cité.

L'an mil deux cens trente, estoit en France vne maladie nõmee feu sacré. Estienne, Euesque de Paris, impetra de l'Abé de saincte Geneuiefue, que la Chasse d'icelle saincte fust portee en la grand' Eglise de Paris, adonc la maladie cessa, & furent plusieurs guaris, par l'atouchement de la chasse, en reueren ce duquel miracle fit edifier, pres nostre Dame vne petite Eglise, qu'on apelle saincte Geneuiefue des ardents, dont le portail a esté depuis refait de neuf, par Nicolas Flamel, homme tres-renommé de son tẽps à Paris, l'effigie duquel est à ce portail, qui fut construict l'an 1402.

L'oratoire saincte Geneuiefue.

En ce mesme lieu auoit esté iadis l'oratoire de saincte Geneuiefue, elle viuante, & depuis fut prieuré, le prieur duquel auoit sa maison, où est auiourd'huy le nouueau baſtiment de l'hoſtel Dieu, & ſe nommoit ledict prieuré, noſtre Dame la petite.

Le Pape Innocent, quatrieſme du nom, venant en France au Concile tenu à Lyon, l'an mil deux cẽs quarante ſix, aduerty de ce grand miracle, voulut que le iour d'iceluy fuſt ſolemniſé, en memoire perpetuelle de l'occaſion de la fondation de ceſte Egliſe: meſmes donna pardõs & indulgẽces aux bienfaicteurs de ladite Egliſe: comme il ſe veoit par la Bulle, qui eſt encores à preſent en ladite Egliſe.

Le Pape Innocent en Frãce.

L'an mil deux cens trente huict, Guillaume Eueſque de Paris, meut vne queſtiõ, laquelle fut ſolemnellemẽt diſputee audict lieu, touchãt ceux qui tiennent pluſieurs benefices. En fin fut decreté, qu'vn homme ſeul n'en pouuoit tenir deux, ſans peché mortel.

Queſtion des benefices.

La fondation de la Saincte Chapelle, description des sainctes Reliques en icelle. Les fondations des quinze vingts Aueugles, Filles-Dieu, Blancs manteaux, Saincte-Croix, Saincte-Auoye. Les maisons des quatre ordres des Mandiés, Les Chartreux, Saincte Catherine du Val des Escoliers, Le College de Sorbõne, Les Haudriettes, Sainct Anthoine le Petit, Les Mathurins, L'hostel de Bourbon, Les Montioye sur le chemin sainct Denis en Frãce, & autres choses memorables, sous le regne sainct Loys, & autres Roys, aussi les Epitaphes des corps inhumez en aucuns lieux.

CHAP. XII.

TOute l'estude de S. Loys estoit de faire construire des Eglises & monasteres, consacrez à Dieu le Createur, dont la ville de Paris a esté tant ennoblie, qu'elle se peut vãter d'auoir eu en la personne de ce Roy plusieurs Salomons, ou vn Salomon, edificateur de plusieurs Temples.

Premierement il fit construire la Saincte Chapelle du Palais Royal, laquelle selon le iugement des Architectes est l'ouurage le plus hardi de deça les Monts. Car elle contiẽt deux parfaits bastimens d'Eglise, vne chapelle dessous & vne dessus, en laquelle n'y a vne seule colomne ny appuy, sinon celles qui enuironnent & font l'edifice, qui sont si hautes & droictes, qu'il semble (auec ce qu'elles sont menues & deliees) que l'edifice ne pourroit endurer la moindre iniure du Ciel, les arcs de la voulte par dedãs sont dorez, & toute la ceinture de l'Eglise, au dessous de laquelle sont des peintures diuerses, faictes d'Es-

Description du bastimẽt de la saincte Chapelle.

mail & de cristal, reposantes sur petites colomnes d'vne piece, seruantes seulement à ornement.

A la porte d'embas y a vne image nostre Dame de grande veneration, & à la porte d'enhaut l'image de Iesus Christ, taillee par grande industrie.

Sur le maistre autel de la chapelle d'enhaut est esleué vn lieu carré, auquel faut monter par degrez, lequel lieu cõtient vn autre lieu carré, clos d'or, où est la partie des sainctes reliques, & au dessous est vn grand escrin d'argent doré, où on voit le chef sainct Loys. De reciter les ornemens d'or & d'argent qui y sont, seroit impossible. En cette chapelle Royalle, ainsi nouuellement par luy edifiee, il mit les tressainctes Reliques & instrumens de nostre redemption: vne partie luy estant donnee, & l'autre par luy achetee de Baudouin, dernier Frãçois Empereur de Cõstantinople, qui l'auoit engagee aux Veniriens: de laquelle donation achat & desgagement, l'Empereur en dõna lettres, dont la copie en Latin est en vn tableau en ladite chapelle.

La teneur s'ensuit en François.

Baudouin par la grace de Dieu, tres-fidele en Iesus Christ, Empereur, couronné de Dieu, moderateur du pays Romain, & tousiours Auguste, à tous les Chrestiens fideles, tãt presens qu'aduenir, ausquels ces presentes lettres viendront, salut en nostre Seigneur, Nous voulons qu'il soit notoire à tous, que de nostre bon vouloir & don gratuit, auons pleinement donné, & absolument baillé, & en tout auõs quitté & quittõns à nostre trescher amy & parent Loys Roy de Frãce, tres-illustre, la saincte Couronne d'Espines de nostre Seigneur, & vne grande portion de la tressacree Croix de Iesus Christ, auec autres precieuses & sacrees reliques, declarees par leurs propres noms cy apres, lesquelles iadis estoient venerablement colloquees en la ville de Constantinople: & en fin ont esté engagees à diuers creanciers, & en diuers temps, pour la grande necessité de l'Empire de Constantinople. Iceluy seigneur Roy, de nostre volonté & consentemēt les a rachetees, & selō nostre bon plaisir, les a faict transporter à Paris. Lesquelles tāt venerables reliques sont cy apres exprimees par leurs propres noms, à sçauoir.

Les noms des plus precieuses Reliques, qui ont en la

La dessusdicte sacree & saincte Couronne de nostre Seigneur.

La vraye Croix. Du Sang de nostre Seigneur Iesus Christ. Les drapeaux dont nostre Sauueur fut enueloppé en son enfance. Vne autre grãde partie du boys de la saincte Croix. Du sang, qui miraculeusemẽt a distillé d'vne image de nostre Seigneur, ayant esté frappee d'vn infidele.

Saincte Chapelle.

La chaine & le lien de fer, en maniere d'vn anneau, dont nostre Seigneur fut lié.

La saincte touaille ou nappe, en vn tableau.

Vne grande partie de la pierre du Sepulchre de nostre Seigneur.

Du laict de la vierge Marie.

Le fer de la lance duquel fut percé le costé de Iesus Christ.

Vne autre moyẽne croix, que les anciens appellent la Croix de triõphe, pource que les Empereurs auoient accoustumé de la porter en leurs batailles, en esperance de victoire.

La robbe de pourpre, dont les

Cheualiers de Pilate, vestirẽt Iesus Christ en derision.

Le Roseau qu'ils luy mirent en la main pour sceptre.

L'esponge qu'ils luy baillerent pour boire le vinaigre.

Vne partie du suaire dont il fut enseuely au sepulchre.

Le linge dont il se ceignit quãd il laua & essuya les pieds à ses Apost.

La Verge de Moyse.

La haute partie du Chef S. Iean Baptiste.

Les chefs des Saints, Blaise, Clemẽt & Simon, en tesmoignage dequoy & perpetuelle fermeté nous auons signé ces presentes de nostre seing Imperial, & l'auons seellé de nostre seau d'or. Faict à S. Germain en Laye, l'an de nostre Seigneur mil deux cens quarãte sept.

Vn an apres que les sainctes reliques eurẽt esté mises en la saincte

Chapelle elle fut dediee ainsi qu'il est escrit en la chapelle d'enhaut vers Septentrion.

Anno domini M CCXLVIII. VII. Kalendas Maij dedicata est Ecclesia ista à Venerabili patre Odone Thusculanensi Episcopo Apostolicæ sedis Legato in honore sacrosanctæ coronæ spinæ domini & viuificæ crucis. Amen.

Le temps que la saincte chapelle fut dediee.

En la basse chapelle de mesme costé est aussi escrit.

Anno domini M. CCXLVIII. VII. Kalendas Maij dedicata est Ecclesia ista à venerabili patre Philippe Bituricensi Archiepiscopo in honore gloriosissimæ virginis genitricis Dei Mariæ.

L'an 1575. le dixiesme iour de May, la nuict precedẽte ce iour, fut substraite en la saincte Chapelle, à Pa-

vne partie de la vraye Croix substraite.

ris, l'vne des deux croix, faictes du bois de la vraye Croix de Iesus Christ : perte fort grande & inestimable, ne nous presageât que malheur aduenir, si nous ne recognoissons noz fautes & pechez.

L'an 1576. ont esté refaites tout de neuf les chaises de bois seruant pour assoir les chanoines & chantres de la saincte Chapelle, lesquels sont magnifiquement entaillees, chose belle & honnorable pour la decoration d'icelle Eglise. Aussi en ce mesme temps au lieu de l'autre partie de la Croix sustraitte, il en à esté refaitte vne autre, qui est semblablement du boys de la Croix où nostre Dieu souffrit pour nous, laquelle estoit gardee au thresor de leans.

Puis que nous sommes à descrir les fondations de S. Loys, lesquelles il â faictes en sa ville de Paris nous les poursuiurons: & apres reciterons les autres parties de son temps: & ne sera chose impertinente, à mon aduis, qu'en descriuant icelles fondations & autres bastimens, d'y mettre aussi quant & quand vne partie des Epitaphes des corps nobles apposez sur leurs sepulcres de marbre & d'albastre, & autres monuemens antiques dignes de recordation, estans en ces lieux, lesquels ay recueillis entre vn million d'autres rōpus & vsez.

Les 15. Vingt fondations de Sainct Löys.

Ce vertueux Prince fit edifier la maison des quinze vingts, pour loger & nourrir trois cens Cheualiers, ausquels les Sarrasins auoient creué les yeux & lesquels il auoit laissez en ostage au Soudan du grād Caire, comme portent les lettres de la fondation de cette maison.

Les Filles-dieu. Les Blācs-māteaux.

Ledit ordre des Blancs-manteaux

fut reuoqué, à cause qu'ils estoien médians: leur maison & Eglise fut donnee par Philippes le Bel aux religieux de Sainct Guillaume, demeurans lors à Montrouge, comme auons dit cy deuant.

Saincte Croix en la rue de la Bretonnerie.

Les Beguines de saincte Auoye.

Les Beguines, où sont de present les sœurs de L'aué-Maria.

Aussi l'ordre des Chartreux.

L'ordre des Chartreux.

L'ordre des Chartreux a pris cõmencement en l'an de grace, mil quatre vingts six, par le moyẽ d'vn sainct homme, appellé Brunon, & pour les occasions contenues à sa legende, digne d'estre leuë, pour la merueilleuse cause qui le meut à commencer vne reigle si austere, aussi la façon de viure si solitaire & contemplatiue, que celle que les freres de cette religion suiuẽt. Les

Chartreux donc, se tenoient premierement à Gentilly, village pres Paris; lequel a esté si grãd cas iadis que les Roys y ont faict plusieurs assemblees d'Estats & Cõciles, ainsi que pouuez recueillir d'Aymon, Moyne, en son histoire de France: Mais lesdits religieux n'y estãs pas bien, & le Roy sainct Loys sollicité par le prieur de la grand' Chartreuse, qui est pres de Grenoble, dõna ce lieu où à present est le monastere des Chartreux, qui lors se nommoit Vauuert, & fut vn hostel & Palais Royal iadis, ainsi que trouuons en quelques liures escrits à la main: lequel lieu estoit en ruine & decadence, & où l'on dict que repairoit quelque fantosme & malin esprit que vulgairement on nommoit le Diable de Vauuert, ce que s'il est vray, ou faux, ie m'en rapporte à ce qui en est: tant y a que la place auoit nom Vauuert, & que ce prouerbe du diable de Vauuert a couru iusques à nostre tẽps: Aussi ceux qui tiennent ceste histoire du fantosme pour vraye, dient que depuis que frere Iosseran, & cinq de ses compagnons vindrent habiter en ce lieu, que l'esprit malfaisant cessa d'y habiter. Du commencement il n'y eut que cinq cellules pour les cĩq susdits religieux, mais par progres de temps, le nombre multipliant, il fallut aussi que l'edifice fust faict de plus grande longueur & estendue, si bien que vous voyez maintenant la nef de leur Eglise assez grande, car leur premiere est la chapelle du dortoir des freres conuers, & ainsi le grand cloistre est de la liberalité des Roys ensuiuans: & le petit est vn lieu de deuotion, veu qu'il est tout enclos de verrieres & figuré de belles hi-

stoires

stoires sainctes, n'y ayant rien qui ne resente la sainctete de l'institution de cet ordre; suiuant laquelle il n'y entre femme quelcõque, non que superstition leur face vser de telle seuerité, ou qu'ils estiment les femmes esloignees de la grace diuine, ains pource que tel object est nuissible à ceux qui font profession de s'esloigner des allechemens de la chair, & de tous les plaisirs que l'homme peut receuoir par les sens exterieurs en ce monde.

Femmes n'entrent point au monastere des Chartreux.

En leur Eglise entre plusieurs belles sepultures, est vne de marbre noir, & deux effigies d'homme & de femme, de marbre blanc sans Epitaphe. Ils l'appellent le sepulchre de Pierre de Nauarre. A l'opposite est vn autre sepulchre d'vn Cheualier tout armé, l'Epitaphe est tel.

Cy gist noble & puissant Prince, mõsieur Anné de Geneue, qui trespassa l'an de grace, mil trois cens soixãte neuf, le quatorziesme iour de Decembre.

Les autres sepultures sont plates, de Plusieurs Archeuesques, Euesques, Chancelliers & autres.

A la seconde porte dudit Monastere est l'effigie d'vn Roy de France, qui presente vn nombre de religieux à genoux, deuãt l'image de nostre Dame est escrit.

Hanc rogo quisquis ades, non admireris eremum,
Nec dicas haec sunt tecta superba nimis.
Regia sunt etenim viridis fundamina vallis:
Francorum iecit quae Ludouicus honos:
Rex primum instituit: Regum rex auxit, & auget,
Seruabitque suam tẽpus in omne domũ.

Le susdit Roy sainct Loys, fut le fondateur de la maison & conuent des freres prescheurs : l'Eglise desquels, aussi bien que celle des Mathurins, est bastie sur le fons qui estoit & appartenoit en propre à l'Vniuersité, laquelle leur donna moyennant certaines choses que ces religieux doiuēt à l'Vniuersité, ainsi qu'on trouue és documēts & & chartres d'icelle. En cette maison fut aussi le parloir aux bourgeois, qui estoit le lieu du cōseil de la ville, qui a depuis esté destiné en l'hostel de ville, comme à present on pratique. Et la partie de ce conuent qui respond sur les marets & fossez de la ville, fut iadis le Chasteau des Seigneurs de Haute fueille, de la race desquels estoit Ganelon, ains que i'ay recueilly des Croniques de frere Guillaume de Nangis, religieux de S. Benoist, au mo-

Fondation du Conuent des Iacobins.

Où estoit chasteau de haute fueille.

nastere de S. Denis. L'on dit que le dortoir fut basty de la somme de dix mille liures Parisiis, en quoy le Roy condẽna Enguerrãd de Coucy, pour auoir fait pendre & estrãgler trois ieunes Flamens qui chassoient dans ses forests. L'Eglise est pleine de sepultures de marbre noir, auec les effigies des Princes, Princesses, & Seigneurs, dont ie decriray cy apres leurs noms. Deuant le grand autel, est vn Epitaphe qui dit de telle sorte. Il m'a suffit la mettre en François.

Epitaphe du dauphin de Viẽnois.

Cy gist le pere & tresillustre seigneur Humbert iadis Dauphin de Viennois: puis laissant sa Principauté fut faict frere de nostre ordre, & Prieur de ce conuent de Paris, & en fin Patriarche d'Alexandrie & perpetuel administrateur de l'Archeuesque de Reims, & principal bien facteur de ce nostre cõuent, il mourut l'an de grace, mil trois cens cinquante cinq. C'est celuy Dauphin qui donna, ou vendit à vil pris, le pays Allobroge, & du Dauphiné à Philippes de Valois, pour les enfans aisnez de France.

Monsieur Loys de France, Comte d'Eureux, fils du Roy de France, & frere du Roy Philippes le Bel, qui trespassa l'an mil trois cens dixneuf, le dixneufiesme iour de May.

Epitaphe de Loys de Frãce et de son Espouse.

Madame Marguerite, sa femme, fille de monsieur Philippes d'Artois, fille du bon Comte Robert d'Artois, laquelle trespassa l'an mil trois cẽs vnze, le xxiij iour d'Auril.

Le cœur du Roy Philippes, Roy de Nauarre, & Comte d'Eureux: lequel trespassa au siege deuãt l'Arsegille, au Royaume de Grenade, lequel il auoit mis contre les mescreans de la foy, l'an mil trois cens

Du Roy de Nauarre.

quarante trois, le seiziesme iour de Septembre.

Le cœur de Ieāne, Royne de Nauarre, Comtesse d'Eureux, fille de Loys, Roy de France, aisné fils du Roy Philippes le Bel, laquelle trespassa à Conflans, lez Paris, l'an mil trois quarāte neuf, le sixiesme iour d'Octobre.

Blanche, Royne de Frāce, leur fille, feit faire cette sepulture.

Epitaphe de Philippes d'Artois, & son espouse.

Monseigneur Philippes d'Artois, seigneur de Cōches, de Domfront, & de Meum sur Eure, aisné fils de Robert, Comte d'Artois, qui trespassa l'an mil 2. cens quatre vingts dixhuict le 11. iour de Septembre.

Madame Blanche sa compaigne, fille du Duc de Bretaigne, laquelle trespassa au boys de Vincennes, l'an mil trois cens vingtsept, le 19. iour de Mars.

Madame Clemence, Royne de France & de Nauarre, femme du Roy Loys, fils du Roy Philippes le Bel, & fut fille du Roy de Hongrie: laquelle trespassa au Temple à Paris, quatorze iours en Octobre, l'an 1323.

De Clemence, Royne de Frãce & de Nauarre.

Messire Robert, Comte de Clermont, & seigneur de Bourbon, qui fut fils de S. Loys de France, & trespassa le vnziesme iour de Feurier, mil trois cens dixsept.

Quatre Epitaphes des Ducs de Bourbõ.

Messire Loys, Duc de Bourbon, comte de clermont & de la Marche, qui fut fils dudit Robert, lequel trespassa le vingtdeuxiesme iour de Ianuier, l'an mil trois cens quarante & vn.

Messire Pierre, Duc de Bourbon, comte de clermont & de la Marche, pair & chambrier de France, qui fut fils dudit Loys, & trespassa le dixneufiesme iour de Septembre, mil trois cens cinquante six. Dieu ait son ame.

Loys, fils de Loys, Duc de Bourbon, Comte de Clermõt, & de Forests, seigneur de Beauiaulais, pair & chambrier de France, descendu le quatriesme du Roy S. Loys, de pere en fils ; qui trespassa en l'aage de seize ans & demy, le douziesme iour de Septembre, l'an mil quatre cens quatre.

Les entrailles du Roy Philippes le vray Catholique, qui regna vingt & deux ans, & trespassa le vingt & huictiesme iour d'Aoust, l'an mil trois cens cinquante : Et a faict faire ladite sepulture la Royne blanche son espouse.

Le cœur du grand Roy Charles qui conquist Sicile, qui fut frere de Sainct Loys de France, & luy feit faire cette tombe la Royne clemẽce sa mere, il fut enterré l'an 1326.

Le cœur du grãd roy Charles.

Madame Beatrix de Bourbon, Royne de Boesme, & comtesse de Luxembourg, laquelle fut fille du Duc Loys de Bourbon, & de Madame Marie de Henaut, & femme de feu Iean, Roy de Boesme, laquelle trespassa le vingtcinquiesme iour de decembre, l'an mil trois cens quatre vingts trois.

La Comtesse de Luxembourg.

Monseigneur Charles, frere du Roy Philippes de Valois, comte d'Alençon & du Perche, sire de Verneuil & de Domfront, qui mourut à la bataille de crecy, l'an mil trois cens quarantesix, le vingtsixiesme iour d'Aoust.

Madame Marie d'Espaigne sa compaigne, comtesse d'Estampes, laquelle trespassa l'an mil trois cens soixante neuf, le dixneufiesme iour de Nouembre.

Madame Ieanne de Pontin, comtesse de Vandosme & de castres, la-

De la Cōtesse de

Vendosme. quelle trespassa, l'an mil trois cens septante six, le trentiesme iour du moys de May.

A costé du cœur, hors d'iceluy, vers Septentrion, est vne sepulture & effigie d'vn Prince, ayant son escusson semé de fleurs de lys, sans aucune escriture, lequel on dit estre Charles, comte de Valois, pere du Roy Philippes de Valois.

Dans le cœur, à l'huys du reuestiere, est vne tombe platte & sur iceluy reuestiere, est vn tableau d'vn crucifix, & vn cardinal, à genoux, sous lequel est escrit cét Epitaphe.

In aquitania parte Galliæ nobilissime familia & Malesicorũ vetustate ac singulari virtute præclara à mallesico nomen habet ea in gente multo clariss. vnde orta sunt aquitaniæ quondam lumina viri, rerum gestarum magnitudine florentes. Alij equites aurati sancti Põtificis, Alij præfecti. Ex ea generis claritate prodiit Guido à mallesico dicti loci, & castri Lucij dominus in omni doctrinarum virtumquè genere propè absolutus: cuius acta permulta amialibus conscripta his breuibus non capiuntur angustiis, is vir summa prudentia amplißimáque meritis creatus fuerat Lodoensis Põtifex deinde Pictanensis postmodum & coaptatus T. Prænestinus cardinalis in qua dignitate cum octauo & tricesimo anno floruisset, tandem legationem agens apud Regem Gallorum nomine P. M. auunculi sui lutecia honesto mortis genere quieuit octaua Idus Martij anno autem 1311. cuius corpus hac cella & hoc saxo sepultum est magno cum omnium luctu ac desiderio donec propinquorum sententia ad maiorum sepulchra transfertur.

Diues opum Guido forma bonitatis & artis.
Doctor, hocq; magis duces honoris erat.
Plura darent superi nisi fatum plura negaret
Quae maiora darent euolat ad superos.

Fõdatiõ du Conuent des Freres-mineurs, dits Cordeliers.

Apres le conuent des freres prescheurs, le bon Sainct Loys fonda celuy de sainct Frãçois, & des Freres mineurs, qu'on appelle en Frãce cordeliers, la saincte troupe desquels se tint iadis au mesme lieu, où à present est le college de Nauarre, ainsi qu'encor on voit les marques du dortouer, & cellules des freres: mais ce sainct Roy, voyant ce lieu trop mal propre pour la solitude de ces hõmes Angeliques, les trãsporta pres la porte sainct Germain, & sur la rue de hautefueille à cause que le lieu estoit escarté & propre en contemplation à laquelle sont adonnez les freres de cét ordre. Leurs escoles, & dortouer des nouices ont esté basties de nostre temps par la liberalité des Roys, lesquels ayment cette maison, à cause de la vertu & saincteté de ceux qui y habitent, & pour les voir deuotieux & bien reiglez, en tous lieux où ils se trouuent.

L'an 1579. Regnant Henry de Valois, Roy de France & de Pologne, le chapitre general fut assemblé audit conuent des Cordeliers, auquel lieu il vint religieux de toutes les parties & Royaumes Chrestiens, le nombre fut estimé douze cens ou plus, & estãs assemblez en ce lieu, esleurent pour general de leur ordre reuerend pere en Dieu Frere François Gonzaga. Cependãt que leur assemblee se fist, pour subuenir aux frais, le Roy & plusieurs Princes, Gentils-hommes &

de Messieurs de la Cour de Parlement de Paris, comme aussi plusieurs notables bourgeois leur firent dõs & liberalitez, tant d'argẽt mõnoyé, que aussi de bleds & vins pour subuenir à leur nourriture & despence, d'autant que leur reuenu n'estoit suffisant.

Ayant esleu le susdit general, ils firẽt vne procession generale tous ensemble, allant à l'Eglise nostre Dame de Paris & autres lieux.

En cette Eglise, reposẽt les corps des Princes, Princesses, & autres qui s'ensuiuent, sous sepulchres de marbre noir, & effigies de blanc marbre & albastre,

Madame Marie, royne de France femme du Roy Philippes, fils de Sainct Loys, fille du Duc de Braban, laquelle trespassa l'an mil trois cens vingt & vn, le douziesme de Ianuier.

Madame Ieanne, royne de France & de Nauarre, Comtesse de Brie & Champaigne, Dame fonderesse du college de Nauarre, femme du Roy Philippes le bel. Son regne fut de vingt ans, & trespassa l'an mil trois cés quatre le deuxiesme iour d'Auril.

Epitaphes de plusieurs Princes et Princesses.

Ceste-cy est seule, & son Epitaphe est rompu, il n'y a pas lõg tẽps qu'on le voyoit en vn tableau escrit à la main, lequel on ne voit pl.

Au dessous est le monument d'vn Prince, & d'vne Princesse, chacun tenant vn cœur entre leurs mains: le prince porte en ses armoiries, semees de Fleurs-de-lys à vne bande, & n'y a aucune Epitaphe.

Madame Ieanne, Royne de Frãce & de Nauarre, Cõtesse de Bourgongne & d'Artois, qui trespassa à Roye le vingt & vniesme iour de Ianuier, & fut enterree le vingtseptiesme iour dudit moys, l'an mil trois cens vingt neuf.

Le cœur du Roy Philippes le lõg son Espoux, roy de Frãce & de Nauarre, fils du Roy Philippes le Bel, qui trespassa l'an mil trois cens vingt & vn, le troisiesme iour de Ianuier.

Le cœur de madame la Royne Ieanne, Royne de Frãce & de Nauarre, & espouse du Roy Charles, Roy desdis royaumes, fils du Roy Philippes le Bel, & fut fille de mõseigneur Loys de France, Comte d'Eureux, & fils du Roy de France, laquelle trespassa l'an mil trois cens septante, le quatriesme iour de Mars.

Le cœur de madame Blãche, de France, fille du Roy Philippes, la Lõgue vestue, religieuse à Lõchãp, l'an mil trois cens dixhuict, & fut ledict cœur enterré l'an mil trois

cens

cens dixhuict, & fut ledit cœur enterré l'an mil trois cens cinquante & huict, & le vingtsixiesme iour d'Auril.

Madame Mahaut, fille du Comte de S. Paul, femme de monsieur Charles, fils du Roy de France, Comte de Valois, d'Alençon, de Chartres & d'Anjou, laquelle trespassa l'an mil trois cens cinquãte & huict, le treiziesme iour d'Octobre.

Pres de Mahaut, est vne autre Princesse en habit de Nõnain, sans Epitaphe.

Ainené, fille du Roy de Castille, trespassa le vingtseptiesme iour du moys de Iuin. Le reste est rompu.

Madame Blanche, fille de monseigneur Sainct Loys, Roy de Frãce, femme iadis de monseigneur Le reste est rompu

Loys de Valois, fils de noble Prin

ce, Monsieur charles, fils de Frāce, comte d'Alançon, de chartres & d'Anjou qui trespassa le lendemain de la feste de toussaincts, l'an mil trois cens vingt & neuf.

Du costé de Midy est le tombeau d'vn Prince armé, son escu semé de Fleurs-de-lys, à quatre Lambeaux.

Derriere le cœur vn cheualier armé, & vne Dame, esleuez en pierre sans escriture.

Du costé de Septentrion sont les effigies d'vn cōte & d'vne cōtesse, en albastre sans escriture.

Messire Loys Aisné, fils de Robert, comte de Flandres, queus de Neuers, de Rethe, pere de monseigneur Loys, comte de Flandres, de Neuers & de Rethel, qui trespassa l'an mil trois cens vingt & deux.

Mōsieur Pierre de Bretaigne, fils de Iean, Duc de Bretaigne, & de madame Blanche, fille de Thibaut Roy de Nauarre.

Monseigneur Charles, cõte d'Estampes, frere de madame Ieanne, Royne de France & de Nauarre, & de monseigneur Philippes, Roy de Nauarre, & comte d'Eureux, & trespassa l'an mil trois cẽs trente six le vingtquatriesme iour d'Aoust.

Reuerend pere en Dieu, messire Pierre Filloc, de Gannat en Bourbonnois, Archeuesque d'Aix, en Prouence, Lieutenãt general pour le Roy François premier, au gouuernement de Paris & Isle de Frãce: lequel apres auoir vescu cent deux ans trespassa le vingtdeuxiesme iour de Ianuier, l'an mil cinq cens quarante.

Du comte de carpes, dont l'effigie est esleuée en cuiure.

Alberto pio de Sabaudia Carpensium principi.

Francisci regis fortunam secuto,

Quem prudentia clarissimum reddidit,

Doctrina fecit immortalem,

Et vera pietas cælo inseruit.

Vix. anno. LV.

Hæredes mæstiss. poss. An. M. D. XXXV.

Cette sepulture est en la nef desdits cordeliers, au costé de Septentrion.

Hic Nicolaus filius mini, Ioannis de sancto Quirico Ciuis ciuitatis Senarum, qui obiit anno domini M. ccc. xxxviij. die dominica. duobus Iouis die mensis Augusti.

Du mesme costé, contre la muraille, est engraué cette Epitaphe.

Fanc. Medullæ patricio atellano iuris & optimarum artium scientia ornatiss. pictura Vrbana apud Ludouic. medic.

lani ducem senatorinque dignitate & legationibus obeũdis apud Ludouic. xij. & Franciscum Gallorum reges amplissimo probitatisque: & æquitatis apud omnes Clariss. Alexand. Zancha propinquus in publico mœrore mœrens.

P. Q. L.

Les freres Hermites de S. Augustin furent establis par S. Loys, où ils sont de present, sur la riuiere, au lieu d'vne autre ordre qu'on apelloit les freres des sacs, desquels l'ordre a esté aboly, & quelquefois y a eu en ce lieu maison des Templiers, dont le temps est incertain.

Augustins fondés à Paris.

Tant y a que l'vn & l'autre ordre y ont demouré parauant les Augustins, lesquels d'ancienneté se sont tenuz pres la porte de Montmartre, & dit-on que leur Eglise estoit où est à present saincte Marie l'Egiptienne, comprenant depuis là iusques à ladite porte, en la rue appellee de present, la rue des vieux Augustins. Ces lieux estoient alors tous en bois: depuis furét enuoyés demourer en vn lieu aussi sauuage, où à present est le college du Cardinal le Moyne, & apres furent mis par sainct Loys où ils sont, fondez sur mendicité, comme les trois autres mendians: auquel lieu le Roy Charles cinquiesme, premier Dauphin de France, leur fit beaucoup d'augmentations, & entre autres, edifia leur Eglise, comme il se trouue escrit, sous l'effigie d'vn Roy, à la porte d'icelle.

Charles 5 fit edifier leur Eglise.

Primus Francorum Rex, Delphinus
fuit iste,
Exemplar morum Carolus dictus bone
Christe.
Merces iustorum, dilexit fortiter is te:

Hic patet exemplum, tibi nam compleuit honore,
Hoc præsens templũ dyo dicetur amore.

Il est escrit au Lambris de l'Eglise, l'an mil cinq cens huict, fut parfait ce lambris, le dixiesme iour de Iuin.

A la chapelle S. Nicolas de Tollentin, en tombeau esleué, sur lequel est vn Cheualier, à genoux, l'Epitaphe est tel.

Cy gist Messire Pierre Dussayez, en son viuãt Cheualier & seigneur & Baron du Poyet, qui trespassa le 10. iour d'auril, apres Pasques, 1548. Priez Dieu pour son ame.

Aussi n'ay voulu oublier l'Epitaphe du Poete Belleau, laquelle se voit au milieu de la Nef, en platte tombe, sur laquelle est escrit ce qui ensuit.

Ne taillez mains industrieuses
Des pierres pour couurir Bellrau
Luy mesme a basty son tombeau,
Dedans ses pierres precieuses.

Remigy.

Bellaquei Poetæ Laureati, qui cum poetatæ & cum fide viueret quinquagenariam pulcherrime omnibusque gratissime vix ætatem, dedit iustos cineres Diuæ Cæciliæ piis sodalibus sollicitandos. Supremi voti obseruatissimi curatores Pr. Non. Mart. CIↃ.D.LXXVII.

Mæstissimo funere hoc in tumulo deposuerunt.

Postera lux sexta morti tibi Bellaqua, Vates
Quæ fecerunt socio luctibus exequias.

A la fin du liure se verra l'ordre des Cheualiers du S. Esprit, soubs le regne du Roy Henry. 3. du nom.

Il ſe voit derriere le cœur de ladite Egliſe, graué en vne pierre, ce qui enſuit.

A tous ſoit cogneu, que l'an mil quatre cens cinquante trois, le ſixieſme iour du mois de may, qui eſt la feſte S. Iean Porte-Latin; ceſtuy temple dedia & conſacra, honnorable homme de grand' ſapience, Docteur en Droict ciuil & Canõ, treſvenerable & reuerend ſeigneur M. Guillaume Chartier, paſteur & Eueſque de la venerable Egliſe de Paris, en la preſence de pluſieurs Seigneurs d'Egliſe, & de Laiz: c'eſt à ſçauoir en la preſence de M. Dalbic, de Monſeigneur de Chaalons, maintenant & parauant Eueſque de Niſmes; de Monſeigneur d'Auräches, Eueſque: deſquels vn chacun a donné perpetuellement de ſa grace du treſor de noſtre mere ſain cte Eglise, à vn chacun vray confez & repentant annuellement cestuy iour visitãt cette Eglise trẽte iours de pardon: & cecy du consentemẽt de tres-reuerend pere en Dieu mõseigneur de Paris, dessus nommé, & iceluy mesme reuerẽd pere mõseigneur de Paris, mesmement à vn chacũ, qui visitera iceluy iour cette Eglise, a donné quarante iours de indulgences. A la requeste & humble supplication de frere Nicole Emery, maistre en Theologie & des freres du conuent: L'an & iour que dessus nommez, Priez Dieu pour eux.

Au cœur d'icelle Eglise sont tombes de marbre noir, & efigies d'albastre, auec Epitaphes, dont i'a pris ceux-cy.

Dame Ieanne de Valois comtesse de Beau-mont le roger, fille d monsieur Charles, fils du Roy de France, comte de Valois, pere du Roy Philippes, & de madame Catherine Imperatrix de Constantinople femme dudict Charles, laquelle Ieanne fut femme de monsieur Robert d'Artois. Elle trespassa l'an mil trois cens soixate trois, le 9. iour de Iuillet.

Epitaphe de plusieurs inhumés audit monastere.

Hic iacet morum, vitæ mundities, archiphilosophiæ Aristotelis perspicacissimus commentator, clauis & doctor sacræ Theologiæ, lux in lucem reducens dubia frater Egidius de Roma, ordinis fratrum heremitarum sancti Augustini archiepiscopus Bituriensis, qui obiit anno domini M. CCCXVI. XXII. die mensis Decembris.

Madame Isabeau de Bourgongne, dame de Neaufle, femme de monsieur Pierre de Chambely le

Ieune, seigneur de Neausle, laquelle trespassa l'an de grace mil trois cens vingt & trois.

En cette Eglise, y a vne chapelle edifiee par messire Philippes de Commines, cheualier, seigneur d'Argenton, l'effigie duquel & de sa femme y sont, à genoux, representant le naturel, & entre autres ne l'ay voulu oublier luy qui estoit si excellent historien François, qui à si bien descrit que son nom sera immortel.

Philippes de Cõmines cheualier.

En la mesme chapelle gist la fille dudit Seigneur, espouse du comte du Ponthieure, sous combeau de marbre & albastre, l'Epitaphe de laquelle ensuit.

Epitaphium dominæ Ioannæ de Comminis.

Quingentis annis bis septem & mille peractis,

In luce quarta post idus martius ibat,
octauúmque parens Phœbus properabat ad horam,
Commilinia occubuit generosa à prole Ioannis,
Penthebriæ comitis britanni sponsa Renati,
Atque Argentonij domino prognata Philippo,
Chambleáque Helenæ mixta hæic in pace quiescat.

Combien que la memoire peinte sur verre, soit de peu de durée, toutesfois ie penserois auoir failly si i'oubliois à ramenteuoir les deux effigies du Roy Henry deuxiesme de ce nom, & de la Royne Katherine de Medicis, son espouse, lesquelles sont pourtraictes és deux grandes verrieres au chef de l'Eglise desdits Augustins.

En vne autre chapelle en la nef l'effigie d'vn Eueſque, à genoux

hault esleué, & au dessous deux Epitaphes, entre lesquels dans le flanc de la basse est esleuee à demy bosse l'image de Renommee, assise sur vn monde, appuyee sur vn Luths, d'vne main tient vne trompe, & a ses pieds sur des liures, autour d'elle est vne sphere, vn compas, & autres instruments des arts Liberaux. Le premier Epitaphe est escrit en lettres d'or.

Epitaphium domini Petri Quiqueranii Episcopi Senecensis.

Dum iuuenelis honos prima lanugine malas
Vestbit, & in calido pectore feruet amor,
Me rapuit, que cuncta rapit, mors inuida doctis:
Hei mihi, cur vitæ tam breuis hora fuit!
Cur breuis hora fuit? rerum sic voluit ordo,

Alternatque, suas tẽpus & hora vices.
i fera longaua tribuissent fata senecta
Tempora, venturis poma dedisset ager.
Flos perijt periere, simul cumcortice fructus,
Aridáque ante suos poma fuere dies.
Nemo tamen lachrymis nec tristia funere fletu
Fœdet cur? volito docta per ora virum.

L'autre Epitaphe.

Hic iacet nobilis vir reuerendus in Christo pater dominus Petrus Quiqueranus Episcopus Senecten filius domini Anthonij Quiquerani equitis & baronis Bellojocani illustrißimi in Prouincia cuius libri tres de laudibus Prouinciæ extant disciplinarum ac rerum cognitione efflor escẽtes, obiit anno domini 1550. Kalen. Septembris, anno 24.

Pour le quatriesme ordre des mẽ-

De Conuent des Carmes, par qui basti, & les diuers lieux où ils ont esté.

diens, Sainct Loys retournant du premier voyage de la Terre-saincte, print six Religieux au Mõt-du-carmel, en Palestine, il les amena en France, & leur fit cõstruire vn monastere, au lieu où sont maintenãt les Celestins à Paris, lequel encor s'appelle la Porte-des-barrez, pour ce que lesdits Carmes portoiẽt en ce temps là manteaux barrez de blanc & noir. Et estãs augmentez en nombre, & aussi qu'ils estoient en incommodité d'estude, furent trãslatez depuis où ils sont de present, où leur fut dressé place & maison, ainsi qu'elle se comporte, en l'an mil trois cens dixneuf, & les Celestins qui parauant y demouroiẽt, l'Eglise desquels estoit alors ce qu'est aujourd'huy la grand chapelle nostre Dame, allerent au lieu que possedoient iceux Carmes, & firent eschange, cõme il apparoist par

par anciennes chartres. En ce monastere des Carmes & chapelle nostre Dame, est vne sepulture haute, dont l'Epitaphe est tel.

Cy gist tres-haute & trespuissante Princesse madame Marguerite de Bourgongne, iadis femme de feu monsieur le Duc de Guyenne, aisné fils du Roy de Fráce, & apres femme de tres-haut & trespuissant Prince monsieur Artus, fils du Duc de Bretaigne, Cõte de Richemont, seigneur de Prenay, Connestable de France, laquelle trespassa à Paris le deuxiesme iour de Feurier, l'an mil quatre cens quarante & vn.

Saincte Katherine du val des Escoliers, est fondation de S. Loys, ainsi qu'il appert à la porte de l'Eglise, par escriture apposée sous aucunes anciennes peintures, ainsi qu'il s'ensuit.

Fondation de saincte Katherine du Val.

R

Du costé de Septentrion.

A la priere des Sergens d'armes, mõsieur S. Loys fonda cette Eglise & y mit la premiere pierre: & fut pour la ioye de la victoire, qui fut au pont de Bouuines, l'an 1214.

Du costé de Midy.

Les Sergens d'armes, pour le tẽps gardoient ledit pont: & vouerent, que si Dieu leur donnoit victoire, ils fonderoient vne Eglise de saincte Katherine, & ainsi fut-il.

En laquelle Eglise verrez vn tableau, cõtenant l'institutiõ de l'ordre des Religieux, y faisant profession, fondez de S. Augustin.

Ce monastere, alors, estoit hors la ville, & pres la porte: car la rue S. Anthoine estoit close en cét endroit où est de present l'hostel d'Eureux. On voit encores derriere cét hostel les vieux murs, garnis de leurs tourelles, sur partie desquels on a basty, & de l'autre costé de la grand' rue, est vne image de nostre Dame, qu'on dit auoir esté autresfois dessus la porte.

Le circuit des terres de ce monastere, qu'on appelle la culture, ou closture, & en langage vulgaire la Cousture: Saincte Katherine a esté baillee à bastir dés le téps du Roy François, & y a maintenant de belles rues, & de sumptueuses maisons: Les ruines des vieilles portes y apparoissent encores.

En cette Eglise saincte Katherine sont plusieurs sepultures de nobles personnes, auec leurs effigies de marbre, & autres pierres, entre lesquels i'ay notté ceux-cy.

Monsieur Pierre d'Orgemont, Cheualier, Chancelier de France & du Dauphiné, qui trespassa l'an 1389. le 20. iour de Iuin.

Madame Marguerite de Voysines, iadis fẽme dudit mõsieur Pierre d'orgemõt, qui trespassa l'an mil trois cens quatre vingts, le 28. iour de Mars.

Monsieur Charles d'Orgemont, cheualier, seigneur de Mery, de Zamuille, Grilly & Champrond, chambellam du Roy, qui trespassa l'an mil cinq cens & deux.

Messire Pierre d'Orgemont, cheualier, seigneur de Montiay, de Chantilly & de Chauenry, qui trespassa en la bataille d'Auzincourt, l'an mil quatre cens quinze, le 24. iour d'Octobre.

Monsieur Pierre d'Orgemont, cheualier, seigneur de Cerbonne, tresorier de France, qui trespassa le dixhuictiesme iour de Iuin, l'an mil cinq cens. Le reste est rompu.

Ieã des Marets, Aduocat du Roy en Parlement. Cestuy-cy fut mis à mort par forme de iustice, au tẽps de la rebellion des Citoyens de Paris, contre le Roy Charles 6.

Et madame Guillemette, sa femme, qui trespassa l'an mil trois cens septante & neuf, le vingtquatriesme iour de Nouembre.

Messire Guillaume callinel, cheualier, seigneur de Romainuille, de Poponne & de Ver, maistre d'hostel du Roy, fondateur de la chapelle où il repose, qui trespassa l'an mil quatre cens treize, le vingtseptiesme iour d'Aoust.

Messire Guillaume de Montmorency, cheualier, seigneur de sainct Leup, de champenos & de challine, qui trespassa l'an mil trois cens quatre vingts & huict.

Madame Ieãne d'Andrezel, femme dudit feu messire Guillaume, qui trespassa l'an mil trois cens quatre vingts & quinze.

Monsieur Ferry de Mets, maistre

nes, iadis fēme dudit mōsieur Pierre d'orgemōt, qui trespassa l'an mil trois cens quatre vingts, le 28. iour de Mars.

Monsieur Charles d'Orgemont, cheualier, seigneur de Mery, de Zanuille, Grilly & Champrond, chambellam du Roy, qui trespassa l'an mil cinq cens & deux.

Messire Pierre d'Orgemont, cheualier, seigneur de Montiay, de Chantilly & de Chauenry, qui trespassa en la bataille d'Auzincourt, l'an mil quatre cens quinze, le 24. iour d'Octobre.

Monsieur Pierre d'Orgemont, cheualier, seigneur de Cerbonne, tresorier de France, qui trespassa le dixhuictiesme iour de Iuin, l'an mil cinq cens. Le reste est rompu.

Iea des Marets, Aduocat du Roy en Parlement. Cestuy-cy fut mis à mort par forme de iustice, au tēps des requestes du Roy, qui trespassa l'an mil quatre cens 24.

Thibaut de Bourmont, seigneur de Maincamp qui trespassa l'an mil trois cens quatre vingts & cinq.

Iean de Montigny, dit de Monceaux, premier Eschason de Charles le quint, trespassa l'an mil trois cens septante cinq.

Regnault Coupé, maistre des monnoyes, qui seruit le Roy Philippes le Bel, son fils Loys, le Roy Charles, cestuy est enterré au chapitre. Dans le cœur sont quatre effigies, a genoux, deuāt l'image nostre Dame, du costé de Midy, qu'on dit estre de Messire Hugues Aubriot, iadis Preuost de Paris & de ceux de sa famille. Leās en la chapelle nostre Dame, vers Midy, gist le corps du reuerend pere en Dieu, Antholne Sanguin, cardinal du sainct Siege, & seigneur de Meudon, lequel trespassa l'an mil cinq cens cinquâte neuf, laissant imparfaict vn tresexcellēt & superbe edifice d'hostel qu'il auoit fait commencer en la culture saincte Katherine.

Or cette chapelle est maintenât nōmee chapelle des Alegrins, maison ancienne & renommee, yssus de deux Chanceliers de Frâce, l'vn desquels viuoit du temps de Loys le Gros, & l'autre sous le bon Roy S. Loys: & lesquels estoient sortis de la tresanciēne maison de caïeux en Normandie: ainsi que i'ay peu voir en leurs chartres anciennes, & par l'arbre de leur genealogie.

La sepulture de madame de Birague, inhumee à la deuxiesme chapelle à main droicte, entrant à ladicte Eglise.

D. O. M. S.

Valentiæ Balbianæ Matron. clariss. Atque ornatiss.

Cuius animâ salute & quiete fruitur sempiter.

Corpus renatus Biragus Franc. Cãcellar. Coniux pientis Vxoris Betemer, memor hic condi cur.

Obiit anno Christian. salut. M. D. LXXII. Calend. Ianuar. Vixit annos IIII. Menses sex dies XX.

Aux deux costez d'icelle sepulture il y a deux figures de bronze, dõt celle du costé droit porte escrit en lettres d'or au dessus en vn petit tableau de marbre noir.

Morte n'est point qui vit au Ciel.

Au dessous des pieds d'icelle figure de bronze est escrit en mesme lettre d'or, graué en marbre.

Qui bien ayme tard oublie.

Au costé senestre est escrit les deux mesmes vers en Latin au dessus, &

dessous l'autre figure de bronze. Ce tombeau est magnifiquement elaboré, le tout de marbre blanc & noir. L'effigie d'icelle dame est tout de blanc albastre, appuiee sur son coulde, deux oreillers de marbre au dessous: au dessus de ladite effigie il y a deux figures d'Anges, le tout de bronze, & autres tenant vn roulleau où sont les armes dudit Sieur de Biragu.

Du mesme costé de main droite à costé du cœur de ladite Eglise, il y a vn souterrain où l'on voit la figure du sepulcre, tout semblable de celuy qui est en la sainte cité de Hierusalem, à l'entree d'iceluy est escrit la dacte du tẽps qu'il fut fait, comme il s'ensuit.

Ce sepulcre de Iesus fut faict l'an 1420. Et depuis repaint l'an 1577.

De l'autre costé du cœur allant au cloistre, sur la voute d'vne chapelle, il se voit comme vne montaigne pleine de beaux pastourages, & sur icelle les pasteurs gardás leurs troupeaux, & receuans la ioyeuse nouuelle de la natiuité & venue du fils de Dieu en ce mõde.

Fondation du petit S. Anthoine.

S. Anthoine le petit, prieuré cõmendatoire, est vne des fondatiõs du Roy Sainct Loys. En icelle est escrit ce qui ensuit.

L'an de grace, mil quatre cens quarante deux, le premier Dimanche apres la feste Dieu, tresreuerẽd pere en Dieu, monsieur Denys, Patriarche d'Antioche, Euesque de Paris, dedia & consacra cette presente Eglise de S. Anthoine, dans Paris.

Il y a vn Crocodile mort, attaché contre la paroy d'icelle Eglise, & dessous est escrit.

En l'an mil cinq cēs quinze, Messire Pierre de la Vernade, cheualier conseiller, maistre des Requestes e l'hostel du Roy Fraçois, fut enuoyé par ledit Sieur en Ambassade à Venise, auquel lieu les Venitiens luy firent present d'vn Crocodile, lequel il donna à sainct Anthoine.

Derriere le cœur d'icelle Eglise est la chapelle des Herauts des rois de France.

Ce fut aussi Sainct Loys qui fonda la maison & monastere des Mathurins, Religieux de la Trinité, & instituez pour la redemption des pauures captifs qui sont entre les mains des infideles: & estime l'on, que leur fondation soit premiere que celle des Templiers, la mesme que celle des Cheualiers de S. Lazare, de nostre temps remis par Philebert Emanuel, Duc de Sa-

Conuent des Mathurins par qui fondé & pour quelle intention.

uoye, sur quoy ie ne vous sçauroi donner resolution: bien sçay, que tous les ordres furent institueez au fin du rachapt des Chrestiens, esclaues des Barbares, & ils sont presque de mesme tẽps, sauf ceux du S. Sepulchre, lesquels estoient instituez auant le voyage des Latins en Palestine. Ces religieux sõt obligez à certain temps limité, de faire vn voyage, soit en Barbarie ou ailleurs, pour deliurer ce qu'ils peuuent de Chrestiens, captifs, & faut que le general de l'ordre, luy mesme, face ce voyage.

Leãs gist maistre Robert Gaguin, iadis ministre general de l'ordre, croniqueur de l'histoire Françoise, duquel l'Epitaphe sur sa tombe est tel.

Illustris Gallo nituit, qui splendor in orbe,

Hic sua Robert⁹ mēbra Gaguinus habet.
Si tāto nōn sanauiro libithina pepercit,
Quid speret docti cætera turba chori?
Anno à natali Christiano millesimo quingentesimo primo vicesima 2. Maij.

Entre autres Epitaphes des nobles qui y sont inhumez, i'ay extraict ce deux-cy. Messire Iaques de Rully, Cheualier & Presidēt en Parlemēt, qui trespassa le huictiesme iour d'Octobre, mil quatre cens neuf.

Monsieur Pierre des Essars, Cheualier, Conseiller du Roy, & garde de la Preuosté de Paris, qui trespassa le premier iour de Iuillet, l'an mil quatre cens treize: cestuy à fait faire l'image sainct Christofle qui est en la grande Eglise.

Au cloistre du susdit monastere des Mathurins gist Iean de Sacrobosco, qui composa le liure de la ephere, Sur sa tombe est engrauee vne Sphere, & tel Epitaphe.

De Sacrobosco qui compotista Ioannes
Tempora discreuis, iacet hic à tempore raptus,
Tempore qui sequeris, memor esto quod morieres,
Si miser es plora, miserans pro me precor ora.

Fūdatiō du cōuēt dict les Cordelieres sainct Marceau

Madame Marguerite, femme du Roy Sainct Loys, edifia en la ville S. Marcel, lez Paris, le conuent, & monastere des nonnains, qu'on appelle vulgairemēt les Cordelieres sainct Marceau, De l'ordre de saincte Clere, & y fut rendue religieuse vne des filles dudict Roy.

Du colege de Sorbōne & des disputes.

Entour la personne du Roy frequentoit maistre Robert de Sorbonne, homme tresscauant, & Docteur en Theologie, lequel fonda le college Theologal de Sorbonne, & y donna beaucoup de rentes pour l'entretiennement des bacheliers, & nourriture des Docteurs de la susdite faculté, de laquelle tous les Theologiens de Paris sont appellez Sorbonistes, à cause que c'est en Sorbonne que ce font les Actes principaux pour la preuue du sçauoir de ceux qui aspirent au Doctorat. Ce lieu est remarquable tant pour son antiquité, ayant iadis esté vne des appartenances du Palais Imperial, lors que les Romains estoient seigneurs des Gaulles, ainsi qu'il est dit au commencement de ce liure, qu'aussi pour l'esgard des hõmes illustres & renommez en sçauoir, qui viuent ordinairement en vne saincte societé en cette maison. En laquelle se font les disputes generales tous les Vendredis de la feste des glorieux Apostres, Messeigneurs sainct Pierre & sainct Paul, au moys de Iuin, iusques à la Toussaincts, & où le respondãt tient & fait teste des le matin iusques au soir à tous les bacheliers à chacũ en son rang, sans qu'il y ait aucun President pour supporter celuy qui respõd. On tient que cette coustume fut introduicte par vn Religieux de l'ordre sainct Frãçois, qui pour faire preuue de son sçauoir, ouurit le pas tout le long du iour, & ses cõpagnons ne voulans estre veus moindres que luy, continuerent le mesme, tellement que ce qui gisoit en la volonté des arguants & respondants, s'est conuerty en loy inuiolable. Là faut qu'assistẽt les Docteurs, à fin qu'ils iugent du merite des hommes, & sçachent à qui ils deuront donner les premiers lieux des licences.

Semblablement vn autre noble

homme

homme, nommé Estienne Haudry, estat au seruice du susdit sainct Loys, fonda la chapelle de femmes vefues, qu'on appelle les Haudriettes. *Fōdatiō des Haudriettes.*

Dudict Sieur Roy, sont descendus les Ducs de Bourbon, le tiers desquels nommé Loys, fit edifier à Paris, sur la riue de Seine, pres du Louure, vn grād hostel de plaisance, qu'on nomme l'hostel de Bourbon. Voila presque les fondations faictes au tēps de ce Roy treschrestien: reste à dire quelques particules esquelles l'ordre de l'histoire ne se peut garder. *Lignee de Bourbō.*

Viuant ledict bon Prince, l'estat & office de la Preuosté de Paris se vendoit, & les Citoyens seuls & non autres l'achetoient, dont s'ensuiuoit plusieurs greuāces, oppressions, concussions & iniustices: car les riches faisoient ce qu'ils vou- *L'estat de la Preuosté de Paris.*

forent. A cette occasion le Roy desfendit dés-lors en auant icelle vente; & constitua gages ordinaires à celuy qui seroit Preuost de Paris: en quoy faisant il establit pour garde de la Preuosté Estienne Boileau homme equitable & bon iusticier, qui rendit en peu de temps les affaires de la ville en meilleur ordre.

Don fait par saint Loys.

Sainct Loys donna aux pauures Lingeres, & aux pauures ferrons, qui n'auoiet puissance d'auoir propre heritage, la place entour les murs du cimetiere des Innocens: ce sont auiourd'huy la halle de la Lingerie, & la rue de la Ferronnerie. La lingerie a esté rebastie de neuf au temps du Roy Henry 2.

En ce temps là, par l'inundation de Seine, tomberent les ponts de Paris. En l'an mil deux cens quarante huict, le Roy S. Loys, en entreprenant le voyage d'outre-mer, en la Terre saincte, print en grande reuerence & saincte ceremonie le bourdon & l'escharpe de pelerin, Chrestien, en l'Eglise nostre Dame de Paris, par la main de Regnaud Euesque dudict lieu.

L'an mil deux cens cinquante neuf il fonda le conuent des Nonins de Long-champ, pres Paris, & y fut religieuse & prieure madame Isabel, sa sœur.

Des Nonains de Lōgchāp.

Ce susdit Roy S. Loys, faisant le sainct voyage, fut agité de grandes tēpestes, sur la mer. Il debella Cartage, & mit le siege deuant Thunes. La peste se print fort grande en son camp. Pendant ce voyage mourut deux de ses fils, l'vn nommé Loys, l'autre Iean Tristan, qui mourut premier que son pere, mais peu apres le S. Roy s'en alla bien tost apres luy, & mourut d'vn flux de ventre, le vingtcinquiesme iour d'Aoust.

La mort et trespas de sainct Loys.

Pour la ceremonie du conuoy & enterrement du corps du Roy, depuis Paris iusques à Sainct Denys en France, furent edifiees des stations & reposois, en façon de Pyramides, à chacune desquelles sont les effigies de trois Roys, & l'image du Crucifix à la poincte, ainsi qu'on les voit encores de present. Aucuns les appellent Mont-ioyes.

Philippes, 45. Roy de France.

Philippes, fils de S. Loys, fut 45. Roy de Frãce, il succeda à son pere, l'an du monde, cinq mil deux cens trente deux. De Iesus Christ, mil deux cens septante, il regna 15. ans. L'espouse duquel, Marie, fille de Henry, Duc de Braban, fut couronnee Royne, en la Saincte-chapelle du Palais, l'an mil deux cens septante quatre le vingt deuxiesme iour de Iuin: & pource que controuerse fut suscitee entre les Euesques, fut dict & ordonné, que la

Saincte-chapelle estoit exempte de subiection enuers tous Archeuesques & Euesques.

L'an mil deux cẽs quatre vingts, la riuiere de Seine fut si grande à Paris, qu'elle rompit la maistresse arche du grand pont, vne partie du petit pont, & encloyt toute la ville qu'on n'y pouuoit entrer sans basteau.

Debordemẽs des riuieres.

En ce temps y eut discord entre les Escoliers, Picards & Anglois, estudians à Paris.

L'an mil deux cens quatre vingts trois, Iean Cholet, prestre, Cardinal de saincte Cecille, Legat en Frãce, natif de Beauuoisin, fonda à Paris vn College de Picards, nommé le college des Cholets.

Le colege des Cholets.

L'edifice du Palais de Paris, les noms des Roys qui y sont en effigies, fondation

Au college de Nauarre, la Marche, & du college de Lan, description des escritures qui y sont, du Cardinal le Moyne, des Billettes, & du miracle de la saincte Hostie aduenu à Paris.

CHAP. XIII.

Philippes le Bel 46 Roy de Frãce.

APRES Philippes troisiéme, regna son fils Philippes le Bel, quarante sixiesme Roy de Frãce, il succeda à son peré, l'an du monde, cinq mil quatre cens sept, de Iesus Christ mil deux cens quatre vingts cinq. Il fut sacré à Reims le sixiesme iour de Ianuier. Il regna vingthuict ans.

Le Palais de Paris, par qui basti

Le susdict Roy fit edifier de tressumptueux & magnifiques ouurages, le grand Palais Royal, pres de la Saincte Chapelle, & du petit Palais, dict la salle S. Loys, & de la petite salle; conduisant l'œuure & architecture Messire Enguerrant de Marigny, Comte de Longueuille, & general des finances, (voyez quels hommes on employoit iadis à tels estats, plustost que des affamez, & des hommes qui ne demãdent que piller l'argent du Prince) la statue duquel estoit posee pour marque sur vn des portaux du Palais, mais le susdit seigneur estant mort, par Iustice, ou au moins par sentence du Iuge, cette representation fut abbatue. Ce Palais estoit la demeure des Roys d'alors, & s'y tenoient les plaids de la porte ou des requestes, estant le Parlement ambulatoire, & les Roys venans suiuant l'ordonnance ancienne, à Paris, deux fois l'an tenir court, & ouyr les doleances du peuple, ainsi qu'on obserue és dietes d'Alemaigne. Mais le Roy Loys, surnommé

Hutin ordonna que le Parlement fut arresté, & sedentaire en vn lieu, à sçauoir à Paris, laissant son palais Royal aux Iuges, à fin que les parties n'eussent tant de frais, comme dirōs sous le regne du susdit Roy: lequel palais pour la grandeur d'iceluy, disposition des lieux, tours, salles, chambres, galleries, cours & iardins, est estimé le bastiment le plus durable & acōply de France.

Les murs d'iceluy garnis de tours & tourelles, contiennent depuis le pont aux musniers, où est l'horloge, iusques au pont Sainct Michel, enuironnans des deux costez de la riuiere, tant ledit Palais iusques à la poincte de l'Isle de la Cité, où estoit la maison des estuues & iardin du Roy, à l'endroict duquel iardin passoit iadis vn petit bras de Seine, separant vne petite isle d'auec la grande, laquelle nous y auōs veu ioindre remplissant le canal de l'eau des vidages de la ville. Apres que le palais fut edifié, le Roy Philippes y tint feste l'espace de huict iours, en laquelle il fit ses trois fils Cheualiers : durant laquelle feste, le peuple de Paris tint les boutiques fermees, pour s'acommoder à la ioye du Prince.

Pource qu'il se voit ordinairemẽt controuerse entre les Historiographes, entãt que touche l'ordre des Roys (mesmement des anciens) & le temps de leurs regnes, ie les mettray cy en la propre maniere qu'il est escrit sous leurs effigies, en la grande salle dudit palais : le commencement desquels est entre les deux verrieres, au chef de la table de marbre vers Occident, du costé du parquet des Requestes. Aucuns sont en cette opiniõ, que ceux qui ont les mains hautes ont regné vers tueusement, & ceux qui ont les mains basses ont esté infortunez, ou n'ont faict actes d'excellence: & sur ce est à noter, que la main dextre signifie la puissance de regner, & les victoires de certo là aussi aucuns tiennent le sceptre royal. La main senestre depore Iustice, de laquelle ils tiennent le signe de la main de Iustice: & ainsi pourroit on juger (s'il est licité) des actes des vns & des autres. L'ordre est tel.

Les noms & genealogie des Roys de France, le temps de leurs regnes, & leurs trespas, ainsi qu'il est escrit sous leurs effigies, au Palais Royal à Paris.

Pharamond, premier Roy des François regna payen onze ans, & trespassa l'an quatre cens trente.

Clodio, fils de Pharamõd, regna payen vingt ans, & trespassa l'an quatre cens cinquante.

Merouee, fils de Clodio, regna payen dix ans, & trespassa l'an quatre cens soixante.

Childeric, fils de Merouee, regna vingtcinq ans, & trespassa l'an quatre cens quatre vingt cinq.

Clouis, premier Roy chrestien, fils de childeric, regna trẽte ans, & trespassa l'an cinq cens quinze.

Childebert, fils de clouis, regna auec clotaire son frere, quarante cinq ans, & trespassa l'an cinq cens soixante.

Clotaire, fils de clouis, regna auec childebert quarãte cinq ans, & depuis childebert cinq ans, & trespassa l'an cinq cens soixante cinq.

Chilperic, fils de clotaire, regna vingt ans, & trespassa l'an mil cinq cens quatre vingts & six.

Clotaire deuxiesme, fils de chilperic, regna quarãte quatre ans, & trespassa l'an six cens trẽte.

Dagobert, fils de clotaire, regna seize ans, & trespassa l'an 646.

Clouis deuxiesme, fils de Dagobert, regna dix sept ans, & trespassa l'an six cens soixante trois.

Clotaire troisiesme, fils de Clouis, regna trois ans, & trespassa l'an six cens soixante six.

Childeric deuxiesme, frere de clotaire, regna douze ans, & trespassa l'an six cens septante huict.

Theodoric, frere de childeric, regna seize ans, & trespassa l'an six cens quatre vingts & treize.

Clouis troisiesme, fils de Theodoric, regna quatre ans, & trespassa l'an six cens quatre vingts dix sept.

Childebert deuxiesme, frere de Theodoric, regna dixhuict ans, & trespassa l'an sept cens quinze.

Dagobert deuxiesme, fils de Childebert, regna cinq ans, & trespassa l'an sept cens vingt.

Clotaire 4. fils de Theodoric, & frere de clouis & de childebert, & oncle de Dagobert, regna deux ans, & trespassa l'an 722.

Childeric secõd, fils de childebert, frere de Dagobert, regna apres clotaire son oncle cinq ans, & trespassa l'an sept cens vingt sept.

Theodoric deuxiesme, fils de Dagobert, regna apres chilperic son oncle quinze ans, & trespassa l'an sept cens quarante deux.

Childeric 3. frere de Theodoric, regna 9. ans, & mourut sans hoirs.

Pepin, fils de charles Martel de la lignee de clotaire second, fut esleu Roy, & regna dixhuict ans, & trespassa l'an 769. Cestuy cy est monté sur vn Lyon.

Charles le Grand, fils de Pepin, Roy, obtint l'Empire des Romais, & regna 46. ans, & trespassa l'an huict cens quinze.

Loys, fils de charles le grand, regna Roy & Empereur vingsept ans, & trespassa l'an 841.

Charles secõd, dit le chauue, fils de Loys, regna Roy & Empereur trẽte sept ans, & trespassa l'an huict cens septante & neuf.

Loys secõd, dict le Begue, fils de charles le chauue, regna deux ans, & trespassa l'an 881.

Charles troisiesme, dict le Simple, fils de Loys le Begue, regna quarante ans, & trespassa l'an 926.

Sous ce regne, sont comprins les regnes de charles le gros, & d'Eude comte de Paris.

Loys troisiesme, fils de charles le Simple, regna vingchuict ans, & trespassa, l'an neuf cens cinquante quatre.

Lothaire, fils de Loys, regna trete & vn an, & trespassa l'an neuf cens quatre vingts & cinq.

Loys quatriesme, fils de Lothaire, regna trois ans, & trespassa l'an neuf cens quatre vingts huict, sans hoirs.

Hue, dict capet, fils de Hue le Grand, comte d'Angers, fut esleu Roy, regna neuf ans, & trespassa l'an neuf cens quatre vingts & 17.

Robert, fils de Hue capet, regna trente quatre ans, & trespassa l'an mil trente & vn.

Henry, fils de Robert, regna trente huict ans, & trespassa l'an mil cinquante neuf.

Philippes, fils de Henry, regna quarante huict ans, & trespassa l'an mil cent & sept.

Loys cinquiesme, dict le Gros, fils de Philippes, regna trente trois ans, delaissa le royaume à Loys son fils, l'an mil cent trente sept.

Philippes second, fils de Loys le Gros, regna deux ans, durant la vie de son pere, & trespassa l'an mil cēt trente deux.

Loys sixiesme, frere de Philippes regna quarāte trois ans, & laissa le Royaume à Philippes son fils, l'an mil cent septante & neuf.

Philippes troisiesme, dict Auguste, fils de Loys, regna quarante quatre ans, & trespassa l'an 1223.

Loys septiesme, fils de Philippes Auguste, regna trois ans, & trespas-passa l'an mil deux cens vingt six.

Sainct Loys, fils de Loys, regna heureusement & sainctement quarante quatre ans, & trespassa l'an mil deux cens septante.

Philippes quatriesme, fils de saict Loys, regna quinze ans, & trespassa l'an deux cens octante cinq.

Philippes, dict le Bel, fils de Philippes, regna trente ans, & trespassa l'an mil trois cens quatorze.

Loys, dict Hutin, fils de phili

pes le Bel, regna deux ans Roy de France & de Nauarre, & trespassa l'an mil trois cens seize, & Iean son fils vesquit 7. iours apres son pere.

Philippes sixiesme, dict le Long, Roy de France & de Nauarre, frere de Loys, regna six ans, & trespassa l'an mil trois cens vingt & vn.

Charles quatriesme, dict le Bel, Roy de France & de Nauarre, frere de philippes, regna cinq ans, & trespassa l'an 1326. sans hoirs.

Philippes septiesme, dict de Valois, cousin germain de charles 4. & neueu de philippes le Bel, regna vingtquatre ans, & trespassa l'an mil trois cens cinquante.

Iean secōd, fils de philippes, regna quatorze ans, & trespassa l'an mil trois cens soixante & quatre.

Charles le Quint, fils de Iean, regna seize ans, & trespassa l'an mil trois cens quatre vingts.

Charles sixiesme, fils de charles le Quint, tresaimé & debonnaire, regna quarante deux ans, & trespassa l'an 1422.

Charles septiesme, fils de charles sixiesme, tresglorieux, victorieux & bien seruy, regna tréte neuf ans neuf mois, & trespassa l'an mil quatre cens soixante & vn.

Loys vnziesme, fils du Roy charles septiesme, fut Roy l'an mil quatre cens soixante & vn, & deceda le vingtquatriesme an de son regne, mil quatre cés quatre vingts trois. Il est à genoux deuant l'image nostre Dame.

Charles huictiesme Auguste liberal & aimé, fils de Loys vnziesme, a regné quatorze ans, passa les Alpes, & Naples conquesta, il trespassa l'an mil quatre cés quatre vingts dixsept. Au rang des preux est raison que mis soit.

Loys de Valois, Duc d'Orleans, regna Roy douziesme de ce nom, dixsept ans, & deceda l'an mil cinq cens quatorze.

Ce qui s'ensuit doit estre escrit sous l'effigie du Roy François, au Palais, aussi sous Henry, & François second, & Charles 9.

François premier du nom, restaurateur des bonnes lettres, arts & sciences, regna trēte trois ans trois moys, & deceda le dernier iour de Mars, l'an 1546.

Henry secōd, Prince belliqueux, regna treize ans, & trespassa le dixiesme iour de Iuillet, mil cinq cens cinquante neuf.

François deuxiesme du nom succeda à son pere, Henry deuxiesme, l'an 1559. Il trespassa le cinquiesme iour de Decembre, 1560.

Charles ix. du nom, Roy tres-Chrestien, succeda à François, son frere, l'an mil cinq cens soixante. Il estoit aagé d'enuiron vnze ans seulement. Il trespassa le troisiesme iour de Iuin, iour de la Pentecoste l'an mil cinq cens septante & 4.

L'effigie de ce Roy n'a esté encores esleuee auec les autres au Palais, mais on peut estimer qu'elle y sera mise bien tost.

Voila, amy Lecteur, les Rois qui ont regné sur la France, iusques à present, lesquels sont esleuez en effigie audit Palais Royal de Paris, aussi ce qui est escrit sous leur susdite effigie de leur regne & trespas.

Fondation du college de Nauarre.

La Royne Ieanne, espouse du Roy Philippes le Bel, fonda & fit construire le grand College appellé de Champaigne ou de Nauarre, ensemble l'Eglise qui est au milieu d'iceluy, cõme il est engraué sous son effigie à la porte d'icelle, & leur donna deux mille liures tournois de rẽte, sur son domaine de la Brie, & Champaigne. Ce college est le plus beau de Paris, & de grand circuit de forte muraille. Aux deux costez de la porte d'iceluy, qui est de nouueau basty, sont les effigies d'vn Roy & d'vne Royne, sous lesquels est escrit ce qui s'ensuit, sous l'effigie du Roy.

Philippus pulcher Francorũ Rex Christianißimus Ioannæ maritus, huius domus fundator.

Sous l'effigie de la Royne.

Ioanna Franciæ & Nauarræ Regina Campaniæ Briæque comes Palatina, has ædes fundæuit. 1304.

Sur le portail.

Dextra potens, lex æqua, fides, tria lilia Regem Francorum, Christo principe, ad astra ferent.

En quatre lãgues, Hebreu, Grec,

Latin & François, est escrit, Viue le Roy.

Sous l'image de la vierge Marie.

Dilect⁹ me⁹ pascitur inter lilia. Cāti. 6.

A la summité du bastiment,

Custodiēs paruulos Dominus. Psal. 114.

Dans le College.

Au portail de l'Eglise ou chapelle dudit college, sont trois images de pierre, peintes d'or & d'azur: l'vne au milieu, entre deux portes, represente S. Loys, & dessous est escrit.

Ludouicus decus regnantium.

La seconde est du Roy Philippes le Bel à main dextre dessous est escrit.

Philippus pulcher huius domus fundator egregius.

La troisiéme à main senestre, est de la royne Ieāne, & dessous est escrit.

Ioanna Francia ac etiā Nauarræ Regi-

na, huius dom⁹ quõdã fondatrix inclyta. Anno domini 1304.

Sous les pieds de l'image S. Loys dedãs le pillier, est engraué vn sceptre, autour duquel est escrit.

Sceptrum dat Vim hominis vires superare leonis.

De l'autre costé est grauec la main de Iustice, & entour est escrit.

Iusticia quæ manus vult sese cuncta regantur.

Pres de la est grauee vne couronne & dessous est escrit.

Coronam gloria sanctorum & honore.
Quia mundi gloria duxit in timore.

Au mesme pillier est grauee vne couronne, & entre plusieurs escritures mal aisees à lire i'a y noté ceci.

Fœlix terra cuius Rex sapiens: iustus clemens, modestus, patiens: cuius vultus est malos feriens, bonos aliciens.

Pres l'Eglise en la grand' court est escrit 1531.

Viuat Rex sine fine Deo, Viuat quoque clero, Viuat nobilibus, Viuat & in populo.

Plus bas en icelle court sont escrits ces vers d'Horace.

Qui studet optatũ cursu cõtingere metã,
Multa tullit, fecitq; puer sudauit et alsit
Abstinuit Venere & Baccho.

En vn autre lieu sont taillez dedãs vne porte ces deux vers sur les armes de France & de Nauarre.

Cõseruãt & alũt regalẽ Frãca Nauarrã
Lilia Francorum, diuina insignia Regis.

Nous ne voulons obmettre vn tableau escrit à la main estant dans la nef de l'Eglise dudict Nauarre, & y en a vn semblable en l'Eglise des Filles-Dieu, dont l'extraict est tel.

Aucũs ont voulu dire que Sainct Loys, Roy de Frãce, ait en son tẽps apauury son royaume, pour le premier voyage qu'il fit en la Terre saincte, à l'encõtre des infidelles, à cause du payement de la rançon de sa personne, & de sa cheualerie, & que ses successeurs Roys s'en apperceurent bien : mais au contraire, il enrichit son royaume: car il acquist & racheta la saincte couronne d'espines de nostre Seigneur, & plusieurs autres sainctes reliques de sa passion, qu'il mit en la saincte Chapelle de son Palais, à Paris, laquelle il fit edifier pour cette cause.

La declaration desdictes sainctes reliques est inceree au chapitre de la fondation de la Saincte-Chapelle.

Les noms des Roys de France qui ont esté en la Terre-saincte.

Le Roy Sainct Charlemaigne y alla en personne, & restablit aux Chrestiens le Royaume de Hierusalem.

Le Roy Philippes premier, y enuoya Hue le Grand, son frere, & grād cheualerie de Frāce, auec Godefroy de Buillon, qui depuis fut Roy de Hierusalem.

Le roy Loys sixiesme y alla en personne, mena grand' cheualerie, & fit son entree en la saincte cité.

Le roy Philippes deuxiesme, dit Auguste, y alla aussi en personne.

Le roy S. Loys y alla deux fois en personne.

Le Roy Charles sixiesme, y enuoya grand' cheualerie de France, par trois diuerses fois.

La rançon de S. Loys ne fut pas excessiue, pour vn tel Roy, & pour sa cheualerie: car elle ne fut que de huict mille bezãs d'or Sarrazinois, chacun besan estimé cinquante liures tournois, qui sont quatre cens mille liures tournois, qui n'est pas semblable à celle du Roy Iean, qui fut de trois millions d'or, dont le noble estoit compté pour deux escuz: & n'en fut le royaume appauury: car quant est de la rançon de S. Loys, ce n'est que le mariage d'vne fille aisnee de Frãce, qui souuẽt a esté tel quand le cas s'est offert.

Quelle fut la rãçon de S. Loys.

Declaration des Eglises fondees par S. Loys, à Paris.

La Saincte-chapelle du Palais.
La maison Dieu.
Les quinze vingts aueugles.
Les filles Dieu, lors estans hors la ville.

Saincte Katherine du Val des Escoliers.
Le Conuent saincte Croix.
Le conuent des Blancs-manteaux.
Les Iacobins.
Les Cordeliers.
Les Carmes.
Les Augustins.
Les Beguines, où sont de present les sœurs de l'Aué Maria.
Les Chartreux.
Autres fondations par ledit Sainct Loys contenues audit tableau.
Les Iacobins à Compiegne.
La maison Dieu audit lieu.
La maison Dieu de Vernon.
La maison Dieu de Pontoise.
Le conuent de la saincte Trinité à Fontaine-bleau en Gastinois.
L'abbaye du Lis, pres Melun, qu'il fit fonder par la Royne Blanche, sa mere.
L'abbaye de Maubuisson, pres Pō-

toise, qu'il fit fonder par la Royne Blanche, sa mere.
L'abbaye de Long-champ, en faueur de sa sœur, madame Ysabeau de France.
L'abbaye de Royaumont, qu'il fit construire & fonda en son ieune aage.
L'abbaye de Royaulieu.
L'abbaye de S. Matthieu de Rouē.
Les Iacobins à Rouen.
Le conuent des Dames, appellees les emmurees de Rouen.
Le conuent des Beguines de Rouē & plusieurs autres.

Differēce pour la monnoye de cuyr.

Si le royaume eust esté tāt appauury, qu'on eust fait de la monnoye de cuyr en son temps, comme aucuns ont dit, ledict S. Loys ne fust pas retourné au second & dernier voyage en la Terre-saincte. Et se troune és anciens registres de la chambre des Comtes, que le roy

Philippes le Bel, en l'an mil trois cens quatre, promit faire mõnoye, aussi bõne qu'elle estoit du temps de S. Loys. Et depuis, en l'an mil trois cẽs quinze, le Roy Loys Hutin ordonna, que les ordonnances de monsieur S. Loys, sur le fait des monnoyes, fussent gardees, qui est grand argumẽt que S. Loys n'a fait faire en son temps de la monnoye de cuyr.

Le Roy Philippes, troisiesme de ce nom, son fils alla en personne auec grand ost, cõtre le Roy d'Arragon, qu'il subiugua, & y fut occis ledit Roy d'Arragon, les frais duquel voyage monterent plus de vingt deux mil liures, qui n'estoit point monnoye de cuyr.

Le Roy Philippes le Bel, trouua le royaume si opulant, qu'il fit faire le Palais de Paris, excepté la saincte Chapelle, & l'edifice du costé de la Conciergerie, qu'auoit faict faire S. Loys, & encores de present on appelle les salles qui y sont, les salles S. Loys. Iceluy Philippes le Bel, fit faire la canonization de S. Loys, l'an mil deux cens quatre vingts & dixsept. Et fit construire le manoir royal de Poissy, & y entrerét les religieuses, l'an mil trois cens quatre. Il fit aussi construire l'abbaye des religieuses du Moncel, pres le pont sainct Maixence, l'an mil trois cens neuf. Il obtint les victoires qui s'ensuiuent.

L'abbaye de Poissy & du Mõsel.

Pres la ville de Fumes, l'an mil deux cés quatre vingts dixsept, furent occis cinq cens hõmes de cheual, & seize mille hõmmes de pied.

A S. Omer, l'an mil trois cés deux quinze mil Flamens furent occis. Deuant ledict S. Omer quatre mil Flamens occis.

A Monts, l'an mil trois cens quatre vingts, trente six mil Flamens occis en champ de bataille,

Le Roy Charles le Quint, fit six choses qui s'ensuiuent. Il batailla, Acquesta, Son domaine deschargea, Edifia, Fonda & Thesaurisa.

Ce present abbregé faict à l'honneur de S. Loys, a esté extraict du thresor des chartres de la chambre des Cõptes, par moy Loys le Blãc, Notaire, Secretaire du roy & greffier en ladite Chãbre des Comptes à Paris.

Fin du Tableau.

College de la Marche.

Quand au College de la Marche bien qu'il soit moderne, si est-il à mettre entre les plus fameux de Paris, & pour laquelle fondation declarer, faut entendre que du temps que les Papes residoient en Auignon y eut vn tresſçauant homme nommé nõmé Iean de la Marche, natif de la Duché de Bar, en vne petite ville nõme la Marche, situee en l'extremité de ladicte Duché, vers la Comté de Bourgongne, lequel fut longuemẽt auditeur de Roche au consistoire Apostolique, en Auignon : & depuis exerçant ledict office s'en alla à Rome, auec le Pape Gregoire II. du nom, lequel reduit le S. siege & la court Apostolique à Rome, l'an 1376. où le susdict Iean fina ses iours opulent en biens: & laissa pour heritier vn sien frere, homme d'Eglise, licentié en Droict, & Aduocat à la court de l'Official à Paris : & cestuy s'appelloit Guillaume de la Marche: cestuy estoit fort riche, & distribua grandemẽt de ses biens en bonnes œuures: & en la fin de ses iours ordonna par testament, apres plusieurs Legats payez, que de sa maison où il se tenoit, & laquelle auoit iadis esté appellee le College de Constantinople, qu'il auoit acquise & achetee par decret du consentement de l'vniuersité, à cause que le lieu estoit venu en decadence, fut appliquee à iamais à vn college de pauures escoliers, & notamment qui fussent entretenus: à sçauoir vn Maistre ou Principal, hôme d'Eglise, prestre, sçauant & gradué, pour lire ordinairement, & dresser l'estude audict college: & voulut que ce Principal fust natif de la ville susdicte de la Marche, s'il y en auoit de capable, ou sinō qu'il fust du pays de Barrois, la premiere tenue des Principal, Bourciers & Chapelains de ce College, furent au lieu nommé la petite Marche, mais depuis ils se transporterēt en la maison du second fondateur M. Beufuè de Vvinuille, laquelle est assise au Mõt-Saincte-Geneuiefue: assez pres du College de Nauarre, où est leur demeure à present: & cecy firẽt-ils, à cause que leur premier lieu estoit trop humide, & mal sain, à cause de la riuiere: & fut executee cette derniere volõté du susdict la Marche, l'an de nostre salut, mil quatre cens vingt & trois, à cause que les guerres qui furent entre les Frãçois & Anglois y donnerent long temps empeschemẽt.

En cette mesme saison, presque, fut fondé le college de Laon, à sçauoir en l'an de nostre Seigneur, mil trois cens vingtsept, & l'vnziesme du moys de May, par vn homme appellé Guy de Laon, prestre, & thresorier de la saincte Chapelle du Roy, & Chanoine de Paris & de Laon. Leur premier lieu & demeure fut au Clos-Bruneau, en la ue Fremẽtel. En l'an mil trois cens

octante neuf Frãçois de Montag
Chanoine de Soissons, transport
cette assẽblee d'Escoliers de Laon
& son Diocese au lieu où à present
est la maison Collegiale de Laon,
en la rue de Nauarre, aupres des
Carmes.

Fondation du College du Cardinal le Moine.

Enuiron presque ce mesme tẽps,
fut construict le college, chãpelle,
& Eglise parrochialle de S. Remy,
où Fremy en la rue S. Victor, qu'õ
appelle le college du Cardinal le
Moyne, à cause que Iean le Moyne
Cardinal, Picard de nation, en fut
le fondateur: sous le Pape Boniface
huictiesme, & enuiron l'an de
nostre Seigneur, mil deux cẽs quatre
vingts & seize: & de ce Cardinal,
encores auiourd'huy ce college
porte le nom, ressentant de l'antiquité
en son bastiment & estendue,
assis sur l'ancien cours de la riuiere
de Bieure, qu'on destourna,

& de laquelle la rue, ou plustost le Ru de Bieure, est encores dicte: les Canaux, de laquelle on voit en ce College, & en celuy des Bons-enfans, mesme n'a pas soixante, ou soixante & dix ans, qu'elle trauersoit le bout de ladicte rue, & descendoit en Seine, vis à vis de l'Euesché: qui sont choses à remarquer, à ceux qui veulent sçauoir la raison des noms, & où est-ce qu'estoit, pourlors, le cours de la riuiere de Bieure, puis que non sans cause la rue porte le nom, ayant passé ce petit fleuue par le fossé qui est à la porte S. Victor, & selon le college du Cardinal le Moyne.

Au regne de Philippes le Bel, & seât à Rome le Pape Nicolas quatriesme du nom, à sçauoir en l'an de nostre Seigneur, mil deux cens quatre vingts & dix, fut bastie l'E- *Fondation des Billetes à Paris.*

glise des Billettes pour l'occasion qui s'ensuit.

Vn Iuif ayant presté de l'argent sur gage à vne pauure, mais meschante femme, demeurante à Paris, conuint de marché auec cette malheureuse qu'elle luy porteroit le saint Sacremēt qu'elle receuroit le iour de Pasques : Elle n'y faut, ains allant à l'Eglise Sainct Merry, vient à la saincte & sacree communion, & comme vn second Iudas, elle porta l'hostie au retaillé infidele lequel soudain s'acharna à coups de caniuet sur le corps precieux de nostre Seigneur, & bien qu'il soit impossible, si est-ce que la saincte Hostie ietta du sang, en grand abōdance, qui n'empescha que le maudit Hebrieu ne la iettast dedans le feu, d'où elle sortit sans nulle lesiō, & se print à volter à l'entour de sa chambre. Le Iuif forcené la prit, & lança dãs vne chaudiere d'eau toute bouillante, & soudain cette eau fut toute changee en couleur de sang, & aussi tost s'esleua l'Hostie miraculeusemẽt, & apparut à clair & visiblement ce qui estoit caché sous le pain, à sçauoir la forme & figure de nostre Seigneur Iesus Christ crucifié, non sans grãd estõnement du Iuif, qui sans se conuertir se retira tout esperdu en sa chãbre. Ce forfaict si detestable fut descouuert par vn fils du Iuif qui le dist aux enfans des Chrestiẽs ne pensant que cela fut la ruine de son pere: ce qui causa qu'on entra au logis du criminel, l'Hostie trouuee, & portee à Sainct Iean en Greue, le Iuif fut pris, & bruslé tout vif, selon la griefueté de son crime.

Le Iuif bruslé.

Apres cecy, comme le Roy Philippes le Bel, & madame Ieanne, son espouse fussent instruits de la Verité du crime, feirent acheter la maison du Iuif, où ils fonderent vne Eglise, laquelle ils donnerent aux Religieux & Hermites de l'Hospital nostre Dame, lesquels il fit venir d'vn lieu assis sur la riuiere de Rongney, au Diocese de Châlons, à fin que là ils seruissent Dieu, & y feissent memoire de ce miracle, au lieu mesme où le Iuif auoit exercé sa tyrannie. Là est vne caue où l'acte pitoyable fut faict: auquel lieu on monstre le ganiuet le premier dimanche d'apres Pasques. Et s'appelle, le monastere de l'humilité nostre Dame, dit des Billettes.

Des inundations & crue de fleuve de Seine, edifice de l'hostel de Flandres. D'aucuns cas aduenus à Paris, sous le Roy Philippes le Bel, de la porte Barbetre, du Temple, & des Templiers de Sainct Iean de Latran, & la mort d'Enguerrand de Marigny.

CHAP. XIIII.

L'AN mil deux cens quatre vingts & seize, la riuiere de Seine fut si grãde, que toute la cité de Paris en fut couuerte, & la ville circuye de toutes parts, tellemẽt que du costé des portes Sainct Anthoine, Sainct Martin & Sainct Denys on n'y eust peu entrer ou sortir sans bateau. Les deux põts de pierre, les moulins & maisons de dessus en tresbucherent. *Du desbordemẽt des eaux.*

L'an mil deux cens quatre vingts

dixhuict Sainct Loys, Roy de Frãce; fut inseré au Cathologue des Saints, par le Pape Boniface, à la requeste de Philippes le Bel, qui mit le chef dudit S. à la sainte Chapelle de Paris. & dõna l'vne des costes à l'Eglise nostre Dame de Paris.

L'an mil deux cens quatre vingts dixneuf, Philippes le Bel gaigna le pays de Flandres, enuoya prisonnier au Louure à Paris Guy comte de Flandres, auec ses enfans, lequel estãt depuis eslargy, fit edifier l'hostel de Flãdres, au lieu qu'il acheta de Pierre Coquillere, Bourgeois de Paris: la rue où est ledit Hostel, se nomme encores la rue Coquiliere.

Ledict Comte acquist au mesme lieu, trois ou quatre arpens de terre, d'Arnulphe, Euesque de Paris, à raison dequoy, cette portion d'hostel est en la censiue de la grand' Eglise. Cét hostel a esté baillé à baſtir maiſons, du tẽps du Roy François premier, & du Roy Henry 2.

L'an mil trois cẽs trois, y eut diſſention entre l'Vniuerſité & le Preuoſt de Paris, pour vn Eſcolier que ledict Preuoſt auoit fait pẽdre: Par cette diſcorde furent les Lectures ceſſees. En ce tẽps le Pape Benedic donna faculté & puiſſance au Chãcelier de Paris, de licentier & faire Docteurs en Theologie, & Decret.

Lectures ceſſees, puiſſance du Chãcelier.

L'an mil trois cens ſix, le menu peuple de la ville de Paris, à l'occaſion de l'affoibliſſement des monnoyes, pillerent les hoſtels de ceux qu'on diſoit en eſtre cauſe: car les riches & proprietaires des maiſons refuſoient de leurs locatifs la mõnoye abaiſſee, & exigeoient d'eux autre monnoye de plus haut pris. De la mutation & empiremẽt deſdictes monnoyes; auoit eſté inuẽteur Eſtiẽne Barbette, lequel auoit

Emeutes & pilleries pour raiſõ des mõnoyes.

plusieurs maisons d'excellence, & iardins plaisans, au lieu où le nom de la porte Barbette est demeuré, laquelle porte Barbette a esté demoly, durant le regne du Roy Frãçois, & aussi la porte Beaubourg. A ces manoirs & heritages d'Estiéne Barbette, s'adresserét les mutins rompirent portes, huys, fenestres, pillerent les meubles, deffoncerét les vins, descouurirent les hostels: & de là se transporterent en la rue S. Martin, où celuy estienne faisoit sa demeurance, apres auoir rompu les huys de la maison, la pillerent & saccagerent. Pour la fin de cette rebellion, vindrent au Temple, où estoit le Roy Philippes le Bel, enuironnerent le Chasteau, comme s'ils l'eussent voulu assieger: arracherent des mains des officiers & seruiteurs du Roy, la viãde qu'on luy vouloit seruir sur table. Le roy

La maison d'Estiéne barbette pillee.

dissimula pour l'heure, & les fit appaiser auec douces remõstrances, par le Preuost de Paris, & aucuns de ses Maistres-d'hostel, mais trois ou quatre iours apres, informations faictes, furent prins les malfaicteurs, & leur proces faicts, furent pendus deuant leurs maisons & aux portes de la ville, iusques au nombre de vingt huict.

L'an mil trois cens neuf, les Cheualiers Templiers (l'ordre desquels auoit esté aboly & condamné au Concile de Vienne) pour les heresies Idolatries, & pechez de Sodomie, dont on les accusoit, furent bruslez vifs, iusques au nombre de cinquãte, à la porte sainct Anthoine vers le moulin, tous attachez chacun à vn pieu, & le bois à l'entour d'eux depuis les pieds iusques à la teste. Iaques Molay M. general d'iceux, auec le frere du Seigneur

Iustice faite des Tẽpliers, & l'occasion de leur punition.

Dauphin dudit ordre, en la presence du Roy, & tout le peuple, pour les mesmes accusatiõs furent bruslez vifs en l'Isle qui est vis à vis des Augustins, maintenãt ioincte à celle du Palais. A cette cause le Roy Philippes se saisit de tout leur reuenu, & mesmement du Temple, auquel lieu il establit sa demeurance ordinaire, & de là en auãt y tint ses thresors, toutes ses lettres, chartres & registres. Iean le Turc commãdeur du Temple, fit en son tẽps edifier la grosse tour audit lieu, lõg tẽps apres son trespas, les ossemens furẽt desenterrez & bruslez, pource que par les inquisiteurs de la foy auoit esté trouué heretique. Le circuit de ce lieu est trespacieux & plus grãd que mainte ville renommée de ce royaume, il est clos de fortes murailles à tourelles, & carneaux larges, pour y cheminer.

deux hômes de front. Là sont plusieurs chapelles & anciens logis en ruyne, qui seruoiét aux congregations des Templiers, chacun en sa nation: aussi il y a grand par-terres, prairies, vignes & iardins, arrousez de deux fontaines par dedans: y sont aussi plusieurs riches bastimés nouueaux faits, par les cheualiers de Rhodes, ausquels les biens desdits Templiers, furent depuis donnez: & par consequent ledict lieu du Temple, dont l'Eglise est faicte à la semblance du Tēple de Ierusalem, en laquelle Eglise sont religieux, prestres, comme seculiers, qui chantent le seruice diuin, portans, comme les Cheualiers, vne Croix blanche en leurs habits, sur la poitrine. A costé du cœur de ce Temple, vers Midy, est vne excellente chapelle, dediee au nom de Iesus, enrichie sur vn champ blanc d'or & d'azur, à ouurages de subtil artifice semee de flammes de feu & d'espees, autour desquelles est escrit: Pour la foy, A l'entour d'icelle sont les effigies des douze Apostres: La table d'autel d'icelle, excede les plus riches peintures de l'Europe: Le paué est de carreaux de marbre blanc & noir, & fut edifiee l'an mil cinq cens vingt neuf, comme est escrit à l'entour & circuit d'icelle par dehors.

Philippes de Villiers grand M. de Rhodes.

En icelle est l'effigie, en marbre blanc, du grād maistre de Rhodes, Philippes de Villiers, sous lequel la ville & l'Isle de Rhodes fut prinse par Soliman, grand seigneur des Turcs. Il est armé à genoux, deuāt la representation du baptesme de nostre Seigneur, esleuee au plus pres du naturel, sous laquelle representation est escrit en lettres d'or.

En

En l'an mil cinq cens trente deux le treiziesme iour d'Auril, fut beneiste cette chapelle, & dediee au nom de Iesus Christ.

Et au dessus est escrit 1530.

A l'entree de la chapelle est escrit en lettres d'or sur champ noir, ce qui s'ensuit.

Habet interior Gallia antiquißimam familiam de Villiers l'isle adam, multis magnisque rebus gestis clariß. regũ amicitiis celeber. Vnde suis rerũque reipub. Christiane produit tãtis dignus natalib. Philippus, cuius modo viator monumentum cernis, honoris, virtutisque ergo positum, &c.

En la nef dudit Temple, vers Midy, est la chapelle nostre Dame de Lorette, qui resplandit de miracles approuuez, & pour la sainctete du

La Chapelle nostre Dame de Lorette.

X

Chapelle S. Pantaleon.

lieu, est ornee des vœus, deuotiõs, & offrandes des Chrestiés fidelles. A l'opposite, vers Septentrion, est vne autre chapelle tres-riche, par l'art de peinture, en laquelle est vn sepulchre de marbre; & dessus les effigies de deux anciens Cheualiers, à genoux : au flanc dudit sepulchre est escrit.

Icy est le monumẽt de nobles & religieuses persõnes, frere Bertrád de Cluys, iadis prieur d'Aquitaine, & depuis grãd prieur de Frãce, lequel a fait construire cette chapelle de font en cõble, dediee à l'honneur de Monsieur Sainct Panthaleon, en commemoration de la victoire obtenue par grace diuine contre le grand Turc, l'an mil quatre cens quatre vingts, le iour de la feste dudit Sainct, & y estoit le susdit fondateur en personne. La chapelle fut faicte l'an mil cinq cens vingt neuf, & beneiste l'an mil cinq cens trẽte deux. Les portes & murailles de la cloсture dudit lieu ont esté reblãchies & fortifiees l'an mil cinq cens quarante sept.

Maison des hospitaliers de S. Ieã de Latran.

Du mesme ordre que ceux du Temple, sont ceux de Sainct Iean de Latran, en l'Vniuersité: on les appelle Les Freres Hospitaliers de Sainct Iean, en Hierusalem, & sont diuisez en trois degrez, à sçauoir les Nobles, appellez Cheualiers de Sainct Iean, ou de Rhodes, ou de Malte, lesquels ont les grandes cõmanderies. Les autres sont les seruans ou coadiuteurs ausdits Cheualiers au faict des guerres, qui ont les petites prieurez. Les tiers sont les Prestres qui font le diuin seruice, & ont les chapelles, cures & autres petis Benefices de la collation des commanderies. A cét hospital de S. Iean de Latran furent donnez

& annexez plusieurs Benefices qu'auoiét possedez les Templiers: mais de l'antiquité du lieu ne s'en trouue rien que par coniecture des tombeaux estans au cloistre d'icelle Eglise, entre lesquels les vieux sont de nobles hommes, Cheualiers, Escuyers, Freres de l'hospital, trespassez en l'an mil deux cés quatre vingts dixneuf.

Chapelle nostre Dame.

Il y a à costé du cœur vne chapelle Nostre Dame, edifiee par noble homme Frere Girard de Vienne, prieur de leans, en laquelle il gist, & trespassa l'an mil trois cens quatre vingts & six. A costé de la nef est vne autre chapelle de nostre Dame de bõnes nouuelles, edifiee par Frere Gilbert Poncher, en laquelle il gist, & trespassa l'an mil quatre cens dixneuf. On l'appelle Sainct Iean de Latran *à Latere Parisiensi*, c'est à dire à costé & pres de Paris.

Quand Philippes le Bel fut decedé son fils Loys Hutin succeda au royaume. A son aduenement Enguerrand de Marigny, Comte de Longueuille, conducteur de l'edifice du Palais, accusé d'auoir desrobé le thresor du roy defunct, fut pendu & estranglé au gibet de Paris: son effigie fut iettee du haut en bas des grands degrez du Palais. Sa pourtraicture est encores en platte peinture deuant l'image nostre Dame, contre vne muraille, aboutissant à vne tour, ainsi qu'on monte les degrez de la grand' salle: & pres de là est graué en pierre.

Enguerrand de Marigny fut pēdu.

Chacun soit contant de ses biens
Qui n'a suffisance il n'a riens.

Vn an apres sa mort son corps fut despendu du gibet, & enterré dedans le cœur des Chartreux, lez Paris, auec l'Archeuesque de Sés, son frere. Et depuis fut trāsporté à nostre Dame d'Escouys, qu'il auoit fondee, en l'an mil trois cens dix. Iceluy Enguerrand en vne oraison qu'il fit au peuple de Paris, en la presence du Roy Philippes le Bel, nomma Paris chambre Royalle.

Erection du Parlement, nombre des chābres & estats d'iceluy, des Roys qui ont regné sur la France, & choses les plus memorables aduenues durāt leur regne.

CHAP. XV.

Loys Hutin 47. Roy, ordonne le parlemēt estre arresté à Paris.

LOYS surnommé Hutin, fils de Philippes le Bel, quarante septiesme Roy de France, succeda à son pere, l'an du monde 5275. De Iesus Christ 1313. Il regna deux ans. Ce

Roy ordõna que le Parlement fust arresté, & sedentaire en vn lieu, à sçauoir à Paris, laissant son Palais Royal aux Iuges & Conseillers, à fin que desormais les parties n'eussent tant de frais à faire suiuans la Court, qui trotte ça & là, & d'heure à autre.

Ce nom de Parlemẽt est issu d'vn terme ancien dit le Parlouër, qui estoit iadis le nom du lieu de Iustice, & y auoit le parlouër du Roy au Palais, & le parloüer aux Bourgeois en l'hostel de ville, iadis pres les Iacobins.

Le Roy Pepin institua ce Parlement suiuant, qui estoit vn corps des douze Pairs de France, de plusieurs Euesques, auec aucuns prudens & anciens Cheualiers, qui decidoient des causes cõtentieuses: & y a quelque cõiecture, que quãd il fut arresté à Paris, les Presidẽs &

Conseillers estoiet iadis de robes courtes.

Conseillers estoient de robe courte & Cheualiers, comme on trouue en diuers monuemens, entre lesquels en y a vn en l'Eglise sainct Estienne des Grecs, où est l'effigie d'vn Cheualier armé de toutes pieces appartenantes au combat, son Epitaphe est tel.

Cy gist noble homme Messire Pierre de la Neuue-ville, Cheualier, seigneur de Nonray, & iadis Conseiller du Roy nostre Sire en son Parlemét, qui trespassa l'an de grace mil trois cens quatre vingts, le Lundy neufiesme iour d'auril. Il y auoit au tẽps de son trespas soixã te ans que le Parlement se tenoit à Paris: Toutesfois parauant ledict Roy Loys, s'il suruenoit quelque faict d'importance, les Roys le remettoient pour estré iugé & decidé à leur Parlement, lequel pour cette cause ils faisoient assembler à

Affaires d'importance estoient iugez par les Roys.

Paris, & là estoient prononcez les arrests, cōme il se trouue en la vie sainct Loys, lequel donna assignation à Thibaut, Roy de Nauarre, & à la fille de Thibaut, Comte de Champaigne, pour eux trouuer à Paris, où il tiendroit son Parlemēt, à fin de les ouïr & leur faire droict.

Aussi en l'an mil deux cens cinquante sept, à la feste de la natiuité nostre Dame, il y eut proces pendant & debattu deuāt le Roy Philippes, fils de S. Loys, pour le Comté de Clermont, pour lequel les Comtes de Poictiers & d'Anjou, auoient proces contre luy: & en ce iugement assista le Roy, auec son conseil Royal, auquel estoient les Archeuesques de Rheims, & de Rouan, & l'Euesque de Troyes, & plusieurs autres Euesques & Abbez, & le General des Iacobins, ensemble le Connestable, & plu- *Notable Parlement.*

ſieurs Comtes, Barons, Seigneurs Cõſeillers, tant Preſtres que Laiz. Auſſi l'an 1230. au camp d'Ancenis en preſence du Roy S. Loys, fut donné vn Arreſt contre le Duc de Bretaigne, où eſtoiēt les Cõtes de Flãdres, & de Chãpaigne, de Neuers de Blois de Chartres, de Vendoſme le Vicomte de Beaumont, le Conneſtable, & l'Archeueſque de Sẽs, & les Eueſques de Paris & de Chartres, & pluſieurs Barons, qui ſignerent ledict Arreſt.

Des requeſtes du Palais.

Maiſtres des Requeſtes.

Du tẽps dudict S. Loys, y auoit vne autre Iuſtice, qui le ſuiuoit, & ſ'appelloit, Les plaids de la porte, qui ſ'apelle autremẽt (ce dit la Cronique) Les requeſtes du Palais, à Paris: les maiſtres des Requeſtes ſont plus anciens que les Cours de Parlemens, & leur nombre à eſté diuers ſelon les temps. L'an 1285. vn peu deuant le regne de Philippes le Bel, il se trouue que le Châcelier au seel deuoit estre assisté & accompagné de deux hommes lettrez, & qu'il y en auroit trois qui seroiét sur la porte du logis du Roy, assis & appuyez sur la barriere dudict logis, & receuoient les requestes & placets des parties, vuidoient sur le champ les choses dõt le iugemét estoit facile, & portoiét les requestes de consequence au Roy, auquel ils les rapporteroient ou dans sa chambre, ou lors qu'il iroit à la Messe, ou quâd il se pourmenoit : c'est pourquoy on les appelloit Les gens des requestes, aussi Les Iuges de la porte, pource qu'ils dõnoient leurs iugemens & sentences sur la porte. L'an 1342. leur nombre fut mis à six, & lors cõmencerent d'estre appellez Maistres des requestes, puis l'an 1407. on les mit à huict. Or comme les

Gens des Requestes Iuges de la porte.

affaires vindrent à croiſtre, & qu'ils furent employez en diuers affaires ils n'eurẽt plus loiſir de ſe tenir ſur la porte & ne bougeoient d'aupres du Roy, qui leur dõnoit toutes les requeſtes qui luy eſtoient preſentees : ils eſtoient logez dedans le logis du Roy, & deuoiẽt eſtre pres du Chancelier, lors qu'il ſeelloit: mais cela ne ſ'obſerue plus.

Les cauſes qu'auiourd'huy ſont commiſes aux requeſtes du Palais à Paris eſtoient anciennement agitees deuãt les maiſtres des Requeſtes de l'hoſtel, auſquels Philippes le Bel, par Edict expres, ordonna tant la cognoiſſance des eſtats & offices qu'il auoit dõnez, que ſemblablement des cauſes pures perſonnelles qui ſe preſentoient entre ſes domeſtiques. Toutesfois ces maiſtres des Requeſtes ſe trouuãs occupez à plus grãds charges, meſmes estans ordinairemẽt à la suitte des Roys, se reseruerent seulement la cognoissance, en premiere instãce, des debats qui interuiendroiẽt à raison des offices. Et au regard des differẽs des officiers & domestiques du Roy, en matiere personelle (comme estans, peut estre, de trop legere importance) ils furent laissez à la iurisdiction des Cõseillers qui residoient perpetuellemẽt dans Paris, qui furent, & qui sont, appellez Conseillers aux Requestes. Lesdits maistres des requestes desquels le nombre depuis a esté augmenté, selon la volonté de noz Roys, sont du corps de la Cour de Parlement de Paris, sont assis en ladite Cour apres les Presidẽs deuant les Conseillers, & en toutes Seneschaussées & Baillages, rapportent requestes de Iustice, & quelquesfois de finance, au Conseil signent

Conseillers de Requestes.

Priuileges des maistres des Requestes.

en queuë lettres de Iustice, les rapportent quand besoing en est : ont leur iurisdictiõ vniuerselle par tout le Royaume, tiennent le seel des Châceliers, quand ils vont aux villes des Parlemens, & ont plusieurs beaux & amples priuileges.

Le Châcelier de France tient le premier lieu.

Entre ceux de la Iustice, le Chancelier tient le souuerain & premier lieu. Quelques vns disent que ce mot de Chancelier vient du verbe Latin, *Cancellare*, & dauantage l'authorité & la majeste de cét Estat est bien peu monstree & signifiee par vn mot, qui veut dire, rompre : car s'il vient de là, c'est à dire, que c'est à luy à rõpre les lettres qui ne sont ciuiles. L'estat est de long tẽps ainsi nommé comme il appert par plusieurs antiques Chartres. Il s'en trouue vne de Charles le Grãd, en laquelle sont ces mots en Latin, Gauzelin, Notaire, a recogneu cecy pour & au nom de Rocher, Archeuesque & grand Chācelier, l'an 28. de l'indictiō huictiesme, regnāt le glorieux Roy Charles, & l'an mil cent cinquante sept. Hue, Chācelier du roy Loys le Ieune, se souscriuit & signa en vne chartre dudit Roy, par laquelle il remettoit à l'Euesque d'Orleans, le droict des Regalles: il s'en trouue beaucoup d'autres semblables. Deuant qu'il fust nommé Chancelier, il estoit appellé grand Referendaire, c'est à dire, grand Raporteur, comme on voit en l'histoire de Dagobert qu'Audo en estoit son referendaire, & auoit le cachet & le seel du Roy. Et Otho estoit Referendaire du Roy Childebert, qui signoit de sa main & seelloit les lettres commandees par le Roy, ou passees par le conseil Et par là on peut apprēdre que les Chāceliers signoiēt les lettres,

Antiquité de Chancelier.

& seruoient cõme secretaires d'estat & souuent en plusieurs lieux, ce mot de Chãcelier est prins pour Secretaire, ce qui fait penser qu'on ne faisoit pas lors tant de despeche qu'on faict à cette heure, & qu'vn Chãcelier seruoit de ce qu'aujourd'huy sert vn Chãcelier, & vn Secretaire signant & seellant les lettres. Depuis fut apellé Chãcelier, cõme il a esté dit: & cõme les affaires sont venues à croistre, on a separé ces deux charges, l'vne dõnee aux secretaires pour signer, l'autre au chãcelier pour seeller: & croy q̃ la valeur des persõnages qui ont excercé cét estat, luy apporte le rãg, l'authorité & grãdeur qu'il a eu depuis, car on a veu qu'il a souuẽt esté entre mains de grãs personnages, de Cardinaux, Archeuesques, Euesques & autres Prelats, mesmes des personnes extraites de la maison des Princes. Au

temp

temps de Philippes 1. du nom, Roy de France, Geoffroy, frere d'Eustache, comte de Boulõgne, Euesque de Paris, estoit chancelier de Frãce, non du Roy, & les Bourguignõs, comme dit Paul Emile, portoient vn tel honneur à cét estat, qu'ils appelloient Archichãcelier leur chãcelier. Au temps de Charlemaigne cest estat estoit en dignité, & on a veu 2. des Dormans, l'vn Cardinal & Euesque de Beauuais, & l'autre aussi Euesque de Beauuais: deux des Vrsins, l'vn Archeuesque de Reims, & l'autre Baron de Trainel: Guillaume Brisonnet, Cardinal, Archeuesque de Reims & de Narbonne, & Euesque de S. Malo en Bretaigne: Anthoine du Prat cardinal, Legat en France, Archeuesque de Sés, & Euesque d'Alby, auoir esté chanceliers: & Poncher, Euesque de Paris, & Archeuesque de Sens : & Iean Bertrand, Archeuesque de Sens & cardinal, auoit esté Garde des seels , lors que les chanceliers sont suspens, ou qu'on les enuoye doucemēt en leurs maisons Il y a eu aussi des Princes & Gentils-hōmes, qui ont esté chanceliers, comme VValeran de Luxébourg, les deux des Vrsins, les deux de Rochefort, Claude & Guy. Depuis que les chanceliers furent instituez, il y a eu des temps, ausquels il n'y en a point eu, & se treuue en plusieurs chartres, depuis l'an mil vn cent quatre vingts 15. iusques à Philippes Auguste, ausquels sont souscrits ces mots , vacquant la chancelerie. La charge du chancelier en France est, de garder qu'aucune lettre ne passe & que chose aucune ne se face au preiudice du Roy & de son estat, & quand les Roys tiennent leur lict de iustice,

Quel est la chargé du Chācelier.

ou leurs estats, où sont en vne cour de Parlement, le Châcelier est assis deuãt luy, à main gauche, & le Cõnestable à droicte, & aux conseils le connestable & le chancelier, cõme les deux principaux officiers de la Couronne, sont assis l'vn deuãt l'autre. Il tient le grãd seel du Roy, & de luy mesme peut seeller lettres de iustice & de finance, bien que iadis il ne seellast aucune lettre sans l'aduis d'vn ou de deux, maistres des requestes, qui assistoiẽt au seel, & comme seul contrerolleur des ordonnances, edicts, volontez, cõmandemens & dons du Roy, & est le souuerain magistrat de la iustice.

Et nombre des Parlements en France.

Le Royaume de France est à present diuisé en huict Prouinces, cõtenues és huict Parlements, & lesquelles nous espluchero ns l'vn apres l'autre, les noms desquelles s'entendrõt aisement par les citez où ces souuerains sieges sont ordõnez. La premiere est celle de France, qui fut l'ancien royaume de Paris, souche de la maison Royale, & le siege est aussi à Paris. La seconde fut ordõnee en Languedoch, en partie de l'Aquitaine, le siege de laquelle est la cité de Tholouse. La troisiesme est pour la Guienne, ayant sa capitale en la cité de Bourdeaux qui fut la seconde Aquitanique, ou, comme autres disent, la premiere. La quatriesme compréd vne partie de la Neustrie, contenue à present sous le nom de Normandie, & a la cité de Rouan pour siege, & lict de Iustice souueraine. La cinquiesme Prouince est celle de Bourgoigne, le chef de laquelle est Dijon, plus pour l'esgard des Ducs anciens, que pour l'ancienneté de la ville, y en ayant de plus anciennes, & lesquelles estoient citez remarquees de toute antiquité. La sixiesme a esté instituee pour les Allobroges ou Viennois, qui est le pays de Dauphiné, cōme à Prouince Royalle, & qui ne peut estre demembree de la Couronne, & a pour siege & ville capitale la cité de Grenoble. La septiesme Prouince comprend partie du Royaume d'Arles, & de celle ancienne region, qui pour sa loyauté fut appellee la Prouince des Romains, & laquelle encores à present est nommee, par nous, Prouēce, ayāt pour siege de souueraineté Aix, cité ancienne. La huictiesme Prouince est le Duché & iadis royaume de Bretaigne, des anciens appellé Armorique, ayant pour siege de Iustice la cité de Reines. Et la neufiesme Prouince, bien que ne porte tiltre de Parlemēt, est celle du pays Messin, où le Roy a vn President, qui iuge ſouuerainement. Et pource ie la comprens entre les Prouinces Gauloiſes, cõme vraye poſſeſſion & heritage de l'ancien Royaume d'Auſtraſie, appartenant par droite ſucceſſion à la maiſon de France, & non à l'Empire, qui ſ'en auoit acquis l'inueſtiture par vſurpation. La premiere dõc eſt celle de Paris, laquelle comme la plus excellente ie l'ay nomme la premiere, d'autãt que ça eſté le premier ſiege ſouuerain qui a eſté erigé en France, & auquel encores ſe rapportent les affaires de plus grande & vrgente conſequence, comme eſtant le ſiege des Roys, & le lieu où ils ſouloient iadis venir rendre iuſtice à leurs ſubiects à certaines ſaiſons de l'an. La Gaule Pariſienne donc, ayant le Senat le plus beau & graue de l'vniuers, & qui pour ſon integrité a iadis vuidé les differents des plus grāds Monarques de l'Europe, eſt auſſi eſtendue plus longuement que les autres ayant vne infinité de Prouinces. Mais le plus beau & neceſſaire departemēt des Prouinces de Gaule; eſt celuy des gouuernements, ſi les gouuerneurs eſtoiēt tels que ceux que iadis les Romains enuoyoient pour Preteurs Prouinciaux, à ſçauoir doctes & ſçauans à la Loy, de grande experience aux affaires. Celle diuiſion que ie trouue la plus belle, & qui a eſté faicte preſque de noſtre temps eſt celle des Parlemēts, & il nous faut recognoiſtre que les Capets ſont ceux qui ont eſtably ces iuges ſouuerains, & que par l'eſtabliſſement, tant d'eux que des Bailliages ſ'eſt enſuiuy le bien Public, non pas qu'il faille eſtimer qu'il n'y euſt quelque commencement, mais non de lieu arreſté.

Nombre anciē des Conseillers de la Cour.

En ce Parlement, selon le nombre ancien, doit auoir cent hōmes, à la similitude des cent Senateurs Romains: à sçauoir les douze Pairs de France, les terres desquels sont du ressort d'icelle cour.

Huict maistres des Requestes de l'hostel du Roy.

Quatre vingts Conseillers, comprins les quatre supremes Presidents: à sçauoir, quarante Clercs & quarante Lais: entre lesquels l'Euesque de Paris, & l'Abé de S. Denis en Frāce sont tousiours du nōbre. Les deux Aduocats, & le Procureur du Roy

Es actes notables & publiques, les quatre Presidents sont reuestus de chappe, d'escarlate fourrees de menu vert & mortiers de velours noir, brodez d'or, en la teste. Les Seigneurs Cōseillers vestus de robbes d'escarlate, & chapperōs fourrez de menu vert. Les deux Aduocats, & Procureur general du Roy en mesmes habits: le Greffier ciuil vestu d'vn manteau d'escarlate, le mortier de drap d'or en la teste. Les Aduocats & Procureurs en icelle Cour vestus de drap noir. Et est à noter que tous n'entrent au Palais qu'en robes de drap. Tout ce corps est diuisé ainsi qu'il s'ensuit; à sçauoir la grād' chambre du plaidoyé, où president les quatre supremes Presidents, auec vingt des plus anciens Conseillers, selon leur reception, à sçauoir dix Clairs, & dix Laiz.

Ordre de messieurs de Parlement.

La Chambre de la Tournelle, où se iugent tous les proces criminels où president deux Presidents & vingt autres Conseillers, anciens, qui changēt de trois moys en trois moys, de la grand' Chābre du plaidoyé à la Tournelle.

Chābre de la tournelle.

La premiere des enquestes & autres.

La premiere chambre des enquestes vingt Cōseillers dont y a deux Presidents, qui estoient anciennement les deux plus anciens de la chambre, à present sont erigez en offices. La secōde chambre Idem. La troisiesme idem. La quatriesme idem. La cinquiesme & derniere de mesme que les autres, esquelles se iugent tous les proces par escrit qui resortissent en ladite Cour par appel. En chacune desquelles chābres y a vn Huissier qui porte verge à la main, erigé pour le seruice de la chambre. Outre les seize autres Huissiers qui sont de la grand' chambre & qui portent verge.

Maistres des requestes de l'hostel.

Le maistre des requestes de l'hostel du Roy, tant anciens que nouuellement erigez, tiennent leur iurisdiction dans le Palais de Paris, & iugent par sentence, à sçauoi pour le regard de la contention d' ceux qui sont pourueus des estats du Roy & officiers du Roy & l'appel resortist en la cour de Parlemét.

Et pour le regard de l'extraordinaire qui est vne commission que le Roy leur a attribuee pour iuger & donner renfort & par arrest: ce qui conserne l'effect & entiere execution de l'edict de la pacification des troubles, & remettre les parties en tel estat qu'elles estoient auparauant icelles: mesmes casser & adnuller tous les arrests & procedures faictes contre ceux de la nouuelle religion pendant leur absence. Ils ont vn Greffier & plusieurs Huissiers.

Extraordinaire.

Il y a les requestes du Palais, qui est vne iustice exercee par huict Conseillers & deux presidents tirez anciennement du corps de la Cour de Parlement, & depuis augmétez du regne de Henry troisies-

Requestes du Palais.

me à present regnant de quatre autres Conseillers qui iugent par sentences de toutes causes d'entre les officiers & domestiques de la maison du Roy, de la Royne, & de mõsieur son frere & sœur, lesquels en vertu de leurs lettres de committimus ont leurs causes cõmises, edictes, requestes & l'appel de leur sentence se relieue en ladicte cour de Parlement.

Il y a vn Greffier, deux principaux commis, & six autres, vn premier huissier & six autres huissiers, leur iurisdiction se tient au coing de la grand salle du Palais.

Messieurs les gẽs du Roy.

Messieurs les gens du Roy ont leur parquet pres la grand chambre du plaidoyé en la grãd salle du Palais & y a deux Aduocats & le Procureur du Roy, qui ont communication de toutes affaires où le Roy à interest.

Les quatre Notaires & Secretaires du Roy signent les arrests & commissions de ladite Cour pour l'absence du Greffier.

Greffier de la Cour.

Le Greffier Ciuil Prothenotaire de la cour,

Le Greffier Criminel,

Le Greffier des presentations.

La cour des Aides est souueraine & iuge en dernier ressort des appellations qui ressortissent des esleuz pour le faict des aides, tailles, equiualent & autres subsides, & consiste en deux chambres, & en chacune d'icelle deux presidents & vingt conseillers, aduocats du roy, & vn procureur general, vn Greffier, & huict huissiers: & leur iurisdiction se tient dessus la salle Merciere du Palais.

Generaux des Aides.

Le grand maistre Enquesteur & general reformateur des eaux &

Eaux & forests.

forests du royaume de France a siege de la table de marbre du Palais, auec huict Conseillers & vn Procureur du Roy iuge ce qui cõcerne leurs eaux & forests, & cognoist des appellatiõs interiettes des gouuerneurs & maistres des eaux & forests particuliers, & y a appel de luy, qui se iuge en la cour de Parlement.

Ledict grand maistre a des commissiõs particulieres du Roy, pour iuger en dernier ressort, où assistét aucuns de messieurs de la cour de Parlement: Il y a vn Greffier & huict Huissiers.

Châtellerie. La Chancellerie du Roy se tient aussi au Palais, où sont seellee toutes remissions, pardons & lettres royaux de Iustice apres auoir cõmuniqué icelles au conseil où assistét les Maistres des Requestes ensemble aucuns de messieurs de la cour de Parlement & des Aydes. Ladite Chancellerie est composée de plusieurs secretaires, tant bourciers que gagez auec Chausecires, Audienciers, Referendaires & Huissiers.

Bailliage du Palais.

Le Baillage du Palais cognoist de tous excez & larcins qui se peuuent commettre dans l'enclos du Palais: Ensemble cognoist premierement de tous iuges de toutes causes qui se peuuent mouuoir entre les manans & habitans des fauxbourgs S. Iaques. La iurisdiction se tient au bout de la grand salle du Palais, & à vn Lieutenant, vn Conseiller & vn Procureur du Roy, vn Greffier & six huissiers.

Mareschaussee de Frãce.

La Mareschaussee & Cõnestablie de France, sont à la table de marbre du Palais, ont vn Lieutenant qui cognoist & iuge des monstres & payement de la gendarmerie, &

pardeuant lequel de trois moys en trois moys, tous les preuosts des Mareschaux & leurs archers viennent faire monstre deuant luy.

Chãbre de tresor. La Chambre du Tresor est composee de six Cõseillers, dõt le plus ancien preside, & cognoissent de tous droicts d'aubeynnez aduenuz au Roy aussi des baux à ferme pour le faict du domaine du Roy il y a appel deux & se releue à la Cour.

Chãbre des Comtes. La chambre des Comtes oyent, examinent & vuident tous les cõtes des Tresoriers & Receueurs des finances du Roy pardeuãt lesquels se doiuent verifier tous dons & aubeynes que le Roy donne à aucũs particuliers & est composee de Presidents maistres des Comptes, Audienciers, Greffier & Huissiers.

Les mõnoyes. La cour des monnoyes est souueraine, & iuge en dernier ressort

& s'exer-

& s'exerce leur iurisdiction sur la châbre des comptes & sont vingt Conseillers, deux Presidents, vn Procureur du Roy, & plusieurs Huissiers & cognoissent generalement par tout le royaume de France de tous les differents des monnoyes essaiz d'icelles, ensemble des Orfeures & affineurs d'or, pour l'essay de leur ouurages d'or & d'argent s'il est tel qu'il doit estre.

L'Admirauté.

L'Admiral de France apres le serment par luy fait de son estat, en la grand châbre du plaidoyé est institué par mõsieur le premier Presidêt en son siege à la table de marbre: Et y a vn Lieutenant & vn Greffier, qui iugent & cognoissent de tous droicts d'Admirauté, pour les rises & volleries faictes sur mer ar des nauires pillards ou autres, de la confiscation des marchandises y estans: y a appel de luy en la cour de parlement.

Les eleus

Les Esleuz de paris, qui sôt huict, cognoissent de tailles subsides & aides de leur election & tiennent leur iustice au bas du palais : & y a appel d'eux en la cour des aydes.

Châbre de la roine.

La chambre de la Royne est vne iustice que le Roy Charles neufiesme du nom a erigee, pour cognoistre de tous acquets faits sans payer lots & ventes, saisines, & amandes & la foy & hommage non faicte, des fiefs acquits qui releuêt de luy, & pour faire brief font saisir lesdits lieux: & pour auoir main leuee faut apporter ses tiltres à ladite châbre où y a plusieurs de messieurs de la cour & du Thresor, qui sont iuges, & iuge en dernier ressort y a vn procureur du Roy & Greffier.

Bazocine.

Tous les clercs du palais ont vne iustice entre eux, sous vn Roy &

vn Chancelier, nommee la Bazoche, qui s'exerce par douze maistres des requestes ordinaires, dix extraordinaires aduocats & procureur du Roy Greffier quatre notaires & secretaires, & plusieurs huissiers : Et est ladite iustice exercee par les principaux clercs des procureurs sur tous lesdits clercs, & de tous leurs differents, & iugēt en dernier ressort & sans appel. Et est ladite iustice auctorisee par la cour, tellement que l'on ne peut faire adiourner vn clerc du palais pardeuant autres iuges que ledict chancelier de la Bazoche, & pour l'entretenemēt d'icelle, le Roy leur donne tous les ans deux amandes de soixante liures parisis.

L'an mil cinq cens cinquāte quatre, le Roy Henry deuxiesme auoit ordonné par Edict perpetuel & irreuocable, que les Seigneurs de la

Cour de Parlement seroient semestres: c'est à dire que l'vne partie d'iceux seruiroit six moys, & l'autre partie six autres, & n'y auroit plus de vacations: mais depuis par luy mesme fut reuoqué.

La grand chambre du plaidoyé, autrement nommee, chambre doree, a le Lambris taillé de menuserie à l'antique, releué d'or fin sur champ d'azur, au chef de laquelle dedás vn riche tableau, sous le crucifix, sont escrites ces deux sentences de l'Escriture saincte.

A dextre.

Facite iudicium & iustitiam: quod si non audieritis hoc, in me iuraui, dicit Dominus, quod deserta erit domus hac. Ieremi. xxij.

A fenestre.

Videte iudices quid facitis: non enim

Hominis exercetis iudicium sed dei. Et quodcunque iudicaueritis, in vos redundabit, ij. Paralipo. xix.

Cette Cour est enuironnee & accompagnee dans l'enclos du Palais, des iurisdictions qui s'ensuiuent redigees en bref.

Les requestes de l'hostel du Roy, & les extraordinaires.

La Chancellerie,

Les requestes du Palais,

Le bailliage du Palais,

La chambre des eaux & forests. A cette iurisdiction resortissent trois cens sieges des maistres des eaux & forests.

La mareschaussee & connestablie de France, à la table de marbre.

La chambre des Comptes,

La chambre du Thresor,

La chambre des monnoyes,

La iustice des aides dits Generaux,
Les Esleus
Le siege de l'Admirauté, à la table de marbre.
Messieurs les gens du Roy,
La chambre de la Royne erigee par le Roy Charles 9. du nom.

De Philippes le Long & autres Roys de Frãce, fondation du College de Bourgongne, mort d'vn Preuost de Paris, ponts rompus, de l'Eglise du sainct Sepulchre, du Tresorier Pierre Remy, & du gibet de Montfaucon, du Roy Philippes à Cheual dãs nostre Dame, de maistre Pierre de Cunieres, du College d'Authun, du College de Tours, des Bernardins, & autres choses memorables.

CHAP. XVI.

Philippes le lõg 48. roy.

Hilippes le Long, frere de Loys Hutin 48. Roy de France, succeda à son frere, L'an du monde 5277. De Iesus Christ 1315. Il regna cinq ans.

De son temps vn Preuost de Paris, nômé Henry Lapperel, fit executer à mort vn pauure homme, prisonnier au Chastelet, luy imposant le nom d'vn riche hôme, coulpable & condamné, lequel il deliura: Duquel cas le preuost accusé & côuaincu, fut pendu & estráglé.

L'an de grace 1331. Tresillustre dame & Princesse Madame Ieanne de Bourgongne, & dame de Salins, sollicitee par les admonitions de reuerendissime Sieur Pierre Cardinal, prestre du titre de sainct Clement, & du fameux & excellent Docteur Nicolas de Lyre, religieux de l'ordre de sainct François, & de Thomas de Sauoye, Chanoine de Paris, fonda & institua le Royal College de Bourgongne, & de sa volonté voulut que fussent execu-

Fôdatiô du College de Bourgôgne.

teurs ceux que cy dessus i'ay nommez : & pour fournir aux fraiz du bastiment, elle ordonna que son hostel & palais de Nesle, auec ses appartenances, qu'elle auoit pres les murs de Paris, fust vendu, & que du pris d'iceluy on bastist celle maison, qu'elle nomme de congregation, tant de reguliers que de seculiers, venans à Paris, pour raison de l'estude. En ce college fut fondee la chapelle au nom de la glorieuse vierge, mere de nostre Dieu, & le nombre des Boursiers limité, iusques à vingt estudians en Logique & sciences naturelles, sans passer outre, en autre faculté, & que le principal fust maistre és Arts, ayát vn chapelin pour celebrer les messes, & assister au diuin seruice. Et entre autres articles de la fondatió cestuy y est inseré : Nous voulons & expressement cõmandons, estre à iamais obſerué, que ſi quelque Eſcolier du Comté de Bourgõgne eſt trouué ſuffiſant pour ouyr les ſuſdites ſciences, ſ'il y a lieu vacãt, qu'il ſoit preferé à tout autre. Et quand à la nomination du principal dudict college, elle eſt donnee par les ſtatuts au chancelier noſtre Dame, & au gardien des freres mineurs de Paris, auſquels appartient d'y mettre le chapelain & les bourſiers à leur volonté, au reſte tant le principal que le chapelain ſeront retenus en leur place & dignité à vie, ſ'il n'y eſchet crime, ou ſi de leur volonté ils ne veullent ſ'en deffaire.

Charles le Bel, fils de Philippes le Long quarãteneufieſme Roy de France, ſucceda à ſon pere, l'an du monde cinq mil deux cens quatre vingts deux : De Ieſus Chriſt mil trois cens vingt. Il regna ſept ans.

Charles le Bel 49. Roy.

Ce fut le dernier de la lignee de Hues Capet : Il fut seuere iusticier gardant le droict à vn chacun.

L'an mil trois cens vingt trois, Iourdain de l'isle fut pẽdu & estrã-glé au gibet de Paris, le septiesme iour de May, il auoit espousé la mere du Pape. L'an mil trois cẽs vingt quatre, le Pape Iean cõdemna l'heresie des Frerots. En ce temps, fut à Paris condemné l'heresie appellee *Arts notoria*, dont auoit esté inuẽteur vn moine de Morigny, pres d'Estampes, le liure duquel fut bruslé.

Heresie des Frerots.

Durant le regne du susdit Roy, l'an mil trois cens vingt cinq, fut si grand yuer, que le fleuue de Seine fut tout glacé, & au degeller les glaçõs rompirent & ruinerẽt deux des ponts de paris.

Grand yuer.

Deux ans apres fut edifiee l'Eglise du sainct Sepulchre de Hierusa

Eglises du S. Se-

lem à Paris, cõme on voit à la porte d'icelle Eglise, en escriture si antique qu'à peine l'a peut on lire.

pulchre bastiee.

L'an de grace, mil trois cés vingt sept, le Vendredy deuant Noel, fut chantee la premiere Messe de cette Eglise, & les fondemens leuez, cõme il apert, par maistre Guerin de Lorcignes, qui erigea ce portail, & le fonda premierement. Le reste est rompu.

Audit an l'Euesque de Paris, par auctorité du pape, reuestu des ornemens pontificaux, accompagné d'autres prelats, au paruis nostre Dame, excommunia Loys de Bauieres, Empereur, ennemy du pape.

L'Euesque de paris excommunie l'Empereur.

Enuiron ce temps, Pierre Remy, Thresorier de France, & gouuerneur du Royaume, nay de bas lieu fit faire de neuf le gibet de Montfaucon, pres paris: en vne des pier-

Pierre Remy fut pẽdu au gibet.

res duquel au principal pillier fut entaillé secretement ce qui s'ensuit.

En ce gibet icy emmy
Sera pendu Pierre Remy.

La prophetie fut virifiée, car il y fut pendu pour les larcins par luy commis sur les deniers du Roy, au temps de Philippes de Valois.

Philipes de Valoys. 50. Roy.

Philippes de Valois, cousin germain des trois Roys precedēts succeda à Charles le Bel, & fut le cinquantiesme Roy. L'an du monde 5289. De Iesus Christ 1327. Il regna vingt deux ans.

Il eut debat auec Edouart, tiers du nom, Roy d'Angleterre, qui fut fils d'Isabelle, fille de Philippes le Bel, pour le droict de ladicte couronne, soustenant ledict Edouart, luy deuoir appartenir : Ce qui luy fut, par les douze pairs desnié, partant fut declaré ledict Philippes de Valois legitime Roy, comme venant de lignee masculine, & non feminine : dont sont ensuiuis tant de guerres, entre les François & Anglois.

Apres donc la mort de Charles le Bel philippes de Valois, son cousin germain & le plus proche pour succeder à la couronne fut Roy de France du cõsentement de tous les Frãçois, pour soustenir Loys, comte de Flandres son vassal, fit guerre aux Flamens, dont il obtint victoire à l'encontre desdicts Flamens, en l'an mil trois cens vingt huict: estãt retourné à paris, s'en alla rendre graces à Dieu, en la grãd'Eglise, en laquelle il entra tout armé & monté à cheual iusques deuant le Crucifix, & presenta son cheual & ses armes à l'image de la vierge Marie, luy attribuant l'honneur de

Philippes de valoys armé & monté à cheual entre dãs l'Eglise nostre Dame.

la victoire, & donna à icelle Eglise cent liures de rente perpetuelle, qu'il leur assigna au pays de Gastinois. En memoire de cela est son effigie cõme vn Prince armé monté à cheual, en la nef d'icelle Eglise deuant l'image nostre Dame.

Italiens & vsuriers chassez de France.

L'an mil trois cens quarãte huict au mois de Decembre, les Lombards & Italiens, Changeurs, Banquiers & Vsuriers, furent empoignez, chassez & bannis de France, pour les grãdes vsures qu'ils exerçoient contre le droict. Durant le regne du susdict Roy philippes de Valois, viuoit pour lors Edouard, Roy d'Angleterre, qui entra en France auec grosse armee, & vint iusques deuãt Paris, loger à poissy, & son fils à S. Germain en Laye. Les Anglois bruslerẽt tous les villages d'alentour iusques à Sainct Cloud, & occuperent Roye &

Mõtioye, pour lors maisons royalles & de plaisance. Le Roy de Frãce auoit son armee dedans Paris, mesmemẽt aux fauxbourgs Sainct Germain des prez, en intention de combattre le Roy Anglois, lequel se retira iusques à Crecy, où fut dõnee la iournee au grand dommage des François.

Pierre de Cunieres, Cheualier & Conseiller dudit Roy philippes, en la grãd' salle du palais, en la presence du Roy, des princes & des prelats, proposa vne harangue, tendant à fin d'oster le temporel aux gens d'Eglise, & leur laisser le spirituel: Bertrand, Euesque d'Authun, fut principal deffenseur à l'encontre de luy, en fin le Roy les accorda.

Harangue, à fin d'oster le tẽporel.

Ce Bernard, Euesque d'authun, Cardinal, fonda le College d'Auhun, en la rue S. André des Arts,

College d'Authun.

où est vne belle chapelle à deux autels, lesquels furent benis & sacrez l'an mil trois cens quarante & vn, l'an septiesme du pape Benoist 12. par reuerend pere en Dieu, Pierre, Euesque d'Arras, neueu dudict reuerend pere Bertrand, Cardinal, fondateur dudit lieu, és presences de Pierre de paludé, patriarche de Hierusalem, Guy, Archeuesque de Lyon, & Iean, Abbé de Sainct Germain des prez. L'an d'apres la chapelle fut dediee au nom de la vierge Marie, par ledict Euesque d'Arras, comme le tout appert en vn tableau en Latin, dedans ladicte chapelle. Dessus la porte du college est escrit.

Le College Maistre Pierre Bertrand, Cardinal, natif d'Annonay, au diocese de Vienne.

Aux deux costez sont deux effigies

gies de deux Cardinaux: sous l'vn est escrit.

Petrus Bertrandi dioc. Vienn. olim Niuernensis, deinde Atrebatensis episcopus, posteat. S. Susannæ presbyter cardinat. demum Ostien. & veritren. Episcopus Cardinal.

Sous l'autre.

Petrus Bertrādi dioc. Vienn. olim Nyuernensis deinde Eduensis episcopus, & demum tituli S. Clementis presbyter Cardinalis.

Enuiron ce temps, Estienne, Archeuesque de Tours, fonda, en la rue de la Harpe, le College de Tours, ainsi qu'il se trouue engraué dans vne pierre auec ses armes. College de Tours.

Stephanus de Burgolio Turonensis. Ar-

chiepiscopus, huius collegi fundator magnificus, obiit anno 1333.

Le Lẽdit bruslé. Durant ce regne, le Lendit, seant sur le chemin Sainct Denys, fut entierement bruslé, d'vn feu soudain qui se mit en la rue des Merciers. Cela aduint l'an mil trois cẽs trente six.

Iustice d'vn president. Aussi en ce tẽps, Hugues de Crecy, natif de Bourgongne, autrefois Preuost de Paris, & depuis Presidẽt en la cour de Parlement, fut pendu & estranglé, pour vn certain iugement par luy corrompu, le dixneufiesme iour de Iuillet, l'an mil trois cens trente six.

De l'Eglise des Bernardins. En ce mesme temps, le Pape Benoist douziéme de ce nom, de l'ordre de Cisteaux, tenant son siege en Auignon, fonda le college & Eglise des Bernardins à paris: & vn Cardinal, natif de Thoulouze, ausſi dudict ordre paracheua le baſtiment, y dreſſant vne librairie, & y fonda à perpetuité ſeize eſtudians en Theologie, comme il eſt eſcrit à l'entree de l'Egliſe ſous deux armoiries peintes contre la muraille, leſquelles ſont effacees: & de l'eſcriture ſe peut lire ce qui ſ'enſuit.

Hæc arma ſunt ſanctiſsimæ memoriæ domini Benedicti Papæ duodecimi, Ciſtercienſis ordinis cuius eſt præſens ſtudentium collegium profeſſoris, qui hanc fundauit eccleſiam, & multis dotauit indulgentiis.

Dominus Guilhelmus quondam Cardinalis, Doctor Theologiæ Theloſanus natione, Ciſtercienſis religione, eccleſiam preſentem ad perfectionem qualem obtinet produxit. Bibliothecam inſigniuit, ſexdecim ſcolares in Theologia ſtudentes in perpetuo fundauit.

Des choses aduenues au temps & regne du Roy Iean, du trouble estant à Paris, & aduersitez de ce temps. Fondation du College de Beauscourd.

CHAP. XVII.

Le 51. Roy de France.

IEAN fils de Philippes de Valois, cinquante vniesme Roy, succeda à son pere, l'an du monde 5311. De Iesus Christ 1349. Il regna quatorze ans le vingt cinquiesme de Septẽbre il fut couronné à Reims, auec sa secõde femme, la Comtesse de Boulongne, & le dixseptiesme iour d'Octobre, il fit son entree à Paris auec grand põpe. Ce Roy fut prins prisonnier le dixneufiesme iour de Septẽbre, mil trois cens cinquante six, à vn Lundy, & ceste bataille fut faicte à vne lieuë pres de Poictiers, és champs qui s'appelle Beauuois & Maupertuis, le Roy d'Angleterre s'estoit caché dedans des vignes, hayes & buissons, auec petite armee. Le Roy se rend à vn Cheualier d'Artois, nommé Denis Morbesque, qui lors estoit en Angleterre, banny de France. Philippes, son fils, fut prins aussi en deffendant son pere vertueusement. En l'absence desquels y eut de grãds troubles & diuisions en Frãce, & mesmement à Paris, pour les partialitez de Charles, Duc de Normandie, fils du Roy, premier Dauphin, & de Charles Roy de Nauarre. L'an mil trois cens cinquante, Raoul, Connestable de France, fut decapité à l'hostel de Nesle de Paris.

Le Roy prins prisonnier.

Cõnestable decapité.

En ce temps d'aduersité, ceux de Paris voulurent entreprendre le gouuernement & domination du Royaume, par le conseil & delibe-

Grands troubles à Paris.

ration de quelques vns, non natifs de Paris, qui s'en trouuerent mal. Le principal des seditieux, & qui mit le trouble entre le Duc Charles, regent, & le Roy de Nauarre, fut messire Robert le Coq, Euesque de Laon, auquel le Preuost des Marchans aida bien à conduire la besongne. Le Duc Charles, regent, assembla le cõseil à Paris, au moys d'Octobre, l'an mil trois cens cinquante six, & les remonstrances par luy faictes, sur ce qui estoit à aduiser pour la deliurãce du Roy, son pere, furent esleuz cinquante hommes des trois estats, qui se tindrent au conseil l'espace de quinze iours, au conuent des cordeliers: la deliberation desquels fut, qu'il falloit desapointer aucũs qui auoiẽt le maniemẽt des affaires du royaume, & confisquer leurs biens pour faire finance de deniers.

Conseil assemblé à Paris.

De rechef, le vendredy troisiesme iour de Mars, l'an mil trois cens cinquante six, fut autre conseil general assemblé en Parlement, auquel par sentence de Charles, furẽt priuez de leurs estats vingtdeux officiers du Roy, à la requeste de l'Euesque de Laon, au nom des Parisiés, à sçauoir les principaux, Pierre de la Forest, Cardinal & Chancelier de Frãce, Pierre d'Orgẽmõt, President, Nicolas Braque, Simon de Bussi, Iean Chamelart, Ieã Poileuain, maistre des comptes, Bernard de Fremãt Thresorier de Frãce, Iaques Lempereur, Thresorier des guerres, Maistre Estienne de Paris, Ancel Choquart, maistre des Requestes de l'hostel du Roy, Regnant Dacy, Aduocat du Roy en Parlement, & autres notables personnages.

Officiers du Roy priuez de leurs estats.

Estiẽne Marcel, Preuost des Mar-

2. Mareschaux de Frãce occis dãs le Palais le regent prent la fuitte.

chans, assembla le peuple à S. Eloy, & vindrẽt au Palais en la chambre du regent, en la presence duquel occirent deux grãds Seigneurs, ses bien fauorits, les Mareschaux de Clermont & de Champaigne, & trainerent leurs corps nuds sur la pierre de marbre: autãt en auoient faict de Regnaut Dacy, Aduocat du Roy. Le Preuost des Marchans pour sauuer le regent, luy bailla vn chaperon en teste, de couleur pers & rouge, liuree du peuple seduict. Et fallut audit Seigneur quitter la ville, pour les seditiõs, apres auoir faict aucunes remonstrances, tant en la place des Halles, qu'en la place de Greue, sur les degrez de la Croix.

Le Roy de Nauarre vint susciter les Parisiens, & les conseiller de se mutiner contre le regent, par deux fois, l'vne au pré aux clers, & l'autre en l'hostel de ville.

Les Parisiens prennent l'Artillerie du Roy au chasteau du Louure & la font transporter en l'hostel de ville. La plus part des villes de Frãce tenoient du party de Paris.

L'an mil trois cens cinquãte sept Monsieur Charles, Regent, auec trente mille hommes de cheual, assiegea la ville de Paris, du costé de Charenton, où se firent plusieurs courses d'vn costé & d'autre. Ce pendant les Parisiens reuoltez, tuerent trente neuf Anglois, qui estoient en la ville, & prindrent aucuns des plus nobles qui sortoient du disner d'auec le Roy de Nauarre, en l'hostel de Nesle, maison royalle, & les mirẽt en prison au Louure.

La ville de Paris assiegee.

Nicole Gilles en ses Annales, dit, cét hostel de Nesle, auoit esté edifié par Ieã, Duc de Berry, fils du

Roy Iean. Le Roy de Nauarre, qui auoit esté fait capitaine de Paris, & le Preuost des Marchans, tomberent en l'indignation des Parisiens.

Le Preuost des marchãs tué.

Iean Maillard, Bourgeois & Quartenier de la ville, print vne banniere de France, & cheuauchãt par les rues, crioit, Montioye Saint Denys. Autant en fit Pepin des Essars, Cheualier, ausquels se ioignit le peuple. Le Preuost des Marchãs se cuidãt sauuer en la Bastille Saint Anthoine, fut tué auec aucuns des siens.

Punitiõ de plusieurs Bourgeois.

Charles Consac, Escheuin, Iosseran de Mascon, Thresorier, Pierre Gille, Pierre Caillart chastelain du Louure, Iean Preuost, Pierre le Blond, Pierre Puisset Aduocat en Parlement, Pierre Gõdart Aduocat en Chastelét, pour auoir fauorisé le Roy de Nauarre, furent trainez & decapitez, & leurs corps iettez en la riuiere de Seine. Le regẽt entre à Paris, & remet le peuple en son obeyssance, faisant vne harangue en l'hostel de ville.

Alors estoit la noble ville de Paris, assiegee de Nauarrois & Anglois, qui tenoient toutes les forteresses d'alentour, tãt par eau que par terre. L'an mil trois cens cinquante sept, la vigile de my Aoust, les habitans de Paris offrirent à nostre Dame vne chandelle, qui auoit la lõgueur du tour de la ville, pour estre allumee iour & nuict, & depuis a esté continuee.

Paris assiegé, offrande à nostre Dame.

L'an mil trois cens cinquãte neuf Edouard, Roy d'Angleterre, courant tout le Royaume de Frãce, assiegea Paris, à fin de cõtraindre les François d'accorder les articles de la paix, pour la deliurance du Roy de France : plusieurs assemblees se

Anglois deuant Paris.

firent pour traiter de paix : entre autres s'en fit vne le Vendredy d'apres Pasques, où assistoit le Legat du Pape, le lieu où se fit l'assemblee estoit en vne Maladerie, vers la tõbe ysoire, pres ladicte ville, derriere Sainct Germain des prez.

Paix accordee auec l'Anglois, au retour du roy Iean à Paris.

Le Roy d'Angleterre voyãt que la paix ne pouuoit estre accordee, approcha ses batailles, pres de la ville Sainct Marcel, & n'y faisant rien se retira vers Chartres, où la paix fut traictee.

Le Roy Iean retournant en Frãce, entra à Paris, entre les magnificences de sa reception, vne fontaine estoit outre la porte Sainct Denis, rendant vin en toute abondãce. Estant retourné à Paris, il restablit le Parlement, l'an 1361. lequel auoit cessé pres de deux ans. C'est l'estat de paris, durant le regne du susdict roy.

Colege de Beaucourd.

L'an mil trois cẽs cinquãte trois, Messire Pierre de Beaucourd, Cheualier, desireux de l'auancemẽt des Escolliers natifs du diocese de Therouenne aux sciences humaines, fonda le college, qui ores porte le nom en sa maison qu'il auoit au Mont saincte Geneuieue, laquelle il donna pour l'exercice des lettres & pour y nourrir huict escoliers, du pays susdict, sauf qu'il excepte les escolliers qui sont du Diocese de l'obeissance du Comte de Flandres, auec autres charges qu'il donna aux Reuerends peres l'Abbé de S. Bertin, à S. Omier, & l'Abbé du mont S. Eloy. Ce college a depuis esté tout refaict, presque, de neuf, par feu de bonne memoire Maistre Pierre Galand, professeur royal, & [Pri]ncipal de ce College.

Du regne du Roy Charles le Quint, edification de l'hostol des Tournelles, fondation des Colleges de Beauuais, & de Presles, edifice du Couent des Celestins, ensemble les Epitaphes des corps Nobles qui y gisent, Priuileges des Bourgeois, & des habitans des fauxbourgs, auec la fondation du College de Dainuille.

CHAP. XVIII.

52. Roy de Frãce.

CHarles le Quint, dit le Sage, fils de Iean, fut le cinquãte deuxiesme roy de France, succeda à son pere. L'an du mõde cinq mil trois cens vingt cinq. De Iesus Christ 1363. Il regna seize ans, & fut sacré à Reims, auec la royne sa femme, Ieanne Duchesse de Bourbon, le dixneufiesme iour de May: L'an trois cens soixãte quatre. En cette mesme annee le Roy fit grād' ioye à cause que la Royne estoit accouchee à Paris, d'vn beau fils, qui fut Charles sixiesme, apres graces rendues à Dieu, fit donner aux colleges de Paris trois mil florins d'or, & à chasque personne qui voulut aller à Sainte Katherine du val des escolliers, ordōna estre baillé huict deniers parisis, plusieurs femmes y moururent en la presse.

Aumosne faicte par le Roy.

L'an mil trois cens soixante neuf, le vingt deuxiesme iour d'Auril, furent commencez les fondemens de la Bastille, à Paris, à la porte S. Anthoine, ainsi qu'on la voit à present, & fut la premiere pierre assise par Hugues Aubriot (aucuns disent Ambriot) preuost de Paris, le tout aux despens du Roy, des deniers qu'il auoit donnez à la communauté des parisiens.

Commēcemēt du bastimēt de la Bastille.

L'an mil trois cens septāte & vn,

Siege de uāt Paris par les Anglois.

les Anglois cōduits par Robert Canolle, assiegerent Paris, du costé de Villeiuifue, & y eut quelques escarmouches, enuiron S. Marceau, où demourerent sept cens Anglois. Eux se retirans, bruslerent Ville Iuifue, Cachant, Arcueil, & le chasteau de Vicestre. Lequel chasteau les Annales de France disent auoir esté edifié par Iean, Duc de Berry, fils du Roy Iean : lequel Duc donna à l'Eglise de Paris, le chef de S. Philippes, Apostre, decoré & garny de pierres precieuses: lequel se monstre le premier iour du moys de May. Iceluy chasteau de Vicestre aussi appartient de present à ladicte Eglise.

Chasteau de Vicestre.

L'an mil trois cens septāte deux, les habits & les liures des Teurelupins (autremēt dicts la compagnie de pauureté) furent bruslez en la place de Greue.

L'an

L'an mil trois cens septante trois le fleuve de Seine creut, & se desborda en telle maniere desmesuree, que par l'espace de deux moys on alloit à Paris par batteaux en la rue S. Denys, & de la rue S. Anthoine, iusques à S. Anthoine des Champs, & de la porte Sainct Honoré iusques au port de Nueilly. On attachoit les batteaux à la Croix Hemon, au dessus de la place Maubert.

Desbordemẽt de la riuiere.

L'an mil trois cens septãte huict, Charles quatriesme empereur, fit son entree à Paris, en grãde magnificence, accompagné du Roy des Romains. Le Roy de France leur presenta le banquet, en la grand salle du Palais, sur la table de marbre, comme est de coustume aux grands princes.

Entree de l'Empereur.

En ce temps estoient en grande renommee & reputation, ceux de la maison des Dormans, aucuns desquels furent Châceliers de Frâce, l'vn d'iceux fit côstruire le College de Beauuais, ainsi qu'il est escrit sur la porte dudict college, & en la rue des Carmes, côme s'ensuit.

College de Beauuais.

Ce College des Dormans fut fondé par feu de bonne memoire monsieur Iean des Dormans, luy viuant Cardinal, prestre du sainct Siege de Rome, iadis Euesque de Beauuais. En repos soit son Ame.

En iceluy college y a vne chapelle, & au cœur d'icelle sont deux effigies d'Euesques, en cuiure, sur vn tôbeau de marbre, autour desquelles est scrit.

Hic iacent domini milo de Dormane Episcopus quondam Andegauẽsis, post Baionensis, & demum Beluacensis, Cancellarius Franciæ: qui obiit decimo septimo Augusti, Anno millesimo trecen-

resimo octuagesimo septimo. Et Guilhelmus de Dormano eius Germanus episcopus quondam Meldensis, post Archiepiscopus Senonensis, regis consiliarius, qui obiit anno millesimo cccc.v. Secunda die Octobris, doctores legum nepotes domino Ioãnis Cardinalis de Dormano: & filij nobilis Viri Domini Guilhelmi de Dormano fratrum, & franciæ Cancellariorum, huius Collegij fundatorũ, quorũ corpora iacent aput Certusienses prope Parisius: Orate pro eis omnibus.

Aux deux costez dans cette chapelle sont six effigies de pierre: c'est à sçauoir du costé de Septentrion trois effigies de nobles & illustres hommes, de la maison & surnom des Dormans: & du costé de Midy, trois effigies, de Dames alliees en ladicte maison & de la lignee desdicts Dormans.

Collège de Presles.

Le colleges de presles, iadis fondé par maistre Raoul de presles, cōfesseur du Roy Charles le Quint & cetuy, & le college de Beauuais, ont esté rebastis tout à neuf de nostre temps, durāt le regne des Roys treschrestiens François premier, & Henry secōd du nom. Pour le scisme qui estoit entre les deux Papes, en l'an mil trois cens septāte neuf, furent assemblez deux Conciles de l'Eglise Gallicane en la ville de Paris, le premier l'vnziesme iour de Septembre, & l'autre le dixseptiesme de Ianuier.

Conciles assemblés a Paris.

Le Roy Charles fit edifier le grād hostel des Tournelles, le chasteau du Louure, & celuy de Sainct Germain en Laye: Et lors que l'ancien hostel des Tournelles estoit debout, c'estoit iadis la Paroisse des Roys que l'Eglise Sainct Paul, & où les Cheualiers alloiēt à la Messe, & posoiēt leurs armoiries apres quelque grād feste & ioye de tour-

Hostel des tournelles.

noy: mais Henry deuxiesme estant fortuitement occis en vn esbat, en la rue Sainct Anthoine, cét hostel a esté mis par terre, pour ne seruir plus de logis aux Roys, puis que le meilleur Prince auoit eu vne fin tant calamiteuse.

Nous auons dict cy deuant que les Celestins furent mis au lieu, où iadis auoient esté, & faict leur demeure les religieux, dits les Carmes, pres Sainct Paul, & non loing de la riuiere, le bastiment desquels fut dressé par le bon & sage Roy Charles le Quint. Or l'ordre des Celestins fut institué par vn bon & Sainct homme nommé Pierre de Moron, faisant profession de solitude, lequel par sa grande saincteté fut choisy en sa cellule pour cōmander sur toute l'Eglise, & faict Pape, & fut appellé Celestin cinquiesme, lequel en fin quittant la

Celuy qui commēça l'ordre des Celestins

dignité par les ruses de Boniface huictiesme, comme il se retiroit en son hermitage pour y instruire ses religieux fut constitué prisonnier par son successeur, lequel feit mourir, soit de faim, soit de poison, ce bon Celestin. Ce Pape viuoit du temps de Philippes le Bel, & ses religieux vindrent à Paris, bien tost apres la mort de leur pere, mais il n'eurent si tost Eglise, ains Charles cinquiesme est celuy qui leur donna la place des Carmes, qu'on appelloit la porte des barrez: ie laisse la magnifique structure de cette maison, de laquelle de nostre tẽps on a retranché quelque cas pour le bastiment de l'Arsenal, entre autres choses memorables voy les tombeaux des corps qui reposent en ladicte Eglise. A la porte d'icelle sont les effigies d'vn Roy & de son espouse.

Sous l'effigie du Roy est escrit.

Carolus Quintus fundator Ecclesiæ.

Sous l'effigie de la royne est escrit.

Ieanne de Bourbon, espouse de
Charles le Quint.

En cette Eglise sont plusieurs sepulchres de marbre noir & blanc, & d'albastre, auec les effigies enrichies d'or & d'azur, dont s'ensuiuent les Epitaphes.

Icy reposent les entrailles de madame la Royne Ieanne de Bourbon, espouse de charles le Quint, & fille de tres-noble Prince monseigneur Pierre de Bourbon, qui regna auec sondit espoux treize ans & dix moys, & trespassa l'an mil trois cens soixante sept au moys de Feurier.

Autre.

Cy gist tres-noble & excellent Prince, Lyon de Lizinguen, quint Roy Latin du Royaume d'Armenie, qui rendit l'ame à Dieu, à Paris, le vingtneufiesme iour de Nouembre, l'an de grace, mil trois cẽs quatre vingts & treize.

Cy gist noble Dame, madame Anne de Bourgongne, espouse de tresnoble Prince mõseigneur Iean Duc de Bethefort, & regent de Frãce, & fille de tres-noble Prince monseigneur Iean Duc de Bourgongne: laquelle trespassa à Paris, le quatorziesme iour de Nouembre, l'an de grace mil quatre cens trente deux. Es verrieres du cœur sont les effigies des Roys Charles le Quint, & François premier du nom, & le long d'icelle est escrit.

Rex Franciscus primus sex vitreas vexit 1539. turris de Billi fulgure ruens antiquas excußit 19. Iulij 1538. quas priores posuit 1360. Carolus quintus fundator primus.

En la chapelle des Ducs d'Orleans à costé du cœur, vers Midy, est vn haut sepulchre de marbre blanc estoffé d'or, au flancs duquel sont les douze Apostres, & autres saincts: dessus sont quatre effigies de deux Ducs, vn Comte & vne Duchesse, en deux estages, l'vne esleuee sur l'autre, & est escrit en lettres d'or autour du cercueil.

Loys Duc d'Orleans, Valentine de Milan, sa femme, Charles Duc d'Orleans leur fils, pere du Roy Loys douziesme, Philippes Comte de vertu leur fils.

Là sont deux Epitaphes Latins.

Hoc tecum illustris Pario Ludouice sepulcro.
Iuncta Valentinae coniugis ossa cubant.
Emerito insubris tibi iura ducalia sceptri
Tradita legitimae praemia dotũ erant.
Subiacet & Carolo, clausus cum fratre Philippus
Inclita iam vestri pignora bina thori.
Magnificus Carolo nascens Ludouicus ab alto,
Hæc posuit larga busta superba manu.
Sforciadem indigna populit ex sede tyrannum,
Et sua qui Siculas subiuga misit opes.
Vt tantos decorata duces Aurelia iactat,
Gallica sic illo sceptra tenente tument.

Il y en a encores vn biẽ plus ample, q̃ ie laisse, pour n'estre prolixe.

En la mesme chapelle est vn sepulcre, vouté tout de marbre blãc doré, auec l'effigie d'vne ieune Pricesse de pareille estoffe : est escrit.

Cy gist tres-excellente & noble Damoiselle, Renee d'Orleans, en son viuant Comtesse de Dunois, de Tancaruille, de Montgomery, dame de Monstreubellay, de Chasteauregnaut, fille vnique delaissee de tres-excellent & puissant Prince & Princesse, François en son viuant Duc de Longueuille, Comte & seigneur desdites comtez & seigneuries, Cõnestable heredital de Normandie, Lieutenãt general & Gouuerneur pour le Roy en ses pays de Guyenne: Et madame Frãçoise d'Alençon son espouse, pere & mere de ladite Damoiselle, laquelle trespassa en l'aage de sept ans, au lieu de Paris, le vingt troisiéme iour de May, l'an mil cinq cens quinze.

Es verrieres de cette chapelle sont par rang les effigies, à genoux, d'vnze personnages, que

Roys que Ducs: & sous chacun est ainsi escrit.

Rex Carolus Quintus.

Ludouicus Aureliorum Dux eius natus secundus.

Ludouici ac Valentinæ à Mediolano.

Carolus primogenitus.

Ludouicus duodecimus huius filius.

Virtutum comes Philippus Ludouici & Valentinæ secundus.

Ioannes Angolismensis dux eorundem tertius.

Ioannes filius Carolus Angolismensis dux.

Rex Franciscus primus Caroli proles.

Fräciscus Delphinus Viennensis & Britannorum dux eius.

Primogenitus, obiit hic Turnon vicenatrius.

Rex Hēricus secūdus Frāciſci regis filius.

Carolus Aureliorum dux Hērici frater.

Au dessus des effigies és mesmes verrieres est escrit.

Quas 1398 struxit Ludouicus hic, Turris billia destruxit, die 19. Iulij 1538. Fulgere ruit, 1540. erexit nouas Franciscus hic à quo nobilis haec proles exurrexit.

En la nef de l'Eglise.

Cy gisent G. de Rochefort, Chãcelier de France, & madame G. de Vouurey, il mourut l'an mil quatre cens quatre vingts douze. En la chapelle qui est derriere le grand autel, se fait le seruice pour les Notaires & Secretaires du Roy, comme il est cõtenu en vn tableau estãt en ladicte chapelle.

Le college des Notaires & Secretaires du Roy, de la couronne & maison de Frãce, a fondé cét autel, qui est assis au chef de cette Eglise, pour le remede & salut des ames des Roys de Frãce, & de leurs chãceliers, Secretaires & Notaires trespassez, presens & à venir : & fut benit l'an de grace mil trois cens septante deux ; le Mercredy, feste de la Conception nostre Dame, le huictiesme iour de Decembre, par tres-reuerend pere en Dieu monsieur Guillaume de Melun, Archeuesque de Sens.

Vers Midy, à costé du maistre Autel.

Cy gist reuerend pere en Dieu messire André d'Epinhy, cardinal, Archeuesque de Lyon & de Bordeaux, Primat de France & d'Aquitaine, zelateur & bienfaicteur de l'ordre des Celestins, qui trespassa à Paris, aux Tournelles, le dixiesme iour de Nouembre, l'an de grace mil cinq cens. Priez Dieu pour luy.

Vers Septentrion, à costé du maistre Autel.

Carolum magnum equitem auratum excubiarum portæ regiæ præfectum regisque cubicularium, martiana magna soror sua piiss. in spem resurrectionis corporis hoc tumulo posteritati commendauit 1556.

Au chapitre du cloistre dudict monastere est graué ce double Epitaphe, sur vne tombe.

Cy gist monseigneur Philippes de Maisiéres en Sancters, cheualier, chancelier de chipre, conseiller & bannerer de l'hostel du Roy de France, charles le quint de ce nom: qui trespassa de la gloire de l'hostel Royal, à l'humilité des celestins, l'an de grace, mil trois cens quatre vingts: & rendit son esprit à Dieu, le vingtneufiesme iour de

May: l'an de grace, mil quatre cens cinq.

Ledit cheualier fut faict chancelier de chipre, au temps de tres-vaillant Roy, Pierre de Lizinguem, quint Roy, Latin, de Hierusalem, apres Godefroy de Buillō, & roy de chipre, lequel par sa grāde prouesse & haute emprise, print par bataille, & à ses fraiz, les citez d'Alexandrie, en Egypte, Tripoli, en Surie, Layas en Armenie, Sathalie en Turquie & plusieurs autres citez & chasteaux, sur les ennemis de la foy de Iesus Christ: & apres la piteuse mort du tres-excellent Roy, ledit, son chancelier, fut appellé au seruice du Pape Grégoire, vnziesme, & finalement au seruice, de son droict seigneur naturel, lettré, sage debōnaire, catholique & bien fortuné Roy de France, charles le quint de son nom: desquels Pape & Roy

& Roy, les bõnes memoires soient presentees deuant Dieu.

Le susdict Roy Charles le quint, en l'an mil trois cens septante & vn donna aux Bourgeois de Paris, priuileges de pouuoir tenir fiefs, vser & iouyr de tiltres de noblesse.

L'an mil trois cens septante & quatre, il octroya lettres, par lesquelles appert qu'il veut & ordonne que les faux-bourgs de Paris soient reputez & tenuz de la ville, & vne mesme ville sous vn mesme nom.

Le College de Dainuille fut fondé en la maison de messieurs de Dainuille, pres les Cordeliers, au temps du susdict Charles le quint, par Ieã de Dainuille, Secretaire des Roys, Iean, & dudict Charles, & par son frere l'Euesque de Theroũne: dont les representations sont

College de Dainuille.

au coing dudict College, & en la rue de la Harpe.

Des guerres ciuiles aduenues à Paris, regnāt le Roy Charles sixiesme, des autres Rois qui ont regné apres luy, de Hugues Aubriot preuost de Paris, & edifices par luy dressez: sedition à Paris, fermeture des faux-bourgs, de la preuosté des Marchans, & erection d'icelle Chapelle de Braque, rasement de maisons, de celle de Sauoisy & autres actes, fondation du College de Forteret,

CHAP. XX.

Le 52. Roy de France.

CHarles sixiesme, cinquāte deuxiesme Roy, succeda à son pere Charles le quint l'an du monde 5342. de Iesus Christ 1380. Il regna quarāte deux ans, & fut sacré Roy fort ieune: à l'occasion & pour le differét de ses tuteurs, le 4. iour de Nouëbre, Loys Duc d'Anjou, le pl' ancié de ses oncles, demeura regét en France. Le Roy faisant son entree à Paris, deux mil Bourgeois allerent au deuant de luy, en habits mipartis de blác & de verd. Il crea Connestable de France Oliuier de Clisson, de Bretaigne, lequel fit edifier l'hostel de Clisson, ainsi dit de son nom, qui auiourd'huy est nõmé l'hostel de Guyse.

Creation d'un Cõnestable.

L'an mil trois cens quatre vingts vn, les Escoliers & gens d'Eglise poursuiuét en Iustice, Hugues Aubriot, hõme bien venu à la Cour, & lequel estát Preuost de Paris, auoit edifié de grands & magnifiques œuures, & bastimens (Paul Emile les explique) iceluy Aubriot mesprisoit lors les Escoliers & gés Ecclesiastiques, & les piquoit & pro-

De Hugues Aubriot.

uoquoit de paroles l'Euesque de Paris, estãt monté sur vn eschaffaut au Paruis nostre Dame, declara ledit Ambriot, heretique, & par sentence le condemna publiquemẽt à perpetuelle prison: ceuy Ambriot auoit fait commencer la Bastille, à la porte S. Anthoine, aussi les murs de deuers la Bastille, tout le long de l'eau, iusques au Boulleuert.

Bastimẽs faits par ledit ambriot.

Le pont Sainct Michel, sur Seine, ainsi nõmé pource qu'il adresse à la porte d'Enfer, ou Vauuert, que le Roy Charles sixiesme, fit nommer porte sainct Michel.

Le Petit pont.

Le petit Chastelet, pour resister contre les courses des Escoliers, qui ribloient de nuict. Ces deux edifices furent bastis de la somme de dixhuict mille escus, en quoy furent taxez & cõdamnez les Iuifs, lors demeurans à Paris, pour les

Du petit Chastelet.

cruautez & iniures qu'ils faisoient aux citoyens. Auparauant & d'antiquité y auoit tousiours eu Petit pont, & Petit-chastelet, aux lieux mesmes, mais il les fit refaire de neuf, pource qu'ils venoiẽt en ruine. La cõmune de Paris, pour estre deschargee des tailles & impositiõs (nonobstant les remõstrãces de Iean des Marets, Aduocat du Roy en la cour) apres auoir faict monopoles & assemblees, pilla les maisons des receueurs, fermiers & peagers, espãdit les deniers par les rues, deschira les papiers de compte, & tua plusieurs d'iceux collecteurs des tailles, autant en firẽt ils en quatre maisons des Iuifs.

Esmotiõ pour raison des tailles.

De rechef le peuple de Paris se mutina pour la cueillette des tailles, à l'occasiõ que l'vn des fermiers exigea vne obolle d'vne pauure femme, vendant du cresson. Les

Seconde esmotion pour la leuee d'vne obole d'ouurine.

manouuriers & gens de mestier se mirent en armes, rõpirent les portes de la maison de la ville, rauirent les armures entre lesquelles estoiẽt plusieurs maillets de plomb, desquels ils assõmmoiẽt les receueurs & fermiers, sans mercy, iusques dãs les Eglises, mesmement en tuerent vn dedans l'Eglise Sainct Iaques de la boucherie, embrassant l'image de la vierge Marie, & cela aduint l'an mil trois cens 81.

Le mot de Maillotins.

Ce peuple se voulant ietter dãs les fauxbourgs Saint Germain des Prez, les habitans luy resisterent: à cette occasion se ruerẽt és prisons de Chastelet, & de l'Euesque de Paris, d'où ils mirent hors les prisonniers, entre lesquels estoit le Preuost de Paris Hugues Aubriot, qu'ils feirent leur capitaine: mais il s'absenta, & depuis ne fut veu.

Hugues Aubriot deliuré de prison.

Le Duc d'Anjou, & le Duc de

Bourgongne eurent debat ensemble pour la priorité du lieu, pres la personne du Roy: le Duc d'Anjou se disoit l'aisné, & Philippes se disoit Pair de France, & Doyen des Pairs. L'an mil trois cens quatre vingts & trois, le susdict Roy à son retour de Flandres, indigné contre les Parisiens, entra en armes, & ordre de bataille dans la ville de Paris. Les bouleuers & barrieres, qui estoient deuãt la porte Sainct Denis, furent rompus, & la porte mises en pieces.

Debat entre le Duc de Bourgõgne & le Duc d'Aniou.

Le Roy indigné contre les Parisiẽs.

Le Roy estant assis en vn trosne sur les grands degrez du palais, deuant l'effigie de Philippes le Bel, fit parlementer au peuple illec assemblé, par Pierre d'Orgemont son chancelier: qui recita les rebelliõs mutineries & desobeissãce des habitans de Paris, & le vouloir que le Roy auoit d'en faire punition.

Le peuple prosterné en terre, attendoit la iustice du Roy: mais les deux neueux du Roy, à genoux, le prierent qu'il pardonnast au peuple: semblablement les Princes en testes nues, gemissoiét & ploroiét pour impetrer sa misericorde. Le Roy esmeu de pitié pardonna à la ville, moyennant qu'il en fit mourir trois cens, & les autres baillerét la moitié de leur bien pour payer les soldats & gens d'armes. En pareil cas le roy punit ceux de Rouá, & de quelques autres bonnes villes. Les chaisnes des rues & tous les bastons & harnois de guerre furét prins & mis en la main du Roy: Aussi le susdict Roy deposa le Preuost des Marchás & les Escheuins, les offices desquels ne furent restablis que cinq ans apres. Iean des Marets, Aduocat du Roy, aymé du commun, en porta la peine, & fut

Le Roy deposa le preuost des Marchans.

decapité auec douze autres. Audit an, mil trois cens quatre vingts & trois, le roy octroya lettres, par lesquelles appert que son vouloir estoit, que les fauxbourgs anciens d'entour Paris fussent clos & enfermez de gros murs, portes & fossez, & fussent reputez de ladicte ville, aussi que les habitans fussent iouissants des mesmes priuileges que ceux de la ville de Paris.

L'an mil trois cens quatre vingts & neuf, Isabeau de Bauieres Royne de France, faisant son entree à Paris: & passant sur le pōt aux chāges, tendu de taferas bleu à fleurs de lys d'or, vn hōme en forme d'ange vollant, vint des tours nostre Dame, à l'endroict dudict pont: & comme la Royne passoit, luy mit vne couronne d'or sur la teste: puis par mesme subrilité retourna, comme s'il eust vollé, au lieu d'où il

Entree de la royne à Paris.

Vn hōme vollant.

estoit party. Froissart en sō troisiesme liure, faict vn long discours de cette entree, & recite que les presens que firent les Parisiés au Roy, à la Royne, & à Valētine, Duchesse de Touraine, en vn mesme iour, mōtoient à six cés cinquāte marcs d'or & d'argent, & estoiēt estimez selon le pris du temps, à plus de soixante mille couronnes d'or.

Preuost des Marchans & Escheuins remis.

L'an mil trois cens quatre vingts huict, Iean Iuuenal des Vrsins, au lieu de Iean de Folleuille, qui exerçoit les offices des deux Preuostez de Paris, & des Marchans, fut creé par le Roy Charles, Garde de la Preuosté des Marchans. Il recouura les libertez des Parisiens, parauant diminuees, & fit les fleuues nauigables, pour la descente des basteaux.

College de Forteret.

Du viuāt du Roy Charles sixiesme

e, & l'onziesme an de son regne seant à Rome Boniface, à sçauoir, l'an de nostre salut 1391. fut basty pres le college de Montagu, & de Rheims, le college de Fortet, par Pierre de Fortet, chanoine de nostre Dame de Paris & sorty du pays d'Auuergne, & de la ville d'Orillac, & de la famille illustre des Fortets. Ie laisse à part vne infinité d'autres colleges lesquels sont en cette vniuersité, partie pour estre nouueaux en fondation, partie à cause qu'il n'y a point d'exercice, pour toucher simplement ceux qui sont frequentez des Escoliers, pour le bon ordre qui y est, & les hommes de sçauoir, qui ordinairemét y repairent, tels que sont les colleges de la Marche, de Lisieux, Reims, Saincte Barbe, le Mans, Harcourt, Iustice, Boncour, & celuy qu'on appelle la petite Sorbonne: la reedifica-

College de Fortet.

tiom dudict college se verra chapitre vingt huict, cy apres.

Chapelle de Braque.

En ce temps, Arnoul de Braque fit edifier la chapelle ditte de son nom, Chapelle de Braque, où il gist au milieu d'icelle.

A costé du grād autel, est vne autre chapelle, où est vn sepulchre auec trois effigies d'vn hōme & de deux Dames.

Les Epitaphes sont tels.

Cy gist noble & puissāt seigneur messire Nicolas Braque, iadis seigneur de S. Maurice & de Chastillō sur Loing, Conseiller & maistre d'hostel du Roy nostre Sire, qui trespassa l'an mil trois cens quatre vingts & huict, le 13. iour d'Aoust.

Madame Ieanne de Tremblay, iadis femme dudict sieur, qui trespassa l'an mil trois cens cinquante deux, le treiziesme iour de Septembre.

Madame Ieanne la Bouteillere de Senlis, iadis femme dudit sieur, qui trespassa l'an mil trois cens septante six, le 14. iour de Mars.

En ce téps, les Gouuerneurs des finãces du Roy, pour espargner ses deniers, delibererét de faire vn Cerf d'or massif, & pour patron, fut fait celuy de bois qui est en la salle du Palais entre deux pilliers, & deslors fut commencé la teste & le col seulement, faits de fin or. *Cerf du Palais.*

L'an mil trois cens quatre vingts douze, pource que messire Pierre de Craon ne voulut comparoistre à Paris, en iugemét, pour les oultrages par luy faits faire, en la personne d'Oliuier de Clisson, Connestable, il fut banny, & ses biens confisquez, & par le commandement du roy, ses belles & spacieuses maisons, pres l'Eglise S. Ieã en Greue furent abatues & rasées, & le fons *Biés cõfisquez.*

Le Roy presque bruslé. fut deputé à la sepulture des paroissiens. Le Roy Charles sixiesme vestu, auec aucuns de ses familiers, en feinte d'homme sauuage, & dançant aux torches, en la maison de la Royne Blanche, à Sainct Marceau, fut en danger d'estre bruslé, sans vne Damoiselle, qui l'affubla de son manteau. La maison, pour cette cause fut rasee rez pieds rez terre. L'an mil trois cẽs quatre vingts *Don du Roy.* treize, le Roy dõna deux cẽs marcs d'or, pour faire la chasse S. Loys.

Concile prouincial. Concile Prouincial, fut assemblé à Paris, pour oster le scisme de l'Eglise, & deposer deux Papes, contendans à qui le seroit: en ce faisant l'vniuersité de Paris, se monstra auoir grand authorité, iusqu'à sentencier le Pape Benoist, de renoncer à la dignité.

Venue de l'Empereur. L'an mil trois cens quatre vingts dixneuf, Paleologue, Empereur de

Constantinople, vint en France, fit son entree à Paris, & logea au Louure, maison Royalle.

L'an mil quatre cens quatre, l'vniuersité de Paris faisant processiõ à Saincte Catherine du Val des Escoliers, vn Page de la maison de Sauoisy, cheuauchant vn cheual, escailbota vn Escuyer, de la bouë du ruisseau, dequoy indigné, frappa le page, lequel secouru de ses compagnons, l'vn d'iceux tira vne sagette, iusques au grand autel de ladicte Eglise Saincte Catherine, comme on vouloit chanter Messe. L'vniuersité, qui estoit alors en grand credit, pourchassa tellement la reparation de l'iniure, que la maison du Cheualier, Conseiller & Chambellan du Roy, fut rasee iusques à terre, & luy banny. Toutesfois estant de retour en France, obtint lettres du Roy en datte du

Maison de Charles de Sauoisy rasee & luy banny.

quinziéme iour de Septembre, l'a mil quatre cens six : par lesquelle luy fut permis de faire reedifier maison, par le consentement de la dicte vniuersité : laquelle neantmoins fut long temps deserte & en ruine, iusques au temps du Roy François, qu'elle fut reedifiee : & se nommoit alors la maison du Thresorier Morlet. L'vne des grandes portes d'icelle est muree, & dessus est escrit le faict ainsi qu'il s'ensuit. Cette maison de Sauoisy, en l'an mil quatre cens quatre, fut desmolie & abbatue par Arrest, pour certains forfaicts & excez commis par messire Charles de Sauoisy, Cheualier pour lors, seigneur & proprietaire d'icelle maison, & ses seruiteurs, à aucũs escoliers & suposts de l'vniuersité de Paris, en faisant la procession, de ladicte vniuersité à Saincte Catherine du Val des Escoliers,

coliers, prés dudit lieu, auec autres reparations, fondations des chapelles, & charges declairees audict Arrest, & a demeuré desmolie & abbatue l'espace de cent douze ans, & iusques à ce que ladicte Vniuersité de grace especial, & pour certaines causes a permis la reedification d'icelle, aux charges cõtenues & declarees és lettres sur ce faictes & passees à ladite vniuersité en l'an mil cinq cens dixsept.

L'an mil quatre cens sept, le 22 iour de Nouẽbre, Loys Duc d'Orleans, frere du Roy, fut occis de nuict, à Paris, au pourchas du Duc de Bourgongne: & fut inhumé aux Celestins, comme il est dict cy dessus. En cest an, les riuieres ayãt esté gelees, par la grand froidure d'hyuer, au degel les glaçons rompirẽt tous les ponts de Paris, & ruine-

Loys Duc d'Orleãs occis.

Ponts de Paris rõpus.

rent & desmolirent plusieurs maisons des pays bas.

L'an mil quatre cens huict, messire Guillaume de Tignouille, Preuost de Paris, fit pendre deux escoliers, homicide d'vn meschant hõme; l'vniuersité de Paris le pourchassa, tellemẽt, qu'il fut condemné à faire despendre du gibet les
deux corps morts, les baiser en la
bouche, & les faire porter en l'E-
glise des Mathurins, le cõducteur
du chariot estre vestu d'vn surplis
de prestre, luy estant sur le cheual.
La sepulture se voit au cloistre des
Mathurins. L'epitaphe est tel.

Iustice de deux escoliers.

Hic subtus iacent Leodegarius de Mõssel de Normania, Oliuerius Bourgeois de Britannia, scholares quondam ducti ad iustitiam secularem, ubi obierunt, restituti honorifice &, hic sepulti, Anno domini M.cccc.viij. die xvi. mensis Maij.

L'an mil quatre cens neuf, le Roy Charles sixiesme, confirma les lettres dõnees par son pere aux Bourgeois de Paris, touchant la iouyssance & priuilege de tenir fiefs & arrierefiefs, vser des droits de Noblesse, à sçauoir, selon les merites & facultez des personnes, prendre les armes de Cheualier, auoir brides d'or, esperons dorez, & autres accoustremens appartenans à l'estat de Cheualerie.

Confirmatiõ de priuilege.

L'an mil quatre cens dix, le Duc d'Orleãs assiegea le Duc de Bourgongne, dans Paris. La paix s'en fit au chasteau de Vicestre. Auparauãt enuirõ l'an 1409. Le Duc de Bourgongne tout armé & enuirõné d'vne grosse compagnie de gens bien armez & equippez, vint au Parlemẽt, contre la veuue de Valentine pour defendre son faict, comme licite & raisonnable, ce qui ne fut

Siege à Paris.

pourtráiainsi trouué, toutefois par craincte luy fut pardonné. Guillaume de Bauiere, pour faire la paix entr'eux, s'en alla à Chartres: ce different a long temps duré entre les deux maisõs, & pour peu de chose.

L'an mil quatre cens vnze, Pierre des Essars, Preuost de Paris, tenant le party du Duc de Bourgongne, leua vne compagnie de Bouchers, à Paris, le capitaine desquels estoit nommé Caboche. Ils tenoiẽt toute la ville en crainte, & firent mourir aucũs Nobles, du party du Duc d'Orleans: Alors pour la guerre ciuile & faction, ou ambition de ces deux Princes, Paris, & autres lieux de France, souffrirent & endurerẽt beaucoup. Derechef fut Paris assiegé par le Duc d'Orleans, où se firent plusieurs courses de l'vn & de l'autre party.

Sedition par vne cõpagnie de Bouchers.

Siege à Paris.

Audict an, mil quatre cens vnze,

le Roy Charles sixiesme, se tenant ordinairement à Paris, octroya lettres de reductiō de la Preuosté des Marchans & Escheuins, aux manans & habitans de la ville de Paris, & pour iouyr perpetuellement les remit en leur maison de ville, confirma leurs offices, ensemble les offices du Clerc, du Greffier, & des Sergens du Parlouër aux Bourgeois : pour iouyr par eux de la iurisdiction, coherrion, cognoissance, rentes, reuenus, possessions droicts, honneurs, Noblesses, prerogatiues, franchises, libertez & priuileges d'anciēneté : Icelles lettres sōt en date du vingtiesme iour de Ianuier, auquel iour fut esleu pour Preuost des Marchans, sire Pierre Gentien.

Les esleuz & ordōnez Escheuins, furent, Maistre Iean de Troyes, Iean de l'Oliue, Denys de S. Yon, Robert de Bellon.

Hospital Saint Geruais.

Audit an, mil quatre cens vnze, fut edifiee la chapelle de l'hospital Sainct Geruais, ainsi qu'il est escrit dans icelle. L'an mil quatre cens douze, le vingt troisiesme iour de Feurier, les Preuosts de Paris, & des Marchans, furent suspens de leurs offices. L'an mil quatre cens treize, au moys de May, la compagnie des bouchers, auec leur capitaine Iean Caboche, se mirent sus derechef, auec le commun de Paris, de tous lesquels estoient cõducteurs le seigneur de Iaqueuille, & maistre Iean de Troyes, Chirurgiẽ: Et partans de l'hostel de la ville, assiegerent la maison de monsieur le Dauphin, Duc de Guyenne, & emmenerent, par force, plusieurs nobles Cheualiers & Escuyers, seruiteurs du Dauphin, qu'ils emprisonnerent en l'hostel d'Artois, le Duc

Les preuosts suspens.

Les bouchers assiegent la maisõ du dauphin

de Bourgongne present, à qui la maison appartenoit. Pierre des Essarts, Preuost de Paris, s'estant par crainte, mis en la Bastille, en fut tiré par douces promesses du Duc de Bourgongne, & mené en la grosse tour du bois, pres le marché aux moutons, vis à vis de la porte de Nesle, & pour les cas à luy imposez (à tort ou à droict) comme d'auoir prins plusieurs offices, vendues à son profit, & amoindry les monnoyes, fut decapité, & depuis enterré aux Mathurins. Deux autres Gétilshommes de la maison du Dauphin, l'vn mort en prison, & l'autre vif, furét decapitez aux halles, tout par l'ordonnance & authorité desdicts bouchers, soustenuz du Duc de Bourgongne. Henry de Marle, President en Parlemét, & Iean Iuuenal des Vrsins, accompagnez des Citoyens & Bourgeois de Paris,

Iustice de pierre des Essarts.

Harangue au Roy.

feirent vne harangue, & plusieurs remonstrances au Roy, à monsieur le Dauphin, & aux princes de son conseil, touchant les seditions qui se faisoient en la ville de Paris, dōt à la fin l'en suyuroit la ruyne du Royaume: à cette occasiō le Dauphin se monstra le plus fort dans la ville voyant estre supporté des habitās, & d'vn courage magnanime print les armes en main, mit les nobles, qui estoient prisonniers, Dames & Damoiselles, hors de prison que les bouchers y auoient mis: lesquels bouchers se voyans affoiblis, s'en fuirent és pays du Duc de Bourgōgne. Le dixneufiesme iour d'Aoust, audit an, mil quatre cens treize, le Roy donna lettres d'abolition des excés faits à Paris par le discord de ces deux Princes.

Lettres d'abolition d'excés.

¶ Celle mesme annee, fut esleuee dans l'Eglise nostre Dame de Paris la grand' Image de sainct Chrestofle, deuant laquelle Image est l'effigie d'vn Cheualier, à genoux, au dessous duquel est escrit.

L'Image S. Chrestofle à nostre Dame de Paris.

C'est la representation de noble homme messire Anthoine des Essarts, Cheualier, iadis seigneur de Tieux, de Glatigny, au val de Galie, Conseiller & chambellan du Roy nostre Sire, Charles sixiesme de ce nom : lequel cheualier fit faire ce grand Image, en l'honneur & reuerence de monsieur S. Chrestofle, l'an 1413.

Ordonnances pour les boucheries.

L'an mil quatre cẽs seize, le Roy Charles sixiesme decreta lettres, par lesquelles ordonna que la grãd' boucherie de Paris seroit abbatue & desmolie, auec le corps de la cõmunauté des bouchers, & seroient faictes quatre boucheries nouuelles, vne visà vis de Sainct Leuffroy L'autre en la halle de Beauuais, La troisiesme, à l'entour des murs du cimetiere sainct Geruais, & la quatriesme à petit pont.

Siege à la ville de Sẽs.

L'an mil quatre cens dixsept, Taneguy du Chastel, Preuost de Paris, auec vne armee de Parisiens, en haine du Duc de Bourgongne, s'en alla assieger la cité de Sens. Ceux de dedans feirent composition de luy rendre la ville, & pour ce faire, baillerent ostages: mais eux aduertis que secours leur venoit du costé de Bourgongne, ne voulurent rendre leur ville au iour determiné, à cette cause les ostages eurent les testes tranchees, & moururent pour leur pays.

La prinse de la ville de Paris, pour & au nom du Duc de Bourgongne, & des grandes seditions en icelle, de la domination des Anglois, le siege de la ville, Couronnement du Roy d'Angleterre à Paris, & autres histoires.

CHAP. IXX.

L'An mil quatre cens dix-huict, le vingtneufiesme iour du moys de May, Ieā de Villiers, seigneur de l'Isle Adam, au nom du Duc de Bourgongne entra dedans Paris, par la porte S. Germain des Prez auec trois cens combatans, & de nuict luy fit ouuerture, Pernet le Clerc, serrurier, qui auoit desrobé les clefs à son pere. Le Dauphin auec ceux de son party, se sauua en la Bastille S. Anthoine. De Villiers criant Bourgongne par la ville tira

Surprinse de la ville de Paris.

droict à l'hostel S. Paul, où estoit le Roy, en malaise de son esprit, lequel il fit mõter à cheual, & le mena parmy la ville, à fin d'atirer à soy la faueur du peuple: & allant auec tel exercite de gens amassez par les maisons des grands Seigneurs & Bourgeois, amis & seruiteurs du Roy & du Dauphin, fit vne grãde tuerie: entre les autres furent occis le Comte d'Armignac, Henry de Marle, chãcelier de France, le comte de grand Pré, & plusieurs autres Prelats, Barons, Cheualiers & Citoyens, iusques au nombre de quatre mil.

Grand perte pour s'estre amusez à piller.

Monseigneur le Dauphin estant allé iusqu'à Melun, retourna vers Paris, auec Pierre de Rieux, Mareschal de France, & autres de sa compagnie, equippez de gens d'armes, lesquels entrans dans Paris, par la Bastille sainct Anthoine, en espérãce de recouurer la ville, mais estans paruenus, par la grand rue, iusques à l'apport Baudoyer, s'amu serent au pillage, dequoy les Citoyens irritez, les contraignirent eux retirer, & cesser leur entreprise.

Audict an, le troisiesme iour de Iuillet, vn compagnon de guerre sortant d'vne tauerne en la rue aux Oues, par despit d'auoir perdu son argent au ieu, frappa d'vn cousteau l'image de la vierge Marie, qui est encores au coing de ladite rue, derriere S. Magloire, laquelle image rendit sang. Le malfaicteur fut puny audict lieu, auquel tous les ans, & à tel iour, on faict vn feu pour souuenance du miracle.

Chose digne à remarquer

Au moys d'Aoust ensuyuant, le Roy confirma à Guy de Bar l'office de garde de la Preuosté de Paris.

Confirmatiõ de garde de la preuosté.

Celle mesme année, la boucherie de Paris fut restablie en sa premiere institution. Toutes choses se faisoient par l'authorité de Iean, Duc de Bourgongne. L'an mil quatre cens dix neuf, Philippes, Duc de Bourgongne, apres que son pere eut esté occis à Montereau, liura la ville de Paris, à Hēry, Roy d'Angleterre, auec les pays de Brie & Champagne, ensemble les personnes du Roy, la Royne, & leur fille Catherine estans à Paris.

La ville de Paris liuree aux Anglois.

En cette annee, le Parlement fut assis à Poitiers, par mōsieur le Dauphin, & y fut dixhuict ans, iusques en l'an mil quatre cens trente six, que Paris fut rēdu à l'obeissance de son Roy naturel, Charles septiesme. En telles miseres, & afflictions fut la ville de Paris regnant Charles sixiesme: iamais le Royaume de France n'auoit esté si trauaillé que sous le regne de ce ieune Roy, lequel departant ses biens à tout le

Le Parlement à Poitiers.

mõde, sans regarder à qui, vsoit d'vne tresgrãde prodigalité: puis estãt en aage parfaict, fut malade en son esprit, & lors plus que iamais les troubles & ambitions des Princes furent descouuertes les vns contre les autres, chose pitoyable pour le gouuernement de la France.

54. Roy de Frãce.

Charles septiesme fut le cinquãte quatriesme Roy, regnant en la France, il succeda à son pere Charles sixiesme. L'an du monde, cinq mil trois cens quatre vingts quatre. De Iesus Christ 1422. Il regna trente huict ans. Apres que le susdict Roy eut esté sacré à Reims, il dressa son armee vers Paris, dans laquelle estoit le Duc de Bethfort, regnant en France, au nom du roy d'Angleterre, lequel voyant que la fortune fauorisoit au Roy Charles & voulant aller donner ordre aux affaires de Normãdie, laissa le gouuernemēt de Paris à Loys de Luxēbourg, Eueſque de Therouenne, que les Anglois appelloient chancelier de Frāce, à Iean Rachet cheualier Anglois, & à Simō Morhier, preuoſt de Paris, auec deux mil hōmes d'armes en garniſon.

Les gouuerneurs de Paris.

Siege par le Roy de Frāce deuāt la ville.

Le Roy Charles pourſuiuant ſa fortune, eſtant à Sainct Denys en France, fit aſſeoir ſon camp au village de la Chapelle, contre leſquels les Pariſiens ſortirent & combatirent par pluſieurs fois. Le Duc d'Alençon auec ſa compagnie alla mettre le ſiege deuant la porte ſainct Honoré, & de primſaut emporta le bouleuert, baſty contre la porte, ce fut l'an mil quatre cens trente.

De Ieāne la pucelle.

En ce coſté y auoit doubles foſſez, & entre les deux vne butte à dos d'aſne, les François ſ'eſtans faits maiſtres du premier, ſ'efforcerent de toute leur puiſſance, par la condui-

conduicte de Ieanne la Pucelle, de gaigner le secōd fossé, plein d'eau, le remplissant de bois, pierres, terre & autres choses, pour ioindre à la muraille: mais en ce combat fut tiré vn coup de traict, par vn de ceux de dedans, dont la pucelle fut nauree en la cuisse, au moyen dequoy la retraite fut sonnee, & l'entreprinse faillie. Cela aduint en l'an mil quatre cens trente.

Audict an, sous le nom de Henry Roy d'Angleterre, commença le Parlemēt à Paris, le lendemain de la Conception nostre Dame. Toutes lettres de Chancelleries s'expedioient en son nom, estans seellees d'vn seau de cire à doubles armes, de France & d'Angleterre, dont il s'intituloit Roy, & son image estoit de l'autre costé. Aussi durant cette tyrannie, furent publiees les ordōnances de Chastelet, en l'an mil quatre cens vingt-cinq, lesquelles se doiuent lire en l'auditoire par chacun an, le lendemain de Quasimodo.

Couronnemẽt du Roy d'Angleterre à nostre Dame de Paris.

L'an mil quatre cens trente & vn Héry sixiesme du nom, Roy d'Angleterre, aagé de douze ans, estant passé en France, apres le trespas de son pere, vint à Paris, en bonne compagnie d'Anglois, & fut couronné Roy de France, par le Cardinal de Vvicestre, en la grād' Eglise nostre Dame de Paris : duquel Royaume vsurpé par luy à faux tiltre, il ne iouyt gueres longuement.

Reduction de Paris, au Roy de Frãce, famine & pestilance en icelle, l'entree du Roy Charles septiesme, institution des Requestes du Palais, fondation des Colleges de Rheims, Lisieux & des Bons-enfans.

CHAP. XXI.

EN l'an mil quatre cens trente six, le comte de Richemont, Connestable de France, sçachant que les Parisiens estoient ennuyez de la domination des Anglois, les fit pratiquer secrettemẽt de rendre leur ville au Roy de France, moyẽnant qu'il leur promit les remettre en la grace du Roy, & impetrer pour eux lettres d'abolitió de tout ce qui leur pourroit estre imputé à faute. Ces conclusions prinses, le Connestable print auec luy le bastard d'Orleans, le seigneur de la Suze, le Seigneur de l'Isle Adam, le seigneur de Carment, & autres Capitaines, & vindrent au poinct du iour à la porte saint Michel, asseant leur camp aux Chartreux, le Vendredy prochain d'apres Pasques, Michel l'Allier, Iean foraines, & quelques autres citoyens, aduertis

Recouurement de Paris, les Anglois estãs à la ville, mis à mort.

de leur venue, comme le iour commençoit à luyre esmeurent le populaire contre les Anglois: à iceux se ioignirent Thomas Pigache, Ieã de sainct Benoist, Nicolas Louuier & Iaques Berger, homme de nom qui tuerẽt partie des Anglois, & les autres mirẽt en fuitte, faisant beaucoup de prisonniers: les chaisnes de fer furẽt tẽdues à chasque coing de rue & carrefour de la ville, de façon que l'on trenchoit le chemin aux Anglois fuytifs, qui ne sçauoient où se sauuer, tant de ceux qui les poursuyuoient par les rues, que des pierres, thuile, bois & autres matieres qu'on leur iettoit des maisons. La tuerie fut grãde, & le Chancelier des Anglois Vilbie, capitaine, & Simon Morchier, preuost de Paris, euitans la fureur du peuple, se retirerent en la Bastille Sainct Anthoine. Le bruict & cla-

Deffaite des Anglois.

meur du dedans la ville paruint à l'ouye du Connestable & des Frãçois, lesquels cognoissans que la deliberation sortoit à effect, les vns rompirẽt les portes Sainct Iaques & S. Michel, monterent par dessus les murailles, les autres entrerent par basteaux dans la ville, sans faire meurtre, & tous d'vne volte assiegerent la Bastille, que tenoient les Anglois: lesquels desperez de leur salut se rendirent, & s'en allerent en pleine liberté par dehors les murailles, dont ils furent mocquez & iniuriez du peuple. Tost apres que le bruict fut appaisé, & que les François furent Seigneurs de la ville, les cloches commencerent à sonner & en toutes les Eglises, pour rendre graces & louanges à Dieu fut chanté *Te Deũ laudamus*, Le soir on fit les feux de ioye. En memoire de cette reduction mes-

La Bastille assiegee.

Prieres qui se font tous les ans.

sieurs les Preuost & Escheuins de la ville auec la cour de Parlement, messieurs des Comptes & plusieurs autres officiers, vont à l'Eglise nostre Dame de Paris, tous les ans le premier Védredy d'apres Pasques, & font chanter le mesme cātique.

Les habitans de Paris affligez de famine.

Peu apres, les parisiés furent persecutez de famine & pestilence, & tout le territoire affligé de la cruauté des gens de guerre : au moyen dequoy, peuple innumerable mourut à l'hostel Dieu de paris : dont espouuentez les principaux de la ville, se transporterent en autre lieux, & n'en demeura que trois pour la garder, à sçauoir Adam de Cambray, premier president, Ambrois de Lore, Preuost de Paris, & Simon Charles, presidēt des Comptes : à ces causes elle demeura biē deserte: outreplus à ces maux s'adiousta la course des Loups continuellement dedans la ville, apres qu'ils eurent deuoré plus de quatre vingts hommes par les champs, lesquels firent de grands dommages aux personnes, & aux biens des citoyens: n'osoit-on aller de nuict par la ville. Pour reprimer cette rage louuine fut par Edict constitué, que pour chasque loup qui seroit prins, les preneurs auroient vingt tournois, des deniers du Roy, outre le salaire publique, que le peuple de son bon gré contribuoit.

La course des loups dãs Paris.

Entre les maisons qui sont segnalees est le College de Rheims, assis au haut de l'vniuersité, & non loin de celuy de Montagu, & fut iadis l'hostel du Duc de Bourgongne, mais Philippes comte de Neuers, & depuis Duc de Bourgongne, le vendit l'an mil quatre cens douze, & le douziesme de May, à vn Archeuesque de Rheims, qui le fon-

College de Reims

da en college, d'où est venu que la collatiõ de la principauté de cette maison appartient à quicõque soit Archeuesque de Rheims. Quand au college de Lisieux, il a eu diuers fondateurs, & nõmément les trois qui s'ensuyuent, lesquels estoient freres, à sçauoir Guillaume d'Estouteuille, Abbé de Fescamp, & Colard d'Estouteuille, cheualier & seigneur de Torcy, & voulurent iceux freres, fondateurs, qui ont dõné & renté cette maison, qu'on l'appellast le College de Torcy, ainsi qu'il se recueille des testamẽts des susdits Euesques & Abbé, daté l'vn de l'annee 1414. & huictiesme de Decembre, & l'autre de l'an 1422. du 12. d'Octobre : & ordonné par arrest de la Cour, qu'il sera appellé de Torcy, dit de Lisieux. Les maison où est basty ce college appartenoient à l'Abbé saincte Geneuief-

College de Lisieux.

ue; mais le susdit Euesque les acheta, y commençant la fondation, laquelle son frere, executeur de son testament, poursuyuit ce que l'autre laissa imparfaict en mourant, le susdict Euesque dõna plusieurs des fiefs & biens qu'il auoit de son patrimoine, à fin d'obuier aux querelles, & proces qui pourroient puis apres estre meuz par les successeurs : y ayant donc deux fondations, la premiere, qui est celle de l'Euesque, precede les testaments, & la deuxiesme, qui est de l'Abbé, execута la volõté de celui qui auoit commencé la susdicte fondation.

L'an mil quatre cens trente sept, le Roy Charles, septiesme, fit son entree à Paris, le quatriesme iour de Nouembre, enuiron dix-huict moys apres sa reduction. Auec le Roy estoient monseigneur le Dauphin son fils, Messire Charles d'An-

Entree du Roy Charles 7. à Paris.

jou, frere de la Royne, mõseigneur le Connestable, le Comte de la Marche, le Comte de Vendosme, le Comte de Tancaruille, le Comte de Vertus, le Bastard d'Orleans, & autre grand nombre de Ducs, Barons, & grands Seigneurs. Au deuant de luy vindrent iusques à la Chapelle les Estats de la ville, à sçauoir. Le Preuost de Paris, le Preuost des Marchans, Escheuins & Bourgeois: La cour de Parlemẽt, ja retournee de Poictiers à Paris, l'Euesque de Paris, le Chapitre & Clergé, le Recteur de l'vniuersité auec les quatre facultez, la chambre des Comtes, & tous les autres estats. Ainsi accompagné vint iusques à Sainct Ladre, auquel lieu vindrent au deuant de luy quatorze personnages, representans les sept vertus, & les sept pechez mortels, montez sur diuerses bestes.

Ordre de l'entree.

A l'entree de la porte S. Denis vn iouuẽceau en guise d'vn Ange volant en l'air par artifice, luy fit present des clefs de la ville.

Le Roy estoit monté sur vn braue coursier, & armé de toutes pieces, deuãt luy on portoit son heaume, sur lequel estoit vne couronne d'or, sa cotte d'armes de veloux azuré à trois fleurs de lys d'or. Son espee en escharpe semee de fleurs de lys, le tout releué de broderie. Au deuant estoient les Herauts des Princes de son Royaume, & d'autres Roys & Princes estrangers. Derriere venoient mille Archers, auec les Gentils-hommes. Suyuoit la bataille cõduite du Bastard d'Orleans, laquelle estoit de huict cens lances, l'enseigne estoit semee d'estoilles d'or, auec l'image S. Michel. En tel & plus grand triomphe entra Charles septiesme, dans Pa-

L'ordre tenu à l'entree du roy.

ris, laquelle estoit tendue par tout de tapisserie. Deuāt les Filles-Dieu y auoit vne fontaine à quatre tuyaux, l'vn fluoit de laict, l'autre de vin vermeil, le tiers iettoit vin blāc, & le dernier eau claire: & y auoit gens propres auec tasses d'argent pour en presenter à boire aux passans. Tout le reste des rues S. Denis & autres, estoiēt ornees de theatres, ieux, personnages, & representations selon que l'vsage de ce tēps là le permettoit. L'an mil quatre cens cinquante, les Parisiēs aduertis de la victoire des François, contre les Anglois à Formigny, assemblerent douze mil enfans masles, au cimetiere des Innocens, duquel lieu ils allerent en procession à nostre Dame de Paris, chacun portāt vn cierge ardent en sa main, pour rendre graces à Dieu.

Processiō solēnelle.

L'an mil quatre cens cinquante

trois, le Roy Charles septiesme crea & institua la iurisdiction des Requestes du Palais Royal à Paris, le quinziesme iour d'Auril, & l'an de son regne tréte-deuxiesme auāt Pasques: cōme plus amplement est declaré cy deuāt à l'ordre du Palais Royal, & des officiers de la Cour de Parlement. Il fit aussi vne ordō-nance, par laquelle les seize examinateurs, ou Commissaires du Chastelet de Paris, sont tenus, chacun endroict soy, de demourer aux seize quartiers de la ville, anciennement partis & diuisez souz seize quartiniers, pour s'informer des maluersations & crimes qui pourroient aduenir & en faire rapport à Iustice, à fin d'en faire punition. De son temps Iaques Cueur, de Bourges, marchant, & depuis argētier de France, fonda le college des Bons enfans, & la chapelle S. Cler

Les Requestes du Palais.

Creation de seize Cōmissaires.

College des Bōs enfans.

en la rue sainct Honoré: en laquelle gist Messire Geoffroy Cueur, cheualier: son fils, qui trespassa l'an mil quatre cens vingt-huict.

Du regne du Roy Loys vnziesme & autres ses successeurs, des partialitez en Paris, pour le Roy, & le Duc de Bourgongne, du siege deuant icelle ville, par les Princes, des priuileges des Bourgeois, de la monstre generale des habitans en armes, fondation du Monastere de l'Aue Maria, & autres histoires.

CHAP. XXII.

Le 55. Roy de France.

LOYS vnziesme du nom fut cinquāte-cinquiesme Roy de France, & fils de Charles septiesme, il succedu à son pere, l'an du monde cinq mil quatre cens vingtdeux, &

Iesus Christ 1460. Il regna vingt trois ans, & fut sacré à Reims, le quinziesme iour d'Aoust. Or apres que le Roy Loys vnziesme eut fait entree tres-magnifique en sa ville de Paris, il fut aduisé de la rebellion des Princes de France à l'encontre de luy: & voulant pouruoir à tel incõuenient, luy sembla pour le plus expedient, d'enuoyer vers les Gouuerneurs de Paris, les soliciter de leur foy, loyauté, seruice & obeissance enuers luy, à fin qu'ils donnassent ordre, à ce qu'aucune sedition ne s'esleuast en la ville, dont les autres du Royaume pourroiẽt prendre mauuais exemple.

Par cette remonstrance les Parisies, enclins à l'amour de leur Roy, establirent guet en la ville, garde aux portes, dont aucunes furent estouppees, mesme celle de Bussy, qui a esté ouuerte du tẽps du Roy

Guet à Paris, & garde aux portes.

François premier, feirẽt racoustrer les chaisñes és carrefours de la ville, & reparerent leurs fortificatiõs. On fit apres commandement aux Parisiens, d'auoir armures en leurs maisons, faire le guet dessus les murailles, mettre flambeaux ardents & lanternes aux carrefours des rues & fenestres des maisons. Le Roy fit son effort de leuer gens de guerre en l'vniuersité de Paris mais Guillaume Fichet, Recteur, constamment luy contredict.

Sõmatiõ aux habitans de Paris.

Le Comte Charles de Charolois, dressa son armee cõtre le Roy, puis il demanda aux Parisiens passage par dedans la ville, sinon se declaroit leur ennemy. Ce iour estoient à la garde de la porte Sainct Denis, Pierre l'orfeure, & Iean de Popincourt Bourgeois, lesquels dõnans responce aux Herauts du Comte, aduiserẽt les Bourguignõs à Sainct Ladre,

Ladre. Alors Ioachin Rouaut auec les Parisiens saillirent aux champs, & en tuerent plusieurs. Les artilleries de la ville les contraignit se retirer bien tost vers Montlehery, où depuis se dõna la bataille qu'on dit, La iournee de Montlehery. *Iournee de Mõtlehery.* Apres ce conflict, le Roy se retira à Paris, où Guillaume Chartier, Euesque de ladite ville, luy fit vne Oraison elegante, sur la police du Royaume: A cette cause furent esleuz pour le conseil de la Republique six Conseillers de la Cour, six de l'vniuersité, & six Bourgeois de Paris. Toutes les saules plantez au long des esgousts de la ville, furẽt coupez, la voirie de la porte sainct Anthoine & sainct Denis fut abbatue, & remparts furent faits au dedans des murailles.

L'armee des Princes de France, dont estoit principal cõducteur le

Siege deuant la ville.

Comte de Charolois assiegea Paris, du costé de Sainct Anthoine des champs. Ledict comte enuoya quatre lettres dãs la ville: l'vne aux Citoyens, l'autre au Parlement, les tierces au Clergé, & les dernieres à l'Vniuersité : à fin de leur notifier la cause de cette assemblee de guerre.

Nõs des deleguez qui furẽt parler aux Priñces.

La lecture faicte, furent enuoyez ambassadeurs de la ville, vers les Princes, à sçauoir au nom des Citoyens, Iean Choard, Lieutenant du Preuost de Paris, François Asser, & Arnaut l'Huilier. Du Clergé Thomas Courselle, Iean de l'Oliue, Docteur en Theologie, & Eustace l'Huillier. De la cour de Parlement, Iean Boulenger, Iean Sellier, & Iaques Fournier. De l'Vniuersité, Iaques Iuyn, Iẽã l'huillier, Iean de Montigny, & Enguerrand Parenty, Medecin. Ceux cy feirent leur legation vers les Princes, conduits de Guillaume Chartier, Euesque de Paris: & estans en l'hostel de ville, annoncerent publiquement que l'intention des princes tendoit au but du bien public, & à fin que les affaires du royaume fussẽt plus sagement administrees par le Roy qu'elles n'estoient, & que la cause de prendre les armes estoit pour la protection des Citoyens, & quant à eux ils desiroient venir ensemble en la ville Royalle, en laquelle on doit venir demander le iugement des Frãçois, & qu'à cette raison ils requeroiẽt d'y entrer sans faire iniure à personne. A telles conclusions furent les parisiens quasi sur le poinct de les accorder. En ces entrefaictes les soldats & compagnies, tant de pied que hõmes d'armes, que le roy auoit laissez en garnison en ladicte ville de paris, &

Monstre generalle des soldats du Roy.

pour la seureté & garde d'icelle, feirent monstre & reueue generalle par les rues: par plusieurs iournees les parisiens sortirent de la ville sur les Bourguignons par les portes Sainct Anthoine, & Sainct Denis, & tousiours demeuroit quelcun de costé & d'autre. Les Ambassadeurs de paris furent bannis & enuoyez en exil. Les compagnies de guerre, dōt vne bōne partie estoiēt logez à Sainct Marceau, de la nation de Normãdie, & estoiēt pour le seruice du Roy, l'vn d'iceux par contumelie appella les habitãs de paris Bourguignōs, pour cette cause estant empoigné, fit amende honorable en l'hostel de ville; où il fut mené en chemise, la teste nue, vne torche ardante en la main: & apres s'estre desdit eut la lãgue persee d'vn fer chaut.

punition d'vn soldat.

Les hommes d'armes estoient logez dans la religiõ des Chartreux, où ils firent beaucoup de dommages.

Vne bataille se donna à S. Marceau, où y en eut beaucoup de pris & d'occis, des deux parties.

Le Preuost des Marchans assẽbla les principaux en l'hostel de ville, où fut ordonné que de nuict on feroit de grands feux aux carrefours de la ville, & que chacun en son quartier feroit le guet en armes, pour contreuenir à l'insolence des soldats, logez par les maisons de la ville, qui se vantoient d'estre seigneurs des biens meubles de chasque hostel.

Gardes & feux aux carrefours, pour l'insolẽce des soldats.

Apres que la paix fut faicte entre le Roy & les princes, les parisiens luy feirent vn banquet sumpteux en l'hostel de ville, où le susdict Roy rendit graces aux Bourgeois, de ce qu'ils estoient demou-

priuileges des bourgeois

rez en foy permanente enuers luy, & leur donna de grãds priuileges, à sçauoir, que les Bourgeois de Paris, ne doiuent estre contraincts à loger par fourrier.

Que nul ne peut empescher ne retarder les viures & marchandises qu'on ameine à Paris.

Que les Bourgeois de paris, ayãs fiefs ou arrierefiefs sont exempts d'aller, enuoyer, ou contribuer au ban & arriereban.

Qu'iceux Bourgeois ne sont tenus respondre, ny ne peuuent estre traits hors les murs & closture de paris.

Ce pendant que le Roy seiournoit à paris, il donna la garde de la preuosté de paris à Robert de Touteuille cheualier, & en deposa Iaques de Villiers. De Iean de Nanterre premier president, il le crea second, & donna le premier lieu à

Iean d'auuet: puis esleut auçuns citoyens de paris pour ses cõseillers. Toutes ces choses furent faictes l'an mil quatre cens soixante cinq.

L'an mil quatre cens soixante six, par l'expres commandement du Roy, & en sa presence, les parisiens firent monstre des gens de guerre, pour sçauoir quelle force auoit cette grande ville, & sortirent par la porte Sainct Anthoine, auec les enseignes desployees, furent trouuez en nombre soixante & dix mil hommes, aptes aux armes.

Les mõstres des habitans de paris.

De rechef fit faire vne autre mõstre des habitans de paris, lesquels sortirent par la porte Sainct Anthoine, en la presence des Ambassadeurs d'Arragon, lesquels furent nombrez cẽt quatre mil en armes.

Autres mõstres.

Le Roy Loys onziesme, fit faire la Chapelle du Palais, où on chante la Messe de messieurs les Presi-

Chapelle qui est à la grand.

Salle du palais. dens, & y mit les Images de sainct Charlemaigne, & sainct Loys, qu'il fit oster hors de leurs places & y en mit d'autres. Aussi il feit faire son effigie, à genoux, deuant l'Image nostre Dame, dedans la salle dudit palais. Il commanda aux parisiens de celebrer la feste Sainct Charlemaigne, & fonda perpetuellement à la saincte chapelle vne Messe par chacũ iour, en l'honneur de S. Ieã.

L'an mil quatre cens soixante vn, la maison & religiõ des Beguines, pres les Celestins, fut restauree & restablie de neuf, & fut nommee *Couët de l'Aue Maria.* l'Auè Maria. Leans furẽt mises les Sœurs de Saincte Claire, de l'obseruance de Sainct François.

L'an mil quatre cens soixante seize, le dixneufiesme iour de Decembre, messire Loys de Luxembourg *Iustice de deux grands princes.* Comte de Sainct Paul, & Connestable de France, fut decapité en la place de Greue, & ſon corps enterré aux Cordeliers. Auſſi l'an mil quatre cens ſeptãte & ſept, le vingt quatrieſme iour d'Aouſt, Iaques d'Armignac, Duc de Nemours, fut decapité en ladicte ville, & ſon corps enterré audict conuent.

Vn clocher bruſlé.

L'an mil quatre cẽs quatre vingts trois, le clocher Saincte Geneuieſue, qui auoit duré neuf cens ans, fut entierement bruſlé de la foudre du Ciel.

Aßiette des poſtes

En ce meſme temps, l'aſſiette des poſtes, & les logis à trouuer cheuaux pour courir, furent premierement ordonnez en France par le ſuſdict Roy.

Inſtitution des Cheualiers de l'ordre.

L'an mil quatre cens ſoixante neuf, le Roy inſtitue & cree les Cheualiers de l'ordre S. Michel.

Edifices sous le Roy Charles huictiesme, punition d'un sacramentaire, fondation des Colleges de Montagu, de Cluny, du Plessy, & du College de [illegible]moutier, institution des Filles [P]enitentes, desbordement du fleuue de Seine, & erection de la Chambre du Thresor.

CHAP. XXIII.

CHarles huictiéme, fils de Loys, cinquante sixiéme Roy, succeda à son pere. L'an du mõde cinq mille quatre cens quarante trois, de Iesus Christ, mile quatre cés octáte trois. Il regna quatorze ans: Au moys de Iuin fut sacré & couronné Roy, ayant presque quatorze ans d'aage, il fit son entree à Paris l'an mil quatre cens quatre vingts & quatre.

Le 56. Roy de France.

L'an mil quatre cẽs quatre vingts cinq, fut commencé à bastir l'hostel assis entre la chãbre des Comtes & la maison du Roy, sur le chemin par où on va en l'Isle du Palais, ainsi qu'il est escrit en lettres d'or & d'azur dessus l'vne des portes dudict hostel. Bastiment faict.

Les lettres d'Or dient l'annee,
Que l'œuure fut encommencee.
Au temps du Roy Charles le huit
Cestuy hostel si fut construit.

Les lettres d'or nombrales de ce distique, sont,

V. M. V. I. C. L. L. I. V. C. V. I.

L'an mil quatre cẽs quatre vingts dix, Iean l'Anglois, prestre heretique, osta l'Hostie & le calice de dessus l'autel où on chantoit Messe, en la chapelle Sainct Crespin & Punitiõ d'un sacramentaire.

Crespinian, dans la grand Eglise de Paris, & la jetta par terre. L'iniure reparee enuers Dieu à la possibilité & deuotion des hommes, mesmement du clergé, le sacramẽtaire fut degradé & bruslé au marché aux pourceaux. Iean Stãdon, Docteur en Theologie, se mit en deuoir de le pouuoir conuertir.

Premiere fondation du College de Mõtagu.

L'an mil trois cens quatorze, par reuerẽd pere Gilles Esselin, Archeuesque de Rouan, sorty de la maison & famille de Montagu, autrement nommé Listenoys : cestuy acheta la place, de l'Abbé & conuent Saincte Geneuiefue du Mõt, auec tous les cens & dependances d'icelle, sauf qu'il paya quelque petite somme annuelle pour recognoissance: cette maison d'estude s'appella vn long temps des Esselins, & depuis, la coustume luy dõna le nom de la famille de laquelle le fondateur estoit descendu, & le nóma l'on le College de Môtagu.

Or cette premiere fondatió ancâtie, la seconde aduint l'an de grace mil trois cens nonante huict, sous vn Cardinal, Euesque de Laon, & sorty de la race du premier fondateur, lequel y mit six boursiers, & mourant, donna la charge de cecy à l'Euesque d'Eureux qui feit ses statuts que les boursiers deuoient garder, les sommettant à la visitation & reformation de messieurs les Chanoines nostre Dame de Paris, & des Chartreux.

La troisiesme fondation, ou restauratió de celle maison collegialle fut faicte l'an de nostre Seigneur 1480. par vn principal nómé Iean Standocq, homme de saincte vie, Docteur en la saincte faculté de Theologie, & seigneur de Villette: cestuy fut le premier qui institua

Ieã Stãdoc instituteur des Capetes de Mõtagu.

l'ordre des pauures de Montagu, qu'on appelle Capetes receuant & nourrisant les pauures qui abordoient & les faisant instruire aux lettres. Mais son reuenu ne suffisant pour la nourriture d'vn si grãd nombre de pauures estudians, qu'il aduint que, l'an de grace mil quatre cens nonãte deux, in essire Loys

L'Admiral de Grauille.

Grauille, Admiral de France, soulagea l'indigence des pauures de Mõtagu, & feit bastir le corps d'hostel où est la chapelle, & donna deniers, tant pour renter le college, que pour bastir le reste qui estoit en ruine.

College de Clugny.

Entre les colleges fameux de Paris, pour les religieux Sainct Benoist, a esté celuy de Clugny, lequel fut fondé l'an de nostre Seigneur 1200. par Iuon, premier du nom, & Abbé de Clugny, lequel achettant la place, où le college est assis pres la rue de la harpe & la porte Saint Michel, laissa à son successeur, qui aussi s'appelloit Iuon, ou Yues, du nom, le moyen & la charge de bastir le susdict college, comme il feit, dediant l'Eglise en l'honneur de la vierge Marie, & y bastissant le cloistre en partie, le chapitre & la Bibliotheque. Au reste ne faut estimer que tout le corps de cette maison ne fut edifié par les Abbez susdicts, ains y auoit des bastimens anciens, & cecy dés le tẽps des Romains, & des premiers Seigneurs Gaulois, ainsi que l'antiquité du lieu le demonstre.

Ce college du plessy fut aussi fondé en la rue Sainct Iaques, presque du mesme temps que la premiere institution de Montagu : faut sçauoir qu'en l'an de nostre Seigneur mil trois cens vingt deux, il y eut vn bon seigneur nommé Geoffroy

College du plessy.

du Plessy Notaire du sainct Siege Apostolique de Rome, & Secretaire du Roy Philippes, surnommé le Long, Roy de France, & de Nauarre, lequel au moys de Ianuier sous le pontificat de Iean, vingt deuxiesme, & par l'authorité d'iceluy, fonda le college susnommé, & le doüa des rentes contenues à la fondation, & depuis s'alla rendre religieux de l'ordre S. Benoist, à Marmoustier, lez Tours, il fonda aussi le colle en la rue S. Iaques, qui porte le nom de ladicte Abbaye de Marmoustier, & eschantilla les richesses de sa premiere fondation, pour en auantager la seconde.

College de Marmoustier.

L'an mil quatre cẽs quatre vingts & douze, par la predication de Iẽa Tisserant, Cordelier, fut commencé, à Paris, l'ordre & religion de la Magdaleine, des femmes & filles pecheresses conuerties à penitence, &

Conuent des filles repẽties.

ce, & leur fut donee la maisõ d'Orleans : elles sont de present appellees Les filles repenties, mais de present on les a mises où estoit l'Abbaye S. Magloire, à la rue S. Denis, & les religieux ont esté (ainsi que dict est) transportez hors la ville, en l'Eglise S. Iaques du haut pas.

L'an mil quatre cẽs quatre vingts seizé, le fleune de Seine se desborda iusques dans la rue & maisons de la Megisserie, & autant ailleurs, en sorte que le lieu de la vallee de misere estoit couuert d'eau iusques à la porte de Paris : pour souuenãce de cela, fut engraué dãs vne pierre estant à vne maison faisant le coing de la megisserie en ladicte vallee de ce que s'ensuit.

Desbordemẽt de la riuiere de Seine.

Mil quatre cens quatre vingts seiZe,
Le septiesme iour de Ianuier
Seine fut icy à son aise
Battant le siege du piller.

Depuis ce temps là, les maisons de la vallee de misere, aboutissans deuant Sainct Leuffroy, ont esté basties: parauant c'estoit voirie.

Chābre du Thresor erigee

Iceluy Roy Charles huictiesme, erigea la chambre du Thresor à Paris, dans l'enclos du Palais, & y mis cinq Conseillers.

Le Roy François premier en a depuis creé trois autres, qui font le nombre de huict, il en est plus amplement traicté au chapitre où il discourt du Parlement de Paris.

Du Roy Loys douziesme, & de ses ordonnances, la ruyne & reedification du pont nostre Dame, decoration de la grand chambre du Parlement, edifices de l'hostel de la chambre des Comptes, & de la fondation du conuent des Minimes, pres Paris.

CHAP. XXIIII.

LOYS douziesme, comme le plus prochain, succeda à la courõne apres Charles 8. & fut le cinquanteseptiesme Roy de France. L'an du monde 5459. De Iesus Christ 1497. Il regna dixsept ans, & fut sacré à Reims, le 27. iour de May, son entree fut faicte à Paris le Lundy second iour de Iuillet.

Du 57. Roy de France.

Le susdict Roy fit plusieurs ordonnances pour la reformation de la Iustice, & interpreta les priuileges des estudes des Escoliers. Toutesfois l'vniuersité sentant sa liberté greuee, fit plusieurs remonstrances en Parlement, pour modifier les statuts Royaux, & à ce qu'ils ne fussent publiez en icelle Cour: laquelle nonobstant telles remonstrances proceda à la publication, dont les Escoliers irritez firent cõgregation aux Bernardins, où fut

Ordõnãces pour les Escoliers.

conclud que defence seroit faicte à tous regens de coleges, maistres & maistresses d'escolles, de ne tenir escolles dans Paris, aux Predicateurs de ne prescher, & aux Medecins de ne subuenir aux malades. Dequoy le Roy grandement courroucé vint à Paris accompagné de gensd'armes, ayât chacun l'arc tendu en la main, & le lendemain seât en Parlement confirma ses ordonnances.

Cheute du pont nostre Dame.

L'an mil quatre cẽs quatre vingts dixneuf, le Vẽdredy deuât la Toussaincts, vingtcinquiesme iour d'Octobre, le pont nostre Dame assis sur pieux auec soixãte maisons dessus edifiees en tresbel ordre, & de mesme hauteur, vne heure deuant midy, tresbucha dedans la riuiere de Seine: quatre vingts deux ans apres auoir esté basty. Vn maistre charpentier ayant annoncé la future cheutte à Iean Papillon, Lieutenant criminel, il le denonça à la Cour de Parlement, laquelle ordōna ledict Lieutenant commissaire, pour faire vuider les habitans: lesquels effrayez de si soudaine ruyne & perte de leurs biens & personnes, chacun se hastoit d'emporter ce qui luy appartenoit: Gardes furent mises aux deux bours du pont pour empescher la voye aux passās à ce que nul ne tombast au peril. A la cheute d'iceluy le cours de Seine fut arresté, & remonta contremont dont quelques filles, estās en Glatigny, furent noyees: autres plus curieux de leurs biens que du salut de leurs personnes, perirent auec leurs meubles. Iaques Piedefer Preuost des Marchās, & les Escheuins furent emprisonnez en la Conciergerie du Palais, par ordōnance de la Cour, tant pour gratifier le peu-

Filles noyees.

Le Preuost des marchās emprisonné & priué de son ofice.

ple, qui se plaignoit de son tresgrãd interest aduenu par leur faute, que pour chastier leur negligẽce, pour laquelle ils furẽt taxez & condamnez en grosses amendes, & priuez de leurs offices. La lõgueur de ce pont estoit de soixante & dix pas & quatre pieds, la largeur de dix-huict pas. Il estoit soustenu en sa largeur de dix-sept ordres de pieux & chacun ordre de trente pieux, chacun desquels auoit de grosseur vn pied en diametre, & en rõdeur & circonferẽce trois pieds & vn quart. Il se treuue au liure noir du Chastelet, lettres par lesquelles ledict pont nostre Dame est donné à la ville de Paris, reserué au Roy le fonds de terre, la iustice haute, basse & moyenne, & qu'il n'y demeura Changeurs ny Orfeures, auec obligation à icelle ville de le soustenir à ses despens.

Liure noir de Chastelet de Paris.

Depuis ce temps-là iceluy pont a esté construict & reedifié tout de pierre de taille, faisant six grandes arches esgalles, dont les pilastres estans de la largeur du pont sont fondees sur pilotis, & sont renforcees des deux costez, selon le cours de l'eau en triãgle, faisant vne pointe pour empescher & rompre les glaces & autres choses qui pourroiẽt porter nuysance. Dessus sont edifiees par symmetrie & proportion d'architecture soixante-huict maisons, toutes d'vne mesure & mesme artifice, de pierres de taille & brique, chacune contenant cellier ou caue ouuroir, gallerie derriere, cuisine, deux chambres, & greniers & aux maisõs qui sont sur les pilles, il y a caue, & est chacune escrite selon le nombre de son rãg en lettres d'or.

Le pont nostre Dame reedifié fondé sur pillotis.

Au milieu d'iceluy, qui est haut,

sont les images de costé & d'autre de nostre Dame & Sainct Denis, auec les armes de la ville. Il est paué ainsi que les rues, comme aussi sont les autres ponts, en sorte que les passans estrangers pensent estre en terre ferme. Brief, quãt à la structure des ponts, c'est le seul chef d'œuure de toute l'Europe, sous l'vne des arches est escrit ce distiq.

Iucundus geminos posuit tibi sequana pontes,
Hunc tu iure potes dicere pontificem.

Le conducteur de cét œuure fut vn Cordelier Veronois, nommé Ioannes Iucundus, fort sçauant architecte, & qui a aussi mis au deuant des Commentaires de Cesar les figures qui y sont.

Soit memoire, que le Samedy dixiesme iour de Iuillet, mil cinq cens & sept, enuiron sept heures de soir: Par noble homme Dreux raguier, Escuyer, seigneur de thiouille, Preuost des Marchans, & sire Iean le Lieure, Maistre Pierre Paulmier, Nicole Seguier, & sire Hugues de Neufuille, Escheuins de la ville de Paris: fut assise la derniere pierre de la sixiesme & derniere arche du pont nostre Dame à Paris, & à ce faire estoit present grande quantité du peuple de ladicte ville, par lequel pour la ioye du paracheuement de si grande & magnifique œuure fut crié Noé, & grand ioye demenee, auecques Trompettes & Clairons qui sonnerent par longue espace de tẽps.

L'an mil cinq cens six, le siege & iurisdiction du Preuost de Paris, seát au chasteau du Louure, à cause e la ruyne des edifices du grand

Regnãt Chastelet reparé des amendes prouenãtes de la Cour.

Chastelet, fut remise & restablie audict chastelet: lequel a esté reparé, tant des amendes prouenantes de Parlement, que de celles dudict chastelet: c'est la grand' salle où sont les Procureurs, le deuant de laquelle aboutit vers Sainct Leufroy, où sont les images de nostre Dame, d'vn Roy & d'vne Royne, le dessous est vouté par dessus le chemin publique de cette salle, on va dedans vn autre bastiment, faict de brique, faisant le coing comme on descend en la vallee de misere, lequel a esté acheué l'an mil cinq cens cinquante: où est la Chambre des Commissaires.

Regnãt ledict Loys douziesme, la grand' Chambre de la Cour de Parlement, où sont plaidees les appellations verbales, fut sumptueusement decoree & enrichie d'or fin

& d'azur, distinctement separez; selon les images, armoiries, frizures medalles, ouurages antiques, crotesques, manequins, bordures, & autres especes de figures entaillez à demy bosse: voyez au passage où il traicte du Parlement. A l'entree d'icelle chambre est la figure d'vn lyon doré, ayant la teste baissée contre terre, & la queuë entre les iambes; signifiant que toute personne tant soit grande en ce Royaume, doit obeyr & se rendre humble sous les Loix & iugemens de ladicte Cour.

Ledict seigneur Roy, fit edifier la chambre des Comptes, ouurage tresmagnifique & excellent edifice: sur le deuant de laquelle se presentét en veuë cinq images, la premiere est Tépérance, laquelle tient vn horloge & des lunetes, sous elle est escrit. *Chambre des Cõptes.*

Temperantia. Mihi specta voluptas.

La seconde est prudence, laquelle tient vn miroir & vn crible, dessous est escrit:

Prudentia. Conciliis verum speculor,

La tierce est Iustice, tenant vne balance & vne espee, & est escrit dessous elle:

Iustitia. Sua cuique ministro.

La quatriesme est force, qui embrasse vne tour, & tient de l'autre main vn Serpent, & est escrit sous ses pieds:

Fortitudo. Me dolor atq; metus fugiũt.

L'image du Roy est au milieu des quatre, vestu d'vn manteau royal, & tient en vne main le sceptre du Royaume, & en l'autre la main de Iustice: Au dessous est escrit.

Quatuor has comites foueo, cœlestia dona
Innocuæ pacis prospera sceptra gerens.

Dessous le portail du premier perron des grands degrez de ladite chambre sont les armes de France, au dessus d'vn porcespic couronné par deux cerfs volans, & au dessous est escrit.

Regia Francorum probitas. Ludouicus honesti,
Cultor, & ætheree religionis apex.

Ledict seigneur Roy Loys douziesme acheta la maison peinte des gestes d'Hercules, pres des Augustins, laquelle auoit esté edifiee par vn Gentilhomme de Flandres, nómé Aluin, en ce lieu y auoit iadis vne voirie, le Roy François la dóna depuis à messire Anthoine du Prat, Chancelier de France.

Le cóuent & monastere des Freres Minimes, dits les Bons-hommes, de l'ordre de Sainct François de Paule, Italien, qui viuoit du téps du Roy Loys vnziesme, fut cómencé à bastir de neuf, au regne du roy Loys douziesme, l'espouse duquel

Conuent des Freres Minimes, pres Paris.

Anne de Bretaigne, & parauãt fem me du Roy Charles huictiesme, donna la place, qui estoit l'ancien hostel de Bretaigne, dict Nigeon, pres le village de Chaliot, à vne lieue de Paris: l'Eglise dudict lieu fut bastie sous le Roy Frãçois premier, au portail de laquelle au dessous de l'image nostre Dame de pitié, sont escrits ces vers.

Virgo expers naui & primaeua nescia culpae,
Quae Dominum ancilla & filia nixa patrem,
Haeresεôn, pestes scelerũ contagia mundo
Hac tibi diuina luce secare datum est.

Au dessous sont deux armoiries ou escus, l'vn de France & l'autre de Bretaigne, & ces deux lettres, K. L. & plus bas les vers qui s'ensuyuent.

Annæ felicis monimenta Britannica fulgent,
Octaui & Caroli & Lodoici lilia Regum:
Quorum animas sanctis precibus perducat ad astra,
Christus, qui viuis Rex est, indéxque sepultis.

En ce temple, dans vne chapelle, est l'effigie d'vne Dame, à genoux sur vn tombeau, representant l'espouse d'Anthoine du Prat, iadis Chancelier du Roy François premier, & depuis le trespas d'icelle Cardinal & Legat en France: au dessous sont escrits ces vers.

Quis dedit hæc si quis quærat: mihi grata secundi
unera sunt nati qui tegit ossa lapis,
obilis & generosæ matronæ, Francisca Veynæ Epitaphium.

Hic francisca teger, clari quae coniugii vxor
Fœlix prole fui, & sanguine clara meo.
Me pietas cœlo & terra dat viuere proles,
Vitam ergo geminam mors dedit vna mihi,
Sex annorum post lustra Deo, quem praebuit ille,
Restitui: & tellus, quae dedit ossa tenet.

Le 12. iour de Iuillet 1578. fut dediee ladicte Eglise des Freres Minimes auec les ceremonies en tel cas requises, où il assista grand nombre de peuple.

Du regn

Du regne du Roy François premier du nom, & aucuns actes d'iceluy, de l'image nostre Dame de Souffrance, du deluge S. Marceau, entree de la Royne, edifice de S. Eustace, du bastimẽt de l'hostel de ville, procession du Roy, augmentation de l'hostel Dieu, ruyne de la tour de Billy, fondation des Colleges de Cambray, Escolles de Picardie, College S. Michel & du Mans. Institutiõ des Enfans-rouges, entree de l'Empereur à Paris, & autres histoires de plusieurs Eglises, S. Seuerin, S. Iuliã le pauure S. Cosme & S. Damiã, & de S. Iaques de la Boucherie.

CHAP. XXV.

FRançois de Vallois, cõme le plus prochain succeda au Roy Loys, & fut sacré Roy de France, estant le cinquantehuictiesme qui regna sur les Frãçois. L'an du monde cinq mil quatre cens septãte six, *Frãçois 58. Roy de Frãce.*

De Iesus Christ, 1514. Il regna 32. ans, il fut sacré Roy à Reims, le 25. iour de Ianuier. Il me seroit bien impossible d'escrire iusques à suffisance les choses qui ont esté faictes auant ma naissance, quād ie ne puis selon le deuoir reciter ce qui est aduenu de mon temps en cette ville de Paris: neantmoins en procedāt sommairement, ie diray ce qui appartient à l'ordre de nostre histoire, ainsi que le subiect de la matiere s'y offrira.

Confirmation des priuileges des susdicts.

Le susdict Roy premier du nom, au commencement de son regne à confirmé & authorisé toutes les libertez, franchises & priuileges, tāt de l'hostel de la ville, preuosté des Marchās, que de l'vniuersité de Paris: comme il appert par les ordonnances & edicts dudict seigneur il fit son entrée à Paris l'an mil cinq cens quatorze.

L'an mil cinq cens vingt-trois, les Anglois estans en Picardie, les cloches ne furent sonnees le iour des Trespassez dans Paris, & furent les chaisnes tendues, & guet ordonné parmy la ville, tant à cette cause, que pour la crainte des boutefeux. *Anglois en Frãce.*

Monsieur de Vendosme, Gouuerneur de Paris & de l'Isle de Frãce, fit faire des trenchees hors les fauxbourgs depuis les fossez sainct Honoré, iusques à ceux de S. Martin; & pour seureté de la ville, furẽt leuez parmy le peuple deux mil auenturiers. *2 mil auẽturiers leuez.*

L'an mil cinq cens vingt-six, les Parisiens firent present au Roy de cent cinquante mille francs, pour la deliurance de messieurs les enfans, estants en Espaigne. En cét an le quinziesme iour de May, la petite riuiere de la ville & fauxbourgs S. Marcel, s'enfla de telle *Don fait au Roy. L'eau fort grãde.*

maniere, que la plus part des rues dudict fauxbourgs & les maisons iusqu'au deuxiesme estage estoient dans l'eau. On l'appelle la riuiere de Bieure, & est seule naturelle propre à faire la vraye & belle couleur d'escarlate.

De l'Image nostre Dame d'argent.

L'an mil cinq cens trente-huict, le dernier iour de May, vn heretique rompit & coupa la teste à vne image nostre Dame, estant derriere le petit sainct Anthoine: pour reparation duquel scandale, le roy François vint en procession, à pied iusques audict lieu, auquel il assit vne autre image toute d'argẽt, luy accompagné de grãds Princes, Seigneurs, & Cardinaux de France. On appelle encor icelle image nostre Dame d'argẽt: & celle de pierre, à laquelle l'iniure auoit esté faicte, est gardee en grande reuerence en l'Eglise S. Geruais, on la nomme nostre Dame de souffrance.

En cette mesme annee, Madame Renee, fille du Roy Loys douziesme, fut espousee au Duc de Ferrare en la Saincte-chapelle. Le festin fut faict au Palais. *Mariage de madame Renee.*

En ce mesme temps le Heraut de l'Empereur fut receu en la grande salle du Palais, & pour ce faire le Roy fit dresser sur la table de marbre vn Theatre pour luy, & ceux de son sang. Ledit heraut ne fut ouy pource qu'il n'auoit lettres de la part de son maistre.

Audict an fut acheué de bastir le College du Mans, l'an mil cinq cẽs vingt-neuf au moys de Decembre, trespassa Iean de Selua, Presidẽt en Parlement. Il fut inhumé à S. Nicolas du Chardonneret, où on lit ainsi son Epitaphe. *College du mãs.*

D. O. M.

Ioanni Selue, Parisiensis, Senatus amplißimi Galliæ ordinis præsidi summo, magnæ probitatis atque integritatis viro déque Repub. in qua per multos honoris & dignitatis gradus, cùm eos propter incredibilem eius moderantiam non concupiscet, adeptus est bene merito. Apud insubres anglos atque hispanos cum de reb. maximis ad eos missus esset, ob eximiam eius in administrandis negotiis prudentiam, cæterasque non vulgares virtutes præcognito valdéque laudato Regi magno Francisco, à quo in sanctius atque interius consilium assumptus est, ob exploratã difficelimis atque grauiß. temporib. fidem eius & industriã grato atque probato; Ceciliæque buxiæ bene bonis prægnate, castæ, pudicæ, ac liberaliter ab illis dum vixerunt educati parentibus opt. atque charisß. P.

College de Cã-bray.

Il y a plusieurs autres colleges, comme celuy de l'Aue Maria, dit d'Vrbāt, celuy de la Mercy, de Calamber, les trois Eueſques, où ſe font les leçons ordinaires des Lecteurs royaux, inſtituez par le grād Apollon Gaulois, Frāçois premier du nom, pere & reſtaurateur des bonnes lettres, le College de Triguier, les Colleges de noſtre Dame, de Caluy, Harcourt, des Threſoriers, Iuſtice, Seez, & Narbonne, le College Mignon, Sainct Denis, & celuy de Maiſtre Geruais, puis les Eſcolles de Picardie, Normandie, Allemaigne & France, où ſe font les actes des Maiſtres és Arts, leur determinā́ces, & autres telles ceremonies propres pour honnorer ceux qui font leur deuoir à l'eſtude, & à fin d'encourager les autres à faire le ſemblable: ne veux oublier les Colleges de Tornay, des Lombards, de Boiſy, de Baieux, des Allemās de Saincte Barbe, &

Eſcolles de Picardie.

Coqueret qui est de la fondation de feux de bonne memoire messieurs Simon, & Robert du Gast, freres, Docteurs en Decret.

Ie ne laisseray en arriere le College de Senac, dit de Sainct Michel, fondé par les Seigneurs de la maison illustre de Põpadour, lesquels en sont les patrons & collateurs, & pource faut que le Principal & Procureurs soient Limosins, d'autant que le lieu est affecté à ladite natiõ.

College S. Michel.

L'an mil cinq cens trẽte, fut abatue & demolie la fauce porte S. Martin au moys de Septẽbre: aussi furent les autres fauces portes dõt il est traicté cy dessus. Audict an le cinquiesme iour de Mars, Eleonor sœur de l'Empereur, & espouse du Roy Fraçois, fit son entree à Paris.

Entree de la Royne.

L'an mil cinq cens trente, le Capitaine Maclou fut executé à Paris, lequel auoit asẽblé de sept à huict mil hommes, portans armes, tous brigans, larrons & voleurs qui faisoient infinis maux en Aquitaine.

Le susdit Roy ayma toutes bonnes lettres & sciẽces, institua à Paris leçons publiques par gens doctes, en langue Hebraique, Grecque, & en Mathematique, Philosophie Eloquence: ausquels il dõna gages honnestes & suffisans, au moyen dequoy, il rendit l'vniuersité de Paris tresflorissante & opulente és lettres.

L'an mil cinq cens trente deux, le dixneufiesme iour d'Aoust, fut la premiere pierre assise par le Preuost de Paris, à Saint Eustace, pour icelle Eglise estre reedifiee & accreue iusqu'au lieu, dict la Croix uue. Le commencement dudict astiment tesmoigne qu'en la percction d'iceluy, il sera vn des plus xcellents de la ville. De l'antiqui-

Bastimẽt de l'Eglise S. Eustace.

té d'icelle on dict ainsi. Vn Bourgeois de Paris, nommé Alais, demeurãt pres le pont Alais, ainsi dit de son nom, faisant conscience d'auoir esté inuẽteur de l'impost d'vn denier sur chasque pannier de poisson, fit edifier vne chapelle dediee au nom de Saincte Agnes, laquelle depuis a esté faite paroisse & dediee au nom S. Eustache. A la mienne volonté que les vsuriers & impositeurs, qui de iour à autre s'aduisent de cercher imposts nouueaux, prinssent exemple à cestuy, les affaires de la France ne se porteroiẽt si mal.

Du bastimẽt de l'hostel de ville, ou maison des marchans.

L'an mil cinq cens trente trois, fut commencé le tresmagnifique edifice de l'hostel de la ville de Paris, bastiment tresexcellent en nostre aagé, sur le portail est escrit en lettres d'or.

Senatui, populo, Equitibusq; Parisien. pie de se meritis franciscus primus francorum rex potentissimus has ædes à fundamentis extruendas mandauit accurauit, congendisque publice consiliis & administrandæ reipublicæ dicauit, Anno à salute condita. M. D. xxxiij. Idibus Iulij.

Incisum M. D. xxxiij. Idibus septẽb. Petro Violæ præfecto Decurionũ, Claudio Daniele Ioanne, Bartholomeo, Martino bragelenio, Ioanne curtino Decurionibus.

Dominico cortonensi Archiectante.

L'an mil cinq cens trente quatre, aucuns Lutheriens affigerent par les carrefours de la ville de Paris libelles diffamatoires contre le saint Sacremẽt de l'autel. Le Roy, pour reparation du crime de leze maiesté diuine, alla en processiõ, à pied,

Processiõ où le Roy assista & l'occasiõ.

teste nue, & la torche au poing, apres la saincte Hostie, qu'il faisoit porter deuãt luy, depuis la Paroisse Sainct Germain de Lauxerrois iusques à la grand' Eglise, luy accompagné de messieurs ses enfans, & des Princes du Sang. A cette procession furent portees entieremẽt toutes les sainctes Reliques, tant des fauxbourgs que de la ville, & mesmemẽt celles de la saincte Chapelle, ce qui n'auoit iamais esté veu. Et apres le midy, du iour de cette procession furent bruslez six Lutheriens, les compagnons desquels & de semblables sectes deuant & apres finirent leurs iours en grand nombre par le mesme tourment.

Conuent des Carmes.

L'an mil cinq cens trente cinq, fut peinte la vie du Prophete Helie au cloistre du monastere des Carmes. Audit an, le susdit Roy pour tuition & deffence de son Royaume fit faire & dresser legionaires, à sçauoir pour le seruir & ayder en ses affaires : à sçauoir, au pays de Normandie vne legion, en Bretaigne vne legion, en Picardie vne legion, en Bourgongne, Champagne & Niuernois vne legion, en Dauphiné & Prouence vne legion au pays de Lyonnois & d'Auuergne vne legion, & au pays de Languedoc vne legion, qui sont sept legions, & en chacune auoit six mil hómes, & s'en alla le Roy en Normandie & Picardie, pour voir les monstres desdits legionaires.

Legionaires pour le seruice du Roy.

En ce temps on appropria la salle Sainct Loys, dans le Palais, pour y tenir la chambre Criminelle de Parlement.

Salle S. Loys.

Aussi en la mesme saison fut acheuee l'augmentation du bastiment de l'hostel Dieu de Paris, du costé de Septentrion, des biens de mon-

L'hostel Dieu à Paris.

sieur Anthoine du Prat, Châcelier de France, l'effigie duquel est à genoux auec celle du Roy François, au deuant de l'edifice.

Rẽparts à l'entour de la ville.

L'an mil cinq cens trente six, le dernier iour de Iuillet, furent commencez les ramparts, fossez & tranchees, pour enclorre les fauxbours & la ville de Paris, par le commãdement de Iean du Bellay, Cardinal, Euesque & Gouuerneur d'icelle ville.

En ce temps, les moynes S. Eloy furent ostez de ladicte prieuré, & en leur lieu furent mis Prestres seculiers.

Punitiõ de soldas.

Le iour S. Mathieu, audict an, pource que la compagnie des gens de guerre, à pied, qu'on auoit leuez à Paris, pour la deffence d'icelle, n'auoit esté payee, ils rentrerent dans la ville, assiegerent la maison de l'Euesque, & apres quelques efforts en furẽt prins deux, le pere & le fils, dont on fit cette Rythme:

L'an mil cinq cens trente six,
Fut pendu le pere & le fils.

Le reste s'esuanouyssant comme fumee, ils furent penduz & estranglez au paruis nostre Dame.

Entree du Roy d'Escosse.

Cette annee, le dernier iour de Decẽbre, le Roy d'Escosse fit son entree à Paris, & le lendemain, premier iour de Ianuier, il espousa à nostre Dame, Madame Magdaleine, fille du Roy. Le festin fut faict au Palais.

La foudre sur la Tour de Billy.

L'an mil cinq cens trentehuict, le dixneufiesme iour de Iuillet, enuiron cinq heures du soir, apres grãdes tourmentes, esclairs & vents merueilleux, la foudre tomba sur la tour de Billy derriere les Celestins, en laquelle estoient pres de deux cens caques de pouldre à canon, à cause dequoy toute la court fut embrasee & rompue par la violence du feu, de telle furie que les fondemés furét arrachez du fonds de terre, & les pierres transportees par le poussement du feu, iusques à S. Anthoine des Champs, Sainct Victor, au terrain, & dans la ville: & ne demoura en la place aucune forme de tour. Cette demolition gasta tous les iardins, abatit les murailles des Celestins, & toutes leurs verrieres: brisa les maisons d'alentour, & tua & blessa plusieurs personnes. Les verrieres de S. Paul, de Sainct Geruais, de S. Victor, & de S. Marceau en tomberent par terre, & les poissons sans nombre furent veuz morts sur le fleuue de Seine.

Institution des enfans rouges.

En cette annee furent institues par la Royne de Nauarre, les enfans orphelins, appellez les enfans rouges: & pour leur demeurãce fut

fonde

fondee & edificée vne maison auec vne belle chapelle, derriere le Tēple, qui a esté fort augmentee par les biens faits des Parisiens.

L'an mil cinq cens trente neuf, le premier iour de Iannier, Charles cinquiesme, Empereur, passant en Frāce, pour aller en ses pays, fit son entree en la ville de Paris, entrant par la porte Sainct Anthoine, où il fut receu & honnoré par commandemēt du Roy en triumphes, theatres & appareils de magnificence. Il alla rendre graces à Dieu en l'Eglise nostre Dame, & de là au Palais, où le Roy l'attendoit auec preparation d'vn festin tresopulēt.

Entree del' Empereur à Paris.

Cette annee on cōmença à iouër la Passion, à l'hostel de Flandres.

L'an mil cinq cens quarante trois, Maistre René Gentil, Presidēt aux Requestes, fut pēdu à Mōtfaucon.

L'an mil cinq cens quarāte quatre, la ville de Paris receut vne punition diuine: car l'Empereur auec grande armee estant entré en France, vint accompagné de grād nombre d'hommes, iusques à Chasteau Thierry, à raison dequoy, aucuns habitans de Paris transporterent eux & leurs biens, és autres bōnes villes fermees. Ceux qui demeurerent dedans, la plus part artisans, gens de mestier, se mirēt en armes, & firent mōstres en la presence du roy: mais, la grace à Dieu, on n'eut aucun besoing de les mettre en cāpagnie, parce que l'Empereur se retira. Alors le tableau, estāt à nostre Dame de Paris, qui representoit le courōnement du Roy Hēry d'Angleterre, en ladicte Eglise, fut osté par les Chanoines.

Fuitte d'aucuns habitās.

Je n'ay aussi trouué les antiquitez des Eglises S. Nicolas, qu'on nomme du Chardonneret, ny de Sainct Iulian le Pauure, & quand à celle de S. Yues, elle n'est de grãde antiquité, puis que le sainct, au nom duquel elle est fondee, n'a pas quatre siecles qu'il passa de ce mõde en la gloire de Paradis. Vous auez encores l'Eglise parrochialle S. Seuerain, fondee au mesme lieu où iadis viuoit solitairemẽt le saint religieux Seuerain, au nom duquel elle est fondee: & est l'vne des plus fameuses & grandes paroisses de Paris: de laquelle i'ay recueilli vne Epitaphe digne d'estre leue, qui est cy apres. Outre laquelle est celle de S. Cosme & saint Damian, dans laquelle repose les ossemens de ce grãd Docteur Theologiẽ M. Claude Despence.

Eglise S. Cosme.

L'an mil cinq cens quarãte cinq, trespassa vn ieune seigneur Alemã,

Sepulture estans à S. Seuerin.

estudiant à Paris, lequel fut ensepulturé au milieu du cymetiere S. Seuerin, son effigie est esleuee sur son tõbeau, & à l'entour est escrit vn tel Epitaphe.

En souuenãce du tresnoble sang des Comtes de Phrise Orientale, aussi pour les dons de grace, tãt de l'esprit que du corps, de feu noble homme, Ennon de Embda, esleu Gouuerneur & Satrape de la cité de Embda, qui sur le cours de ses estudes fut icy rauy, par mort, en l'aage de vingt & trois ans, au grãd regret de son pays, & de tous ses amis: Nobles femmes sa mere grãd & sa dolente mere, ont à leur cher & vnique fils faict dresser ce present tombeau, en tesmoignage du deuoir de vraye & pure amitié, & certaine esperance de la resurrection du corps, qui icy repose. Il trespassa l'an de nostre Seigneur, mil cinq cens quarante cinq, le dixhuictiesme iour de Iuillet.

Il y en a d'autres qui sont beaux.

Des edifices sous le regne du Roy François, du quay de la Megisserie, du chasteau du Louure commencé à reedifier, de Madric, des Rampars, de l'augmentation des fauxbourgs, des lieux nobles baillez à bastir, reedification des Eglises, & autres accroissements.

CHAP. XXVI.

SOVS le regne du susdit Roy François, on ne cessa de bastir dedans la ville de Paris: premieremēt furent faictes les longues murailles du quay & chaussee de la Megisserie, depuis la vallee de misere iusques à la porte neuue, par dela le *Murailles du quay. La porte neuue.*

Chasteau du Louure, tout le long de la riuiere, ouurage digne d'vne telle ville, pour mettre les bateaux & marchandises en seureté.

Icelle porte neuue fut faicte au lieu où iamais n'y en auoit eu, dõt le chemin, pour sortir aux champs, fut beaucoup plus brief.

La grosse tour du Louure.

Ledict seigneur, dés l'an mil cinq cens vingt-neuf, fit raser la grosse tour du Louure pour spacier & amplifier la court d'iceluy Chasteau: auquel il fit faire de grandes reparatiõs & nouueaux edifices: entre lesquels, vn peu deuant son trespas fit commencer vne grand salle, à la mode des antiques, la plus excellente, selon l'art d'Architecture, qu'on vit iamais: laquelle le Roy Henry second du nom a faict paracheuer, Sur le portail d'icelle est escrit en lettre d'or, sur marbre noir, ce qui s'ensuit.

Henricus II. Rex Christianiß. Vetustate coll'apsum refici cœpt. Apat. Fräcico I. R. Christianiss. S. mortui sanctiß. Parent. memor pientiß. filius Absoluit.

An. A. M. D.

Salu. XXXX. RESTI. VIII.

Aux deux bouts d'icelle est escrit,

VIRTVTI
REGIS INVICTISSIMI.

Au chef de ladite salle par dehors tout au haut d'icelle, dans vne ouuale, en lettres d'or est escrit,

A B
SOLVT.
AN. SAL.
M. D. L.
V I.

Chasteau de Madric.

Ledit seigneur fit aussi edifier de neuf, le chasteau de Madric, pres Paris, fit reparer de sumptueux edifices, le chasteau de sainct Germain en Laye, & orna de bastimens excelles & ouurages antiques, sa maison de Fontaine-belleau.

Rãparts faicts à Paris.

Porte de Bussy.

Par son commandement furent faits les ramparts és portes S. Anthoine, du Temple S. Michel, saint Iaques & autres lieux, en l'an mil cinq cens quarante quatre. On fit de son temps ouuerture de la porde Bussy bastie toute de neuf.

A cette occasion les grands Seigneurs, mesme ceux de la Iustice, & les Bourgeois, firent bastir hors d'icelle porte, & en tout le faux-bourg saint Germain de prez, grãd nombre de beaux hostels & riches maisons: & non-seulement en ce lieu, mais és fauxbourgs sainct Victor, depuis Coppeaux iusques à saint Marceau & fauxbourgs S. Iacques & sainct Michel : tellement qu'ils sont augmentez de moitié. Autãt en a esté faict au fauxbourg sainct Denis, sur la montaigne & voirie du grand moulin, qu'on appelle à present la Villeneuue, à la porte de Montmartre, & generalemẽt en tous les fauxbourgs de Paris, continuant par nouuelles rues d'vn fauxbourg à l'autre: car la moitié des terres desdits lieux ont esté employees en bastimens, de sorte que le tout ensemble, nouueau basty, feroit monstre d'vne bien grãd ville.

Lieux nobles baillez à bastir.

En ce mesme temps furent baillez à bastir l'hostel de Flandres, où peu parauãt auoient esté iouëz les mysteres du vieil Testament, de la Passion & des Actes des Apostres: les hostels de Bourgongne & d'Artois, d'Orleans à Sainct Marceau, les terres & closture saincte Catherine du val des Escoliers, les terres de derriere les Celestins, l'hostel de la Royne, & derriere sainct Paul, les iardins qui estoient encores demourez derriere & à l'entour saint Eloy, vne partie de la clôsture du Temple, & autres lieux.

Eglises rebasties. Furent aussi commencées à restaurer & reedifier de neuf les Eglises sainct Victor, sainct Estiéne du Mont, sainct Barthelemy, saincte Croix en la rue de la Vieille draperie, la Magdaleine, sainct Merry, sainct Geruais, saint Eustace, sainct Sauueur, sainct Iaques de la Boucherie en partie, aussi le Clocher sainct André des Arts, en partie, sainct Iean en Greue, sainct Germain de l'Auxerrois en partie, saint Bon en partie, sainct Germain le Vieil, & autres. En faisant les fondemens de la neuue Eglise sainct

Merry, on trouua sous le grand autel, dans vn tombeau de pierre, le corps de son fondateur, ayant des botines de cuyr, doré, aux iambes, lequel si tost qu'il fut touché de l'air, tourna en poudre : son Epitaphe estoit aupres, la date duquel, pour la vieillesse ne peut estre recogneuë. Cét Epitaphe fut engraué en vne autre pierre, qui est au milieu du cœur, & contient ainsi. *Eglise S. Merry.*

Hic iacet vir bonæ memoriæ odo falconary fundator huius Ecclesiæ.

Anciennemẽt n'estoit qu'vne petite chapelle, en laquelle dit Vincẽt historial, au cinquiesme liure, chapitre iiiixxij. saint Merry trespassa: son corps y fut enterré, & y reposa deux ans, & depuis en l'an mil trois cens quatre, il fut leué de terre, & mis en vne capse d'argẽt en la mesme chapelle, qui estoit alors dediee au nom de sainct Pierre.

Compagnie des cent harquebuziers.

A fin de ne nous esloigner, nous traiterons des choses memorables aduenus sous le regne du Roy Frãçois: il erigea la compagnie de cent harquebuziers de la ville de Paris. Aussi en son regne furent rebasties de neuf les fontaines de la Croix du Tiroir, & du Ponceau, & le magnifique hostel de Fescamp: il fit edifier la chambre du Conseil, pres la grande chambre Doree en Parlement. Aussi furent dressees les petites loges & ouuroirs de gens de mestier en la court du Palais, cõtre les gros murs, & à l'entour du cimetiere de la saincte Chapelle.

Iurisdiction du bailliage

Ledit seigneur, Roy, crea & erigea la Iurisdiction du bailliage de Paris, & vn conseruateur, pour cognoistre des causes des priuileges royaux de l'vniuersité: lequel bailhiage fut tenu premierement en l'hostel de Nesle, depuis au petit Chastelet, & apres le reunit auec la Preuosté de Paris. Il erigea aussi vn Lieutenant Particulier, Ciuil & Criminel, en la Preuosté de Paris.

Encores ledit seigneur donna par lettres, exemption à la ville de Paris, & à ses Citoyens, d'aller au ban & arriereban.

Sous le regne du Roy Henry 2. du nom ruyne & reedification du pont sainct Michel, sedition du Pré aux clercs, defences de n'edifier aux fauxbourgs, & autres faits.

CHAP. XXVII.

HENRY second du nom, Roy de France, succeda à son pere, François de Valois, l'an du monde cinq mil cinq cens huict. De Iesus 59. Roy de Frãce.

Christ mil cinq censquarante sept, & à tel iour qu'il fut né, à sçauoir le dernier iour du moys de Mars.

Cheute de neuf maisons sur le pôt S. Michel,

L'an mil cinq cens quarante sept, premiere annee de son regne, le samedy dixiesme iour de Decembre, estant la riuiere de Seine agrandie outre ses limites, & à l'occasion d'aucuns grands batteaux qui toucherent contre le pont sainct Michel, neuf maisons assises sur iceluy vers le regard de petit Pont, tresbucherent dans le fleuue. Depuis on a refaict ledict pont tout de neuf, & dessus ont esté basties de tresbelles maisons, esgales en hauteur & maçonnees de pierres de brique.

Ce pont a esté iadis basty droict à la ligne sur pilliers de pierres, ainsi qu'on peut voir les fondemés quãd les eaux de Seine sont basses. Or puis qu'il viẽt à propos, ie diray en passant, que le pôt aux Châgeurs estoit aussi d'ancienneté tout droict depuis le deuant du Palais, iusques sous la porte de Chastelet, dont les pilliers se peuuẽt encores voir en temps sec. La porte sainct Leufroy estoit à l'alignement dudict pont, & le lieu de quelques maisons, qui sont à l'entour de ladicte chapelle y seruoit de cymetiere.

L'estat du pont aux chãgesanciẽnement.

Apres que ledict pont aux Changeurs eut esté dressé ainsi qu'on le voit, à fin d'abreger le chemin, on rompit les maisons qui sont à l'opposité de la Megisserie, & fit on vne rue qu'on appelle la tournee du pont, sur laquelle sont basties chambres en recompense des maisons qui auoiẽt esté ostees aux proprietaires. Au bout dudit pont, vis à vis du chef sainct Leufroy, où est l'esgout, y auoit vn abreuuoir de cheuaux qui aboutissoit à l'escorcherie, comme on a trouué en faisant les fondemens d'aucunes maisons.

Sedition & querelle pour le Pré aux clers

L'an mil cinq cens quarãte huict au moys de Iuillet, pour peu d'occasion fut suscitee vne querelle & sedition qui dura longuement, entre les Escoliers, les Religieux, Abbé & Conuent de sainct Germain des prez, & les habitans des maisons assises au pré aux clercs, dont s'ensuiuit qu'iceux Escoliers desmolirent & ruerent par terre vn grand clos de l'Abbaye, & arracherent les vignes qui y estoient, rompirét les maisõs des Seigneurs & Bourgeois situees audict pré, meirent en friche les beaux iardins & abandonnerent tout au pillage, disans à eux appartenir ledict pré aux clercs, & qu'il n'estoit loisible à aucun d'y edifier.

La Cour de Parlement, pour obuier à tels inconueniés, enuoya sur le lieu le lieu monsieur Genton, Preuost de l'hostel du Roy, & le Lieutenāt Criminel, accōpagnez de leurs Archers, Sergens, & Guet de la ville, pour tenir force contre les Escoliers, aucuns desquels furent prins & mis en prison.

En fin, apres que les religieux de sainct Germain, qui auoient baillé ledit pré à bastir, & le Recteur de l'vniuersité, ensemble les detenteurs des heritages eurēt esté ouys, icelle Cour delegua deux Conseillers Commissaires, pour limiter & borner ledit pré aux clercs, à fin de faire droict aux parties.

Le dixiesme iour de Iuillet, audit an, fut prononcé en Parlemēt l'arrest dudit pré aux clers, par lequel fut dit, entre autres articles, que toutes les veues de l'Abbaye ayant regard sur iceluy pré, seroient bouchees, & par mesme moyen les

Arrest de la cour pour les differens du pré.

ventes des maisons circonuoisines. Que apres la limitation & borne faicte dudit pré aux clercs, les maisons estants trouuees dedans ledit pré seroient rasees: Que les Religieux ouuriroiēt le passage ancien de derriere l'Abbaye, & pour ce faire seroit rompu leur clos neuf, pour y faire voirie. Qu'iceux Religieux bailleroiēt lieu sur leur terres pour porter les immondices de leur seigneurie, & autre lieux aux macquignons pour voltiger leur cheuaux, auec defences aux porteurs de vidanges d'en porter audit pré, & aux macquignons d'y pourmener leurs cheuaux, sur amende. Toutesfois nonobstãt l'arrest, les Escoliers ne se desisterent d'abatre les maisons, rompre les iardins, & mettre le feu dedans. & fut la suitte d'iceux trop longue & dommageable à plusieurs.

Insolēces faites depuis.

Audit an, le ieudy dixseptiesme

iour de Ianuier, fut publié en Parlement l'Edit du Roy, par lequel est defendu de bastir & edifier maisons és fauxbourgs de Paris, & que les bastimens commencez, qui n'auoient forme ne façon de maison, ne seroient paracheuez.

Deffence de ne bastir aux fauxbourgs.

En ce temps fut dressee la montee pour aller en la chambre des Generaux des Aides, sur la petite salle du Palais, ouuree des deuises du Roy, & de plusieurs H.H. couronnees.

L'entree du Roy Henry deuxiesme, à Paris, & de la Royne son espouse, la procession par luy faicte, le bastiment à loger l'artillerie, des fontaines des Innocens, ouuerture de la porte de Nesle, des autres diuers bastimens de son tẽps, des Edits par luy faits pour la closture & police de Paris, & renouuelemẽt des halles et autres actes.

CHAP. XXVIII.

Entree du Roy Henry.

EN l'an mil cinq cẽs quarante neuf, le seiziesme iour de Iuin, le susdict Roy fit son entree, en armes, à Paris, la plus riche & magnifique qui fut iamais veue entre les Frãçois, tant du costé du Roy, que de la part de la ville, qui n'auoit en rien espargné ses thresors, ny ses bons esprits, pour rendre l'hõneur deu à son Prince, tant en habits & ornemens, qu'en Theatres & belles inuentions, dont ie descriray en passant les plus singulieres.

à la porte S. Denys.

A la porte royalle de sainct Denis, par laquelle ledit Seigneur deuoit entrer, y auoit vn auãt-portail d'ouurage Tuscan & Dorique, aux deux costez duquel estoient deux grands Colosses d'hommes, mis en lieu de colõnes, tenant chacun vn grand croissant d'argent, dans lesquels estoit escrit en lettre Romaine, la deuise du Roy.

Donec Totum Impleat Orbem.

A la somnité de cét auant-portail estoit vn Hercules de Gaule, dont le visage ressembloit au feu Roy François: il tenoit en sa main dextre vne lance entortillee d'vn serpent & d'vn laurier, signifiant que guerre cõduite par prudence donne la victoire.

En la gauche tenoit sont arc, ayãt le carquois en escharpe, quatre chaines sortoient de sa bouche, assez lasches, qui estoient attachees aux oreilles de quatre personnages, l'vn representoit l'Eglise, l'autre Noblesse, le tiers Conseil, & le quatriesme Labeur. Es noms desquels estoit escrit en lettre d'or.

Trahimur sequimurque volentes.

Signifiant qu'iceluy Roy Fráçois par sa douce eloquence& faits belliques, auoit attiré tous estats à luy: comme le denotoient quatre vers escrits en vn tableau, lesquels pour n'estre prolixes laisserons.

A la fontaine du Ponceau y auoit trois fortunes assises sous vn Iupiter. La premiere d'or, tenát vn gouuernail en dextre, & vne couróne d'abondance à la senestre: elle representoit le Roy & le Royaume, & portoit par escrit.

Regnorum sors Diua comes.

La seconde estoit d'argent, & armee, representant les Nobles, son mot est tel.

Sors lida potentum.

La tierce de plomb, signifioit le peuple, & tenoit vn coultre de chartre. Elle auoit aisles au dos, & disoit.

Impiger a lustrágue sexes plebis.

L'image de Iupiter auoit ces mots,

Tibi sceptra, iugemque consiliane.

Ainsi le susdict Roy continua de marcher plus auãt iusques au grãd Palais, à l'entree duquel sur les grãds degrez estoit vn double arc triomphal, duquel la frize & cornixe estoient enleuees de moresques dorees, & au dessus estoient les armes du Roy & de la Royne, enuironnez de chapeaux de triumphe. Aux deux cantons estoient deux harpies, tenant chacune vn flambeau tousiours bruslant, & au milieu des deux arcs, estoit vne Venus grãde au naturel, qui iettoit lait de sa mamelle dextre. Les degrez estoient

Entree du Palais.

tous couuerts en berceau de festōs de lierre.

Le dixhuictiesme iour de Iuin ensuiuant, la Royne Catherine de Medicis fit son entree en ladite ville, la plus riche & sumptueuse qu'ō ait iamais veuë, estant accompagnee & suyuie des grandes Dames & Princesses, dont les ornements & beautez excedoient les excellēces du monde.

Le lendemain, iour de la feste Dieu, le seigneur Claude Guyot, Preuost des Marchās, & les Escheuins, presenterent à la maiesté du roy vn riche present, tout de fin or, vray chef d'œuure d'orfeurie : en la base duquel soustenue par trois harpies enrichies des deuises & armes du Roy, estoit escrit.

Henrico II. Principi P. E. principis clūitas Lutecia D. D.

Au milieu de cette base estoit planté vn palmier contrefaict au naturel, autour duquel estoient debout trois Roys armez & couronnez: l'vn resembloit naifuement au Roy Loys douziesme, le second au Roy François, & le tiers au Roy Henry. Les deux premier monstroient au tiers vne petite table pendante à l'vne des branches du palmier, où estoit escrit.

Magnum magna decent.

Sous les trois Roys, contre la base estoient trois personnages, à sçauoir, sous le Roy Loys, estoit Ianus à deux visages, l'vn vieil & l'autre ieune; portant contenance de vouloir escrire: sous le Roy François estoit Iustice, tenant vne espée nue en la main, & sous ses pieds vne bource.

Sous le Roy Héry, estoit vn dieu Mars, armé, garny d'vne targue à vne teste de Lyon. Ces trois auoiét leurs pieds sur le dos des trois harpies. A l'vn des costez estoient les armes de la villes, qui auoient ce mot dans vn rouleau.

Tumidis velis aquilone secundo.

Apres que le Roy & la Royne eurent fait leurs entrees, & le tournoy eut esté acheué le troisiesme iour de Iuillet, fut dressee vne bataille nauale, & donné l'assaut de gens de pied, contre vne petite ville feinte, en l'Isle de Louuiers, dans laquelle estoit monsieur d'Aumalle & sa compagnie, commetenans les nauires & galleres du roy & des grands Seigneurs, peintes & armoyees de leurs couleurs, voltigeoient à l'entour sur la riuiere de

Seine, (chose plaisante à voir) & les assaillans de la ville tous à pied, & en fort bel ordre en armes estoient campez à l'Isle aux vaches. En cét assaut fut bruslee vne tour au milieu de l'eau, & l'artillerie de tous costez fut deslachee de telle impetuosité que la terre trébloit, & empeschoit la fumee la clairté du ciel. De l'estonnement les verrieres des Celestins tomberét toutes par terre, vne gallere y fut bruslee par le feu qui se print à leur poudre estát ietté de ceux de dedans.

Le lendemain le roy fit faire procession generale à Paris, où il assista & auec luy la Royne, tous les Princes & Princesses, à pied, & cierges en la main: En icelle fut porté le sainct Sacremét de l'autel, les sainctes reliques de la saincte Chapelle, la chasse saincte Geneuiefue, & generallement tous les saincts reli-

Procession generalle.

quaires de la ville & fauxbourgs de Paris: Le Roy partit de sainct Paul auec telle compagnie, & vint à nostre Dame de Paris, où fut celebré la Messe en toute humilité & deuotion, à laquelle il assista plusieurs Cardinaux, Archeuesques & Euesques, semblablemẽt les deux cens Gentils-hommes, Suisses, Archers & Officiers de la maison dudit seigneur, tous ayans torches ardentes en la main, & les suyuoient les Estats de la ville, les Cours de Parlement, des Comptes, des Aides, des Generaux, le Preuost de Paris, & toute la Iustice, marchant en bõ ordre à ladite procession, aussi ayãs torches ardẽtes & cierges bruslans en leur main. Ce iour furẽt bruslez cinq heretiques sacramentaires, & plusieurs autres depuis.

Ordre de ladite processiõ.

Heretiques bruslez.

En ce temps furent instituez les enfans Orphelins en l'hospital de la Trinité, comme auons dict plus amplemét sous le regne de Philippes Auguste cy deuant. Il y a vne place derriere les Celestins, où de coustume les roys font fondre leur artillerie pour la defence du royaume: en ce lieu le Roy Henry secód a faict faire deux grádes & spacieuses loges, en forme de halles, en l'vne desquelles on fond & forge les pieces d'artillerie, & l'autre sert de les mettre à couuert, ensemble des logis & maisons pour les officiers & ouuriers dudit estat: & lors fut clos le passage, par lequel on alloit dela à la Bastille.

De l'arsenal.

Audit an, mil cinq cens quarante neuf, le vingtcinquiesme iour de Nouembre, le Roy commáda par lettres patentes en forme d'Edict, par lesquelles il ordonna, que toutes personnes, de quelque qualité, estat & códitiõ qu'ils fussent, met-

Edict du Roy.

troient par deuers messeigneurs de la chambre de son Thresor, la declaration par escrit, des fiefs, arriefiefs, heritages, possessiõs, maisons, cens, rentes, prez, forests, & autres choses quelconques mouuans de son domaine, dont ils estoient en iouyssance en la preuosté & vicõté de Paris : à fin que par les tiltres & enseignemens on fist des papiers terriers, pour la conseruation des droits dudit seigneur. Par mesme voye les Quartiniers de Paris exhiberẽt par Rooles le nõbre des maisons en chasque quartier, au moyẽ dequoy on cogneut à peu pres le nombre d'icelles, que l'on a estimé iusques à dix mil ou enuiron, non comprins lesdits fauxbourgs, les Eglises, Chapelles, Colleges, Chapitres & Communautez, les cinq ponts, les vinze halles, & beaucoup d'autres lieux du domaine du Roy

Nombre des maisons.

L'an mil cinq cens cinquante, les fontaines S. Innocēt furent bastiees de neuf, auec vn corps d'hostel par dessus, le tout de pierre entaillee à l'antique, où sont representees au naturel les Nymphes & dieux Poetiques, sur deux desquelles estans demy nues est escrit en lettres d'or. *Fōtaines S. Innocent.*

Fontium Nymphis.

Audit an fut ouuerte la porte de l'hostel de Nesle, pour passer du costé des Augustins, vers sainct Germain des prez: & pour ce faire fut fait de neuf vn pōt de bois trauersant par dessus les fossez dudit hostel: depuis lequel on a fait vn quay & chaussee de pierre de taille, au long de la riuiere, en reparant les vieilles murailles iusques au pont S. Michel, fut aussi peint de neuf & doré le quadran de l'horloge *Porte de Nesle ouuerte.*

du Palais, & au dessous escrit en lettres d'or.

Henric. ij. Franc. Rex Christianiss.

Mõnoye faite à Paris.

L'an que dessus, le Roy fit plusieurs ordonnances sur le faict des mõnoyes, & furẽt dressées en l'hostel de Nesle plusieurs forges, où furent forgées les pieces de deux sols six deniers.

Le quay de la riuiere de Seine.

Cette mesme année, au moys de Iuin, fut commẽcé à hastir le quay au long de la riuiere de Seine, depuis le port au foing, iusques en Greue.

Audict an & moys, le Roy Henry ayant donné à certain personnage la place d'entour la boucherie de Paris, vis à vis de Chasteler, depuis la tour de la boucherie, iusques au coing aboutissant deuant le marché à la volaille, les bouchers chets s'y opposerẽt, disant cela leur appartenir; & que l'ancienne boucherie comprenoit iusques là.

Ancienne boucherie.

De fait le paué fut leué, pour verifier leur dire, & furẽt trouuez les fondemens à l'allignement de ladite tour. En icelle tour sont encores des degrez pour mõter sur cette boucherie, où y auoit grandes salles à faire festes, & dessous y a des caues.

En cét an fut estably le bastiment de pierre de taille & de brique en la vallee de Misere, contre Chastelet, au bas duquel sont les demeurances d'aucũs Orfeures & Marchãs: le haut estage est estably pour la chambre des Cõmissaires de Chastelet, dans laquelle on entre par la salle dudit lieu.

Aussi en cette saison fut acheué le bastiment du cloistre des Celestins, tout vouté de pierre de tail-

Bastiment des Celestins.

le, de tres-excellent ouurage.

Siege des Sergens.

En ce temps les Sergens à verge firent dresser les loges, autrement sieges, ou bureaux, couuerts d'ardoise, & dessus les effigies d'vn Roy & de Iustice, à fin d'y tenir leur assistẽce durãt le iour. L'vn à la porte Baudes, le second pres sainct Iaques de l'hospital, le tiers au petit Chastelet : l'autre au bout du pont S. Michel, & en la place Maubert.

Audit an, fut faicte ouuerture en la grosse muraille de la salle du Palais, & dressee vne porte pour entrer de front en la Chambre doree de Parlement. Vers la fin d'icelle annee, mil cinq cens cinquante, on restaura de grosses pierres de taille, plusieurs ruynes au grãd Chastelet.

Excellẽs meubles vendus.

Au moys d'Aoust audit an, furẽt venduz publiquement, en la Megisserie, plusieurs Images, tables d'autels, peintures, & autres ornemens d'Eglise, qu'on auoit apporté & sauuez des Eglises d'Angleterre.

En cette annee mil cinq cens cinquante, le Roy enuoya lettres en France, en forme d'Edict, au Preuost de Paris, & ses Lieutenans, Preuost des Marchās & Escheuins, par lesquelles il leur mandoit faire faire le portrait & dessein de la closture & fortifications de tout Paris, comprins les fauxbourgs, tant de l'vniuersité que de la ville, auec permission de bastir & edifier maisons dedans cette closture: dōné à Sainct Germain en Laye, le 8. iour de Septembre.

Edit du Roy.

Enuoya ledict seigneur Roy, autres lettres ausdits Preuosts, pour aduiser l'establissement d'vn Bac, sur la riuiere de Seine, donné à S. Germain en Laye, le 9. iour de Septembre audit an.

Establissement d'vn Bac & autres commandemens du Roy.

Enuoya autres lettres pour la police de la ville & nettoyement des rues d'icelle, donnees audit lieu & mesme iour. Autres lettres, pour dresser les pãtes des esgouts & cõduits des immondices d'icelle ville, donné audit lieu & mesme iour.

Autres lettres pour le departemẽt & establissement des Commissaires & quartiniers, par certains lieux & places de la ville, cité & vniuersité, & fauxbourgs : pour suruenir aux affaires & necessitez d'icelle, donné audit lieu & mesme iour.

Halles baillees à rebastir.

En ce temps les hales de Paris furent entierement baillees à rebastir de neuf, où furent dressez, bastis & continuez excellents edifices, hostels & maisons sumptueuses par les bourgeois preneurs des vieilles places & ruynes.

Porte neuue au Palais.

En ce moys furent faictes portes neuues de bois en la grãde & petite salle du Palais, entaillees aux armes de France & Dauphiné, auec les croissans & H H couronnees: ensemble furét faites les fenestres de mesme estoffe en icelle grãde salle.

Le neufiesme iour d'Octobre, par cas fortuit fut bruslee vne grande partie du College de Reims.

Audit an mil cinq cens cinquãte, la vueille de Toussaincts, fut publié à son de trompe par Edict du Roy, qu'aucun ne vendist marchãdise, ouurist boutique en iour de feste en la ville de Paris: & que nul artisan n'eust à faire son mestier, la veille de feste passé mynuict.

Le Dimanche septiesme iour de Decembre ensuyuans, ainsi qu'on chãtoit vne antienne apres vespres en l'Eglise de nostre Dame de Paris, deuãt son image: vn heretique, natif de Lorraine, passant entre les Chanoines, vint l'espee tiree vers *Vn heretiq; bruslé au paruis nostre Dame.*

l'image, & montant pour attaindre où elle est assise, s'efforça de la frapper, & la jetter par terre, mais estát arresté par les assistans, fut emprisonné, & le Ieudy ensuiuant eut la lágue coupee par arrest de la Cour, pour ses blasphemes, & fut bruslé vif, au paruis nostre Dame, & le Dimanche d'apres, audict lieu, fut faicte procession generale par la cour de Parlement, magistrats de l'hostel de ville, & le peuple de Paris en grand nombre.

Procession generale.

L'an mil cinq cens cinquante vii, le Samedy treiziesme iour de Iuin, fut descendue la chasse saincte Geneuiefue, & portee en procession en l'Eglise nostre Dame, à cause des Tonnerres, foudres, gresles, & longue pluyes, qui auoiet gasté beaucoup de pays, & tué ou blessé beaucoup de personnes.

Le vingtiesme iour d'Aoust ensuyuant par les paroissiẽs de Sainct Laurẽs, & autres habitans, furent assises les quatre premieres pierres pour fondement d'vne chappelle nouuellemẽt erigee en la Ville-neuue des fauxbourgs Sainct Denis, sur la mõtaigne du moulin: laquelle chapelle a esté acheuee de bastir & augmentee pour le soulagemẽt desdits habitans.

Villeneuue aux faux-bourgs.

Audit an, le Lundy cinquiesme iour d'Octobre, furent commencees à ficher les bornes pour enclorre auec Paris les fauxbourgs de Sainct Germain des prez, Sainct Michel, Sainct Marceau, & Sainct Victor.

Bornes mises aux faux-bourgs.

Le sacré de reuerend pere en Dieu, l'Euesque de Paris, procession du Roy, reedification du petit pont, assiette des premiers fondements des rampars & bouleuers de la ville auec continuation d'iceux, fondatiõ de l'hospital des pauures à sainct Germain des prez, la paix entre les Princes, trespas du treschrestien Roy Henry secõd du nom, & la reedification du College de Forteret.

CHAP. XXIX.

LE Dimanche quinziéme de Nouembre, mil cinq cens cinquante vn, Eustache du Bellay grand Archidiacre de Paris, fut sacré Euesque en la chapelle de l'hostel Episcopal. Le Mercredy dixhuictiesme iour dudit moys, audit an, le Roy fit faire procession generale, où fut

Procession generale.

porté le sainct Sacrement de l'autel, les sainctes reliques de la saincte Chapelle, les Chasses saincte Geneuiefue sainct Marceau, sainct Germain des prez, & toutes les autres Chasses, & Reliques de Paris: ils partirent de la grand'Eglise, vintent par la rue de la vieille drapperie, entrerét en la grand' salle du Palais, passérent par la petite salle, & deuant la saincte Chapelle, où estoient le Roy, la Royne & toute la seigneurie de la Cour, acc͠opagné de la Cour de Parlement, de la Chambre des Comptes, du Corps de la ville de Paris, & autres estats d'icelle. Le Roy suyuit la procession, à pied, le cierge ardant en la main, suiuy de tous les Estats des susdits, retournerent par la rue de la Calende en la grand' Eglise, où monsieur du Bellay, nouuel Euesque de Paris, fit l'office, lequel ce

Entree de l'Euesque

de Paris, & ce qui se faict à ladite entree.

mesme iour, de grand matin, auoit esté receu, & faict son entree d'Euesque, ainsi qu'il s'ensuit : Il faut entendre que c'est la coustume ordinaire quand le nouuel Euesque faict son entree, de coucher vne nuict à S. Victor, & le matin l'Abbé de S. Victor le presente à l'Abbé de saincte Geneuiefue, qui le conduit, auec ses Religieux, en l'Eglise de sainte Geneuiefue des Ardants, & est porté le nouuel Euesque, faisant cette entree, dans vne chaise, par les quatre Barõs de Frãce. Or pource que la procession empescha ces solennitez, le Roy pour lors en deschargea lesdicts Barons & Seigneurs, & seulement vint ledit reuerend, Eustace du Bellay, en l'Eglise saincte Geneuiefue des Ardants, se reuestir des habits Pontificaux, attendant l'Abbé de sainte Geneuiefue, lequel vint suiuant la Chasse saincte Geneuiefue, apportee en procession, & s'arrestāt l'Abbé à la porte de l'Eglise saincte Geneuiefue des Ardants, fit la reuerence audict Euesque du Bellay, luy baillāt vn liure ouuert à baiser: puis luy feit mettre les mains dessus & lire dedās, pour faire les promesses accoustumees.

Cela fait, l'Abbé print l'Euesque par la main senestre, le mena hors l'Eglise, & le presenta au Clergé de Paris, qui estoit attēdant en la rue. Là furent appellez en defaut, par vn huyssier de Parlement, les quatre Barons de France (dont Montmorency souloit estre le premier, mais cette Baronnie, peu au parauant en la mesme annee, auoit esté erigee en Duché) à sçauoir le Barō de Massy, le Baron de Maugeron, le Baron de Cheureuse, & le Baron de Lusarches. Apres que le Doyen

Les quatre Barons de France appellez.

& le Chantre de l'Eglise de Paris, eurẽt receu leur Euesque auec oraisons, & harangues Latines, luy eurent presenté l'eau beniste, l'encēsier, & faict les autres ceremonies, & que l'Abbé de saincte Geneuiefue eut protesté, & fait protester les autres que cette presentation, & reception faite en brief temps, par le commandement du Roy, seroit sans deroger à l'aduenir aux anciēnes coustumes & vsage, ils menerent ledit reuerend pere, Euesque en la grand' Eglise: & deuãt qu'entrer en icelle, luy firent iurer & signer de sa main les statuts de leans, qui luy furẽt leuz, puis l'introduirent en l'Eglise, ou fut chanté le Cantique, *Te Deum laudamus*.

Et ce fait, le menerõt au reuestiere & au tresor: & l'ayant assis au siege Episcopal, le mirent en possession de toute l'Eglise & Euesché. Le Dimanche 27. iour de Decẽbre, audit an, fut faite procession generale depuis l'Eglise nostre Dame de Paris, iusques à l'Eglise S. Geruais, ou fut chãtee la Messe, & faite predicatiõ, touchãt la veneration des Images, pour cause que quelques iours au parauant on auoit rompu les testes d'vne image de nostre Dame & de son enfant, derriere S. Anthoine le petit, au mesme lieu où on auoit fait semblable iniure à vne autre image de nostre Dame, du tẽps du Roy François, lequel au lieu y en auoit mise vne d'argent, laquelle aussi auoit esté desrobee, & depuis vne autre de pierre remise, laquelle auoit esté ainsi brisee, come i'ay dit, pour reparation duquel crime apres que la Messe eut esté chantee en l'Eglise Sainct Geruais, la procession de toutes les Eglises de Paris accompagnans le reuerẽdissime Legat en Frãce, & l'Euesque de Pa-

Image nostre dame mise solennellement.

ris tenant vne image de nostre Dame, doree & argentee, suyuis de la Cour de Parlement, du Corps de la ville, & grand nombre de peuple, tous allerent au lieu dessusdit, auquel le reuerendissime Legat en grand hõneur posa icelle image, en la presence des assistans. Au commencement de l'annee 1552. furent abbatues les maisons assises sur le petit pont, du costé de l'hostel Dieu, pour leur vieillesse tõbãs en ruyne, & en furent edifiees d'autres de pierre de taille, toutes d'vne grãdeur & mesme allignemẽt: au milieu duquel fut aposee telle escriture en lettres d'or, sur marbre noir.

Edifice du petit pont.

Anno Dom. M. D. LII. Henrico II. P. I. Clau. Guiotus mercatorum prafectus iterum cõtinenter factus Ioh. Iayus Cos. Luillierius, Gui. Lermierius & Rob. Pratensis.

AEDILES POSVERE.

L'an mil cinq cens cinquãte trois, le Roy Henry donna le priuilege, & confirma les anciens tiltres au Preuost des Marchans, Escheuins & Bourgeois de Paris, pour les exempter d'aller au ban & arriere-ban : par lettres donnees à S. Germain en Laye, au moys de Iuin. *Confirmatiõ de priuileges.*

Audit an furent commencees les fortifications de la ville de Paris du costé du boulevert dedans le fleuue de Seine, là où le cours d'iceluy entre dãs les fossez, derriere les Celestins, en continuant iusques à la Bastille S. Anthoine, pour laquelle chose accomplir, ensuyuant l'Edict du Roy, toutes les maisons furent taxees & cotisees depuis quatre liures tournois iusques à vingt-quatre liures, & fut la premiere pierre assise le Vendredy xj. iour d'Aoust, laquelle estoit ainsi escrite & grauee que voyez cy apres. *Fortificatiõs de la ville de Paris.*

NISI DOMINVS

MANE NOBISCVM DOMINE.

D. HENRI. II. R.

G. C. F. A. V. G.

G. TH. C. P. M. VLOR. RP. TL. IB.

QVARTVM VIRIS.

I. H. E. TH. E. VRB.

1 5ss 3.

VIII. M. AV.

FRVSTRA VIGILAT

QVI CVSTODIT EAM.

CVSTODIERIT CIVITATEM.

Lesdictes

Lesdictes fortifications à fons de cuue auec leurs ramparts & secrettes defenses, furét continuees iusques à la porte S. Anthoine, auquel lieu à main senestre est grauee en pierre cette escriture.

Regnant le Roy Henry II. M. Martin de Bragelonne, Conseiller du Roy, Preuost des Marchans; M. Augustin de Tou, Claude Marcel, M. Pierre Preuost, & Guillaume L'archer, Escheuins.

En cét endroict, dans la pierre du fondemét, est graué ce qui s'ensuit.

Henrico II. Fräcorũ Rege Christianiss. Galliarum.

Habenas moderante, præpositus & IIII. viri par. R. P. ad ciuium securitatem & quietem A. fundis Erexere. M. D. LVI.

L'an mil cinq cens cinquãte sept, t basty de neuf vn hospital, pour oger & retirer les pauures, hors les *Hospital sainct Germain.*

fauxbourgs S. Germain des prez, ledict lieu n'est presque entretint que des aumosnes des Citoyens & Bourgeois de Paris, chose grandement charitable, car en ce lieu y a grande abondance de pauures.

Seconde sedition pour le Pré.

Au moys de May audit an, s'esmeut la secõde sedition du Pré aux Clercs : finalement vn ieune escolier, nommé Baptiste Croyquoysson, natif d'Amiens, prins en la sedition, fut pẽdu, estrãglé, & bruslé au milieu dudict Pré.

Seconde fuyte.

En cét an fut la seconde fuyte des Parisiens, espouuentez de la prinse de Sainct Quentin, & fit le Roy faire procession generale, où il assista. Le Dimãche cinquiesme iour de Septembre, en la presence du Roy & de la Royne, furent faictes monstres generalles des estats & mestiers de Paris, entre la chapelle & Sainct Denis en France.

L'an 1561. fut ouuerte vne rue vis à vis de la rue neuue nostre Dame, maintenant nōmee le marché neuf & boucheries, le long de la riuiere de Seine, iusques à l'Eglise S. Germain le vieil, aboutissant de l'autre part au bout du pont S. Michel, pour la commodité des passans, & eslargissemēt des voyes publiques, acheuez sous le regne du roy Charles 9. du nō, cōme verrez cy aprés.

Marché neuf.

L'an mil cinq cēs cinquāte neuf, le dixiesme iour de Iuillet, trespassa le Roy Henry deuxiesme de ce nom, en son hostel des Tournelles, par vne blessure qu'il auoit receuë d'vn contre coup de lance le Vendredy dernier iour de Iuin, au tournoy empris & tenu en la rue Sainct Anthoine, auquel tournoy ledict seigneur Roy estoit l'vn des tenans, ce qu'il fit pour la ioye de la paix, qu'il auoit obtenue par le

La mort du Roy Henry.

don de Dieu, auec les Princes estrãgers, au moyen dequoy il marioit, au roy Philippes d'Espagne, sa premiere fille, Elisabeth, & madame Marguerite, sa sœur, à Philibert Emanuel, Duc de Sauoye. La mort dudict Prince apporta grande tristesse & pleurs aux Frãçois & estrãgers: aussi les annees d'apres, le Royaume de France s'en ressentit.

Le Ieudy, treiziesme iour de Iuillet, le cœur dudit feu seigneur roy, honnorablement embasmé, fut posé dans vn cercueil de plomb, d'vn pied en carré, dessous la couuerture duquel estoit graué.

Icy gist le cœur de Henry, par la grace de Dieu second de ce nom, Roy de Frãce Treschrestien, qui trespassa aux Tournelles de Paris, le dixiesme iour de Iuillet, l'an mil cinq cens cinquante neuf.

Puis fut porté processionellemẽt

ce mesme iour aux Celestins, où il fut mis en la presence des grands Seigneurs en vn caueau, sur vne colonne, deuant le grand autel dudit conuent des Celestins. Et apres tous les honneurs & ceremonies gardees, le Dimanche treiziesme iour du moys d'Aoust, son corps fut enterré à l'Eglise de Sainct Denis en France.

Le cœur du Roy Henry aux Celestins.

Durant le regne dudict seigneur Roy, le tresillustre & reuerendissime Cardinal Charles de Lorraine, fit bastir dans le bois du Chasteau de Meudon, vn lieu de plaisance, nommé la Grote, à l'imitation des anciens Romains, qui souloiét bastir ainsi leurs edifices : est ledict Chasteau estoffé de tant de colonnes, effigies, statues de marbre, de peintures grotesques, cópartimens & images d'or & d'azur, & autres couleurs, qu'il est impossible de le re-

Chasteau de Meudõ.

citer: ſur le deuant dudict lieu, dedans la corniche, eſt eſcrit en lettres d'or.

Quieti & muſis Henrici II. Gall. R. P R. O P T. P. F. S.

Le Chaſteau dudict lieu de Meudon auoit eſté commencé à baſtir du temps du Roy Frãçois premier par meſſire Antholne Saguin Cardinal du ſainct Siege, & ſeigneur dudict lieu, & fut parácheué durát le regne du Roy Henry 2.

College de Fortet reedifié.

L'an mil cinq cens ſoixáte, fut reparé & reedifié le College de Fortet, cent ſeptante ans apres ſa fondation, ainſi qu'on lit ſur la porte d'iceluy, ainſi.

[illegible] cenſium & Fortetiſſe familie [illegible] D. Petrus Fortetius Pariſienſis canonicus has ædes ſacrauiſſ. muſis anno domini 1390 [illegible] D. [illegible] prudentiſſ. moderatores [illegible] ſumma [illegible] anno domini 1560.

Du regne, entree, sacre & couronnement du Roy François deuxiesme du nom, en la ville de Reims, & de plusieurs choses durant son temps, entre autres le commencement des guerres ciuilles en la France.

CHAP. XXX.

APres le trespas & decez du tres-Chrestien Roy Henry 2. du nom, succeda à la couronne de Frace, son fils aisné, François deuxiesme de ce nom, lequel estoit aagé de quinze à seize ans, & commeça à regner au mois de Iuillet, l'an de nostre Seigneur mil cinq cens cinquante neuf. Auquel temps furent faicts plusieurs edits & ordonnances pour le faict de la Religion. Le Ieudy quinziéme iour du moys de Septembre ensuyuant, ledit sei- *François de Valois. 60. Roy de France.*

gneur Roy procedant à son sacre & couronnement fit son entrée en la ville de Reims en Champaigne, & le Lundy d'aprés, qui estoit le dixhuictiesme iour dudict moys, sa Majesté fut oingte & sacree en la grand' Eglise, par le reuerendissime Cardinal de Lorraine, Archeuesque dudict lieu, & Abbé de l'Abbaye S. Remy, estant accompagné des Princes du Sang, des Pairs de France, & de plusieurs autres grâds Seigneurs, auec excellentes pompes & magnificences, y estans gardees & obseruees toutes ceremonies requises ou acoustumees d'anciennété. En celle mesme annee, le douziesme iour du mois de Decêbre, maistre Anthoine Minart, tiers President du souuerain Parlement à Paris, en retournant du Palais en son logis estât môté dessus sa mulle entre cinq & six heures du soir, fut

Sacre du Roy.

Mort du Presidêt Minart.

frappé d'vn coup de pistolle, en la vieille rue du Temple, dõt il mourut peu apres.

Au moys d'Aoust, mil cinq cens soixante, furent despeschées lettres patentes, par lesquelles ledict seigneur Roy mandoit au Preuost de Paris, & pareillement à tous autres Iuges, faire assembler à son de trõpe ou autrement, en la principalle ville de leur ressort, les trois estats, pour cõferer ensemble, tant sur les plaintes & doleances qu'ils auroiẽt à proposer en l'assemblee generalle des trois estats de France, comme aussi ce qui leur sembleroit tourner au bien public, & au soulagement & repos d'vn chacun.

Lettres du Roy pour assembler les estats.

En celle mesme annee, mil cinq cens soixante, le dixiesme iour du moys de Septembre, le Roy François estant à Sainct Germain en Laye, despescha lettres patẽtes, par

Autres lettres, pour faire ladite assemblee.

lesquelles il mandoit, prioit, exortoit, & neãtmoins enioignoit à to' Euesques, Prelats & membres de l'Eglise, de son obeissance, qu'ils eussent à se trouuer en la ville de Paris, au vingtiesme iour du moys de Ianuier ensuyuant, pour en ce mesme lieu, ou autre prochain d'icelle, qui leur seroit assez tost designé, s'assembler & conferer ensemble, sur le vray seruice de Dieu, & de nostre mere saincte Eglise, & pour la seureté des consciences de tout le pauure peuple.

Le Roy part de sa ville de Paris.

Au moys d'Octobre ensuyuãt, le Roy partit de la ville de Paris, auec grand' compagnie, tous en armes, & chemina pour aller à Orleans, pour y assembler les trois estats de son Royaume, à fin d'entendre les plaintes & dolcances de son peuple, ainsi que luy-mesme auoit fait crier & publier partout son royaume. En ce mesme temps, le quatre & cinquiesme iour du moys de Nouembre, fut faicte assemblee en l'Eglise nostre Dame de Paris, par le commandement du Roy, pour lesdits estats.

La mort du susdit Roy.

Audit moys de Nouebre, le Roy deuint malade d'vn caterre qui luy tomba sur vne oreille, & tellement le pressa ladicte maladie, qu'il en mourut vn ieudy cinquiesme iour du moys de Decembre, audict an, mil cinq cens soixante, laissant madame Marie de Stuart, Royne d'Escosse, sa femme, vefue sans aucuns enfans, & quelque peu de temps apres, son corps fut porté inhumer en l'Eglise Sainct Denis en France, pres ses peres & ancestres, ainsi come on a de coustume de faire, auec telle pompe funebre, que le temps peut permettre.

Du regne du Roy Charles, neufiesme de ce nom, cõtinuation de l'assemblee des Estatz en la ville d'Orleans, l'entree, sacre & couronnement du Roy à Reims; l'entree du Roy à Paris, grande tempeste & merueilleuse gresle tombee, poudres bruslees dedans l'Arsenal, bastiment du neuf marché, edificatiõ de la porte sainct Victor. De deux sacrileges punis, l'un pour le faict par luy commis à l'Eglise sainct Barthelemy, l'autre en l'Eglise saincte Geneuiefue du mont, punition d'un seditieux, du fondement des fortifications de la ville, & plusieurs bastimens d'icelle: & autres choses dignes de memoire.

CHAP. XXXI.

Charles Maximilian, 61. Roy

CHarles Maximilian, fils du Roy Henry deuxiesme de ce nom, & de madame Catherine de Medicis, nasquit à S. Germain en Laye le vingtsixiesme de Iuin, de l'ance mil cinq cens cinquante, & succeda à son frere Fraçois, qui mourut à Orleans, estant le Royaume remply de diuisions: & pourautant qu'il estoit encores en bas aage, tout le maniement des affaires fut baillé à la Royne sa mere, pour en disposer & ordonner: toutesfois il fut conclud qu'en toutes lettres & despesches, le Roy parleroit, sans qu'on fit aucune metion de Regēt ou Regente: & Anthoine de Bourbon, Roy de Nauarre, fut estably & declaré son Lieutenant general, representant sa personne, par tous les pays & terres de son obeissance: ce qui fut au grand contentement de tout le peuple.

Le dixhuictiesme iour de May, mil cinq cens soixante, le Roy fut sacré à Reims: au moy de Septembre ensuyuāt, fut assemblé à Poissy

Sacre du Roy.

Colloque à Poissy. vn Colloque national des Prelats de France, pour ouyr & examiner les opinions diuerses de ceux de la Religion pretendue reformée: auquel suyuant le saufconduit & permission donné, assisterét plusieurs ministres, auec lesquels ne fut rien accordé ny resolu. L'an mil cinq cens soixante deux, ils obtiennent l'Edict de Ianuier; par lequel leur estoit permis de faire presches & autres exercices de leur religion, hors les villes seulemét, & ce toutesfois par prouision, & sans approbation de deux religions en France.

Entree du Roy à Paris. Audit an 1562. le Lundy sixiesme iour d'Auril, le Roy fit son entree à Paris, & s'en vint coucher au Louure, & le Dimanche ensuyuant, au matin, vint à nostre Dame, où il fit les solennitez qu'ont accoustumé faire ses predecesseurs Roys. En celle mesme annee, le 3. iour du moys de Iuillet, ſur les dix ou vnze heures du matin ſ'eſleua telle tempeſte & vn vent ſi grand en la ville de Paris & és enuirons, que pluſieurs moulins à vent d'alétour furent abbatuz & renuerſez par terre, & ſur les deux heures apres midy tomba grãde quantité de groſſe greſle par endroits, qu'il n'eſtoit point memoire d'en auoir iamais veu la ſemblable. Et audit an depuis la Touſſaincts iuſques enuiron la my Careſme, la riuiere de Seine ſe deſborda grandement, & outre-paſſa ſes limites accouſtumez, tant pour les grandes eaux pluuiales, qu'auſſi pour eſtre la terre trop trempee. *Vẽts impetueux & greſle.*

Le vingtſeptieſme iour de Decembre 1562. ceux de la religion pretẽdue reformee, faiſant le preſche au fauxbourgs S. Marcel lez Paris en vn lieu nõmé le Patriarche, aucũs malins eſprits firent de grãds

[...]glise S. [M]edard [pi]llee.

scandales, & actes impies en l'eglise S. Medard, y tuans & bleçans ceux qui y furent trouuez. Quelque temps apres furent punis aucũs desdits pilleurs, & entre autres Priere Creon, dit le Champenois, surnommé nez d'argent, & vn autre dit le Cager, aussi le Cheualier du guet, nõmé Gabaston, lesquels furent penduz, ledit Gabaston fut executé à la Greue le vingtdeuxiesme d'Aoust: trois mois apres ou enuiron les troubles recommencerẽt en la France, vers la fin du moys de Nouembre. Le camp fut deuant la ville de Paris iusques au huictiéme de Decembre, & le dixneufiesme dudit moys fut dõnee bataille pres Dreux.

L'an mil cinq cens soixante trois, le dixhuictiesme iour de Feurier, François de Lorraine, Duc de Guise, ayant pour le seruice du Roy

Charles

Charles 9. assiegé la ville d'Orleans fut frappé par derriere d'vn coup de pistolle, par vn nommé Poltrot, lequel depuis fut executé à Paris le dixhuictiesme iour de Mars, audit an, pour l'assassinat, & duquel coup ledit sieur Duc de Guise mourut le vingtquatriéme iour de Feurier: & le susdit Poltrot fut tiré & desmembré par quatre cheuaux en la place de Greue. En fin pour euiter aux meurtres & pilleries, le tout fut pacifié par le prudent conseil du Roy & de la Royne sa mere, & en fut publié vn Edict de pacification, le dixneufiesme iour de Mars, mil cinq cens soixante trois.

Mort du Duc de Guyse.

Edict de pacification.

Le dernier iour de Nouẽbre 1562. par commandement & lettres patẽtes du Roy, il veut & entẽd, que le Preuost des Marchãs face assembler cẽt notables Bourgeois de Paris, & d'iceluy nõbre choisir cinq

Edict du Roy pour la creatiõ des Iuges Consuls.

Marchans qui soient natifs & originaires de ce Royaume, & demeurans en ladite ville: le premier desquels se nommera Iuge des Marchans, & les autres porteront tiltre de Consuls, & l'office desquels ne sera continué plus d'vn an entier, ains trois moys auant que leur an escha ye serõt tenus appeller soixãte marchans lesquels en esliront trente d'entr'eux, & ceux cy auant que partir du lieu feront l'election des cinq Iuges & Consuls, lesquels feront le serment entre les mains des anciens: Ces Consuls ne sont commis sur vne generalité de police, ains simplemẽt sur ce qui passe de marchand à marchand, sur le simple faict de la marchandise. La façon de iuger desquels est autant saincte qu'elle est soudaine, & pleine de simplicité, sans faire la suitte des proces immortels, & causer la

Quel est l'ofice des Cõsuls de Paris.

ruyne des poursuiuans. Ces Consuls sont vne troupe des Bourgeois de Paris, de bõne & vertueuse vie, sans nul reproche, lesquels vuident en dernier ressort, & sans appel, les causes purement: ressentant ce qui est en nature de debte, pour l'esgard de la marchandise, & sur le differend du marchand à autre, veu qu'il n'y a hõme qui entẽde mieux le fond du sac, de ce qui conserne le trafic que celuy qui ne fit iamais autre estat: ils ont esté creez sous le Roy Charles 9. du nom, pour le seul esgard & conseruation de l'estat de marchandise, qui sembloit s'aneantir, à cause que les proces, pour raison de leurs debtes, estoiẽt tirez en si grãde longueur, qu'il n'y auoit nul moyen de plus trafiquer, au grand preiudice du marchand, & souuent d'vn proces s'en engendroit vne infinité, par ignorance

En quel temps instituez à Paris.

de ceux qui auoient les affaires en main. Leur ordre donc, auec lequel ils dressent leur façon de policer, est en telle sorte. Celuy qui est demandeur, faict adiourner sa partie, vient se presenter au bureau & parquet des Cõsuls, armé de la Cedulle & obligation de celuy à qui il a affaire ; là faut que l'vne & l'autre des parties propose son droict de sa propre bouche, ayant faict serment de ne dire chose qui ne soit veritable. Or la Cedulle mise en ieu, le Consul s'en quiert du debteur si c'est son escriture, & si elle est suiuant la verité : s'il le confesse & ne peut monstrer quittance ny escrit tesmoignant qu'il ait payé, il faut que sur le champ il fournisse la somme qu'il doit sans aller vser du subterfuges, ou qu'il dõne caution suffisantes pour le contentemẽt du crediteur, sans qu'il soit be-

Ordre de la police des Consuls.

soing que les parties se destruisent ny en poursuitte, ny en despens, ny en espices pour le iugement. Et pource q̃ les Iuges n'ont cognoissance quelconques sur les crimes ny autres actions, aussi n'ont-ils iurisdiction personelle de poine, sauf que l'emprisonnemẽt en defaut de payer, ou suffisante caution; car il ne se faut là presenter pour y chiquaner & cercher eschapatoires. Et ce qui fait ce magistrat si rond & entier, est pource qu'il est simplement annuel. La maison où ladicte Iustice s'exerce, est pres l'Eglise S. Merry bastie de nostre temps, aux despens des Marchans. Consuls annuels.

En l'annee 1563. le vingthuictiesme iour du moys de Ianuier, entre deux ou trois heures apres midy, le feu se print à plusieurs caques & vaisseaux de poudre qui estoiẽt dedãs l'Arsenal du Roy, en la ville de

Feu soudain à l'Arsenal.

Paris, & par la grande violence de l'estonnement & du feu, cinquante maisons d'alentour furent abatues & ruynées, & les habitans d'icelles tous morts, les verrieres tõberent en plusieurs Eglises, mesme en la cité, il y eut tres-grande perte & dommage au monastere des Celestins, en l'Eglise sainct Paul, & és enuirons.

Entree de l'euesque M. Violle.

Le second Dimãche de Caresme, dixhuictiesme iour du moys de Mars que l'on contoit mil cinq cẽs soixante cinq, dés le premier iour du moys de Ianuier, cõme le Roy Charles l'auoit ordõné par vn sien Edict, Reuerẽd pere en Dieu Guillaume Violle, estant sacré Euesque de Paris, fit son entree en la mesme maniere que les Euesques ont accoustumé de faire à leur receptiõ. Ledit Violle ne vesquit guere longuemẽt, & mourut le Mardy quatriesme iour du moys de May, l'an de grace, mil cinq cens soixante sept, estãt en son hostel Episcopal, & fut enterré honnorablement en la grand'Eglise nostre Dame de Paris, auec telle solennité & pompe funebre q l'on a accoustumé faire.

En l'ãnee 1568, fut acheué le Neuf marché & poissonnerie, commencé l'an 1561. & fut assise la premiere pierre le quatriesme iour de Iuin. Il est basty le long de la riuiere de Seine aboutissant d'vn bout au põt Sainct Michel, & l'autre sortant dans la rue Neuue nostre Dame, auquel lieu a esté basti dixsept boutiques tout d'vn costé, ioignãt l'vn à l'autre, dedans lesquelles se vend la maree & saline, & és autres places des enuirons se vend le poisson d'eau douce, beurre, œufs, & autres telles marchandises de bouche. Il y a aussi en ce mesme lieu, sur le quay

Du marché Neuf.

le long de la riuiere trois maisons, deux desquelles ont esté basties pour vendre chair & tenir boucherie, & l'autre est pour la commodité des salines, chose singuliere au profit du peuple, à cause de la riuiere de Seine, & de 2. puits qui sont audit lieu. Sur le portail de la maison du mitã est escrit ce qui ensuit,

Cl. Quintus ipræf. mercator. Ioã. Re. Curtius. Aedd. Macellum hoc piscariũ inchoat. carnarium alterumq. asubdium. ædificarunt. ANNO DOMINI M. D. LXVI. *Car. Rege.*

L'autre escrit estant cõté la boucherie pres le pont Sainct Michel, est tel qui ensuit.

Regnãt Charles IX. Roy de France, De l'ordõnance de messire Nicolas le Gondre, Cheualier, Seigneur de Ville-Roy, Preuost des Marchãs, Nicolas Bourgeois, Iean de Bray, Maistre Iaques Saguin, & Claude Heruy, Escheuins ces Edifices furét paracheuez M. D. LXVIII.

Le Mercredy 14. de Iuillet 1563. heure d'vne heure apresmidy, ou enuiron, fut pris le Siboire qui estoit en l'Eglise S. Barthelemy, pendu au dessus du maistre Autel, & la sainte Hostie fut mise sur des ordures au poing dudit maistre autel, par vn nommé Iean Petit, agé de 13. ans, n'ayant aucune apparéce de barbe: & fut prins par vn Bourgeois ainsi qu'il remontoit la closture du cœur par où il estoit passé, & ainsi arresté, fut l'Eglise fermée & gardee contre la commune qui vouloit entrer leans pour le mettre en pieces sur le champ, furent aduertis Messieurs de la Cour, lesquels enuoyerent interroger ledit malfaicteur. Le rapport faict, au mesme iour fut condemné à estre

Sacrilege puny.

pendu & estranglé, puis bruslé reduict en cendre, fut executé à la mesme heure en la court du Palais: estant prest de mourir, dist ne l'auoir faict par desdain, mais par necessité, & mourut en l'estat de bon Chrestien.

Audict an, le mercredy 22. iour de Decembre, à sept heures du matin, vn ieune homme, pouuant estre aagé de 22. ans, n'aguere au parauant religieux de l'ordre des Bernardins, estãt à l'Eglise saincte Geneuiefue au mont de Paris, assistát à vne basse Messe, ainsi que le Prestre leuoit la saincte Hostie, l'osta au Prestre, la mit en pieces, la foula aux pieds, & voulãt fuir, fut pris & mené prisonnier aux prisons de ladite Abbaye saincte Geneuiefue. Le Roy estant aduerty de ce faict, enuoya monsieur le Mareschal de Montmorácy, pour en faire brefue

Autre sacrilege puny.

iustice, & fut executé le mesme iour en la place Maubert, auquel lieu fust pẽdu, estrãglé, puis bruslé: Ledict Sieur de Montmorancy assista tant qu'il fut expedié & iustice accomplie. Pour la reparation du crime, le 27. iour dudit moys, iour S. Iean apres Noel, fut faict procession generalle, par le commandemẽt du Roy, & passa par la grãd salle du Palais, où ledict seigneur Roy attendoit pour y assister: La Messe fut chantee en ladicte Eglise saincte Geneuiefue.

Le Dimanche 9. Iuillet 1564. plusieurs basteaux, chargez de bois, arriuerent à Paris, au Port de Greue, venans de la forest de Rez, appartenant à la Royne mere, & estoiẽt descenduz par vne riuiere nouuellement trenchee, tõbante en Marne, & puis en Seine: les deux premiers d'iceux furent dõnez à Mes- *Nouuelle riuiere.*

sieurs de ville, en signe de recognoissance, car iamais n'auoit esté amené boys dudict lieu. Et ainsi qu'ils arriuerent fut tiré cinq ou six coups de canon en ladicte place de Greue, pour la memoire du temps de telle nouueauté.

Des tournelles.

Au moys d'Aoust 1565. on commẽça à desmolir l'hostel des Tournelles en la rue S. Anthoine à Paris, tant les bastimens que dans le parc, pour y faire Rues, & bailler place à bastir au profit du Roy, au plus offrãt & dernier encherisseur.

Cinq enfans nez.

L'an 1566. en la rue de Guerinboisseau, la femme d'vn pauure aide à Masson accoucha de cinq enfans, à sçauoir, quatre vifs & vn mort, masles & femelles, lesquels moururent quelque temps apres.

Punition d'vn seditieux.

Audict an 1566. vn Escollier aagé de 28. ans ou 30. ans, pour auoir attaché vn placart cõtre vn tableau assis en la court du Palais, par le Pape, de la saincte Chapelle, lequel auoit esté fait à l'honneur de Dieu, & de l'Eglise Catholique, & du S. siege Apostolique, ainsi qu'on a accoustumé faire tous les ans, le iour S. Nicolas, 9. de May, ledict placart tendoit & mesprisoit ces choses, qui fut presque occasion de sedition, & comme tel, fut par la Court condemné à estre fustigé de verges, & le fut de tel poinct, le Samedy xv. iour dudict moys, qu'il fust presque au mourir.

Le 12. iour de Iuillet, à quatre heures de releuée fut (le Roy present la Royne & autres Seigneurs) assise la premiere pierre des fortifications de la ville, du costé de la Porte-neuue, en laquelle pierre furent mises des pieces d'argent, doerees de fin or, où estoit d'vn costé le pourtraict du Roy auec cette in-

Fondement des fortifications.

te inscription : *Carolus nonus gallia-rum Rex Christianißimus*. 1566. De l'autre costé estoit le pourtraict de la Royne Mere, auec cette inscri-ption autour: *Catherina Regina Hen-rici Secundi Vxor Francisci & Caroli Regum mater*, & estants assises furẽt tirez plusieurs coups de canon: ces pieces pesoient presque le poys de trois testons. Sur icelles pierres de fondement estoit escrit ce qui en-suit. *D. Catharina*

Regina R. R. mater

Anno Christi. 1566.

Durãt tout le moys de May 1562. les portes de la ville furent gardees par les Bourgeois d'icelle, lesquels peu apres firent monstres dessous chacune dixaine, & en chacune nuict on faisoit guet & sentinelle, & pour la conduicte furent esleuz vn Capitaine, Lieutenant, Porte-enseigne, Corporaux & Sergens de Compagnie en chacune desdites Dixaines: cela fut ordõné pour resister aux troubles & guerres qui suruindrent. Et le Roy estant à Chãtilly le 22. iour de Iuillet 1567. il fit & crea, pour sa ville de Paris, seize Centeniers sur les seize Quarteniers comme sont les seize Quarteniers en chacũ quartier, à chacun desquels Centeniers il ordonna auoir puissance sur cent hommes d'vn desdits Quarteniers: la volõté du Roy estoit, pour remedier aux meurtres qui se commettoient iournellement à Paris, principallement entre les grands Seigneurs.

Centeniers à Paris.

Le Dimãche 7. iour de Septembre 1567. furent les vents si violẽts & impetueux, qu'ils firent grand dommage principalement autour de Paris, plusieurs arbres furent rõpus & desracinez, trois basteaux

Vẽts impetueux.

chargez, esquels il y auoit plusieurs personnes estants sur la riuiere de Seine, reuenants de Sainct Cloud, furẽt submergez & noyez, iusques au nombre de 18. ou 20. tant femmes qu'hommes: autres furẽt aussi noyez sur la riuiere de Loire, pensant aller aux grands iours à Poictiers.

Processiõ generale, mõstre en armes.

Le Dimanche 14. iour de Decembre 1567. fut faict procession generalle à Paris: le mesme iour fut faict mõstre generalle en armes, des habitans de Paris q au préaux clers, là ils furent dressez en escadrons les harquebuziers à part, les piquiers à part & ainsi les autres, lesquels il faisoit bon voir: ils estoient estimez au nombre de trente mil ou plus: le Roy accõpagné de la Royne, sa mere, & sa garde, auec leur cornette, aussi y vindrẽt Messieurs de ville auec les archers, ayãts leurs

cornet-

cornettes & trompettes sonnans à leur venue, puis ayant enuironné tous les endroits les harquebuziers tirent par plusieurs fois.

L'an 1568. le iour S. Michel, estant le Roy logé au Palais à Paris, fit faire vne procession le lendemain, la plus solemnelle qui fut iamais veue au parauant, où furent portees les Reliquaires qui s'ensuit apres tous les Religions & parroisses, ayāt chacun vn Reliquaire: furent portees les Chasses Sainct Marcel & saincte Geneuiefue par ceux qui ont accoustumé les porter, puis celle de saint Loys par des Cheualiers de l'Ordre & Gentils-hōmes, puis trois corps saincts, à sçauoir Saint Denis, saint Rustic & sainct Eleuthere portees par des Euesques, auec le Chef S. Loys, S. Denis, la Croix de Victoire, la saincte Couronne, & toutes les precieuses Reliques de la saincte

Processiō generale.

Q.o.

Chapelle, les Religieux de S. Denis y assisterét nuds pieds en Chappes, suiuis des Cardinaux, à sçauoir monsieur le Cardinal de Lorraine, faisant l'office & portant la saincte Hostie marchant au dessous d'vn ciel, à costé dextre estoit monsieur de Bourbon, & à senestre le Cardinal de Guyse: ledict sieur Cardinal de Lorraine estoit nuds pieds, le Roy estoit à cheual, aprés, faisant porter sa Couronne par monsieur d'Anjou, son frére & vn autre aussi, Madame sa mere, son frere, & autres grands Princes & Seigneurs, de Messieurs de Parlement, & autres notables Bourgeois: en tel ordre vindrent de l'Eglise saincte Geneuiefue, passerent par deuant le Palais, sur le pont aux Changes & le pont nostre Dame & allerent à la grád' Eglise, où fut chãté la Messe par ledit Cardinal de Lorraine.

Le Samedy 15. iour de Iuin 1569. furent publiees les obseques du Comte de Brisac, où luy fut donné tiltre de grand Fauconnier & grand de France, Capitaine de cinq cens hommes d'armes, Colonel de l'infanterie Françoise, occis & meurdry au seruice de Dieu & du Roy deuant la ville & chasteau de Lisedanne: Le Lundy ensuiuant fut son corps porté en grād pompe funebre en l'Eglise & conuent des Celestins, où par le commandemét du Roy fut inhumé en la Chāpelle des Ducs d'Orleans.

Obseques du Comte de Brisac.

Le vendredy xxj. iour de Iuillet mil cinq cens septante, en la ville de Paris, Rue des grauilliers, nasquirent, vn peu deuāt le iour, deux enfans Iumeaux, lesquels estoient ioincts en vn corps au lieu de la nature, ayants teste, bras mains, seing, estomach, à l'oposite l'vn de

Deux enfās Iumeaux.

l'autre, & n'ayans qu'vn corps, les pieds de l'vn sous les aisselles des bras de l'autre: lesquels ayans vie, furent baptisez en l'Eglise S. Nicolas des Champs, Paroisse de la maison de leur naissance & où demeuroit leur pere, nommé Pierre Germain, ayde à masson: la mere s'appelloit Mathee Pernelle, fort paures. Lesdictes enfans moururent le Dimãche ensuiuant, peu de tẽps l'vn apres l'autre.

En cette mesme annee 1568. le Vendredy vingt-troisiesme iour de Iuillet, fut assise la premiere pierre pour faire vn pont-leuis, autremẽt dit tapecul, à la porte sainct Victor, & fut rebastie ladite porte toute de neuf, auec le logis qui est dessus, & aussi les deffences pour garder les fossez, & pour forteresse de la ville & pour reparation & augmẽtation desdits fossez.

Porte S. Victor rebastie

En l'an 1570. le neufiesme iour du moys de Mars, fut faite l'entree de reuerend pere en Dieu messire Pierre de Gondy, & en grand solennité accoustumee fut sacré Euesque de Paris, accompagné de l'Abbé de saincte Geneuiefue & plusieurs autres Prelats & Pasteurs de l'Eglise Catholique & Romaine, fit les sermens qu'ont accoustumé faire ses predecesseurs en tel cas. En celle mesme annee, au moys de Decembre, la riuiere de Seine s'espandit & accreut tellemẽt dedans la ville de Paris & autres lieux circonuoisins, qu'elle gasta & noya plusieurs terres à l'entour d'icelle ville. Et depuis, en l'annee mil cinq cens septante & vn, enuiron le commencement de Feurier, recommença icelle inundation d'eau beaucoup plus grande qu'elle n'auoit esté au parauant, tellement que parmy la

Entree de l'Euesque.

La riuiere desbordee.

place Maubert y auoit plusieurs basteaux pour passer ceux qui demouroient és maisons voisines, quand ils vouloient aller & venir à leurs affaires & negoces, & y auoit long temps que l'on ne l'auoit veu si fort desbordee, & dura cette grãde innundation d'eau longuemẽt.

Ie n'oublieray de vous descrire deux notables Colleges, lesquels auons veu dresser de nostre temps à Paris, maisons de toute pieté, car ainsi les faut-il nommer, puis que pour le seruice les fondations en sont faictes, à sçauoir celle des freres de la societé, & appellez en Frãce, par feu de bõne memoire monsieur du Prat, Euesque de Clermõt en Auuergne, qui fut cause qu'au commencement on appelloit ce College les pauures de Clermont, & les chefs duquel se tindrent vn fort lõg tẽps en la rue de la Harpe,

College des freres de la Societé.

depuis ont esté mis en la rue S. Iacques à l'hostel de Langres, où ils lisent & enseignét la ieunesse, la Catechisent & informent en la loy & craincte de Dieu, selon que porte leur institution, & si aucú veut cómuniquer amiablemẽt de quelque chose touchant la Loy, il est fort bien receu, & instruict de la verité. A esté fondé & basti vn college en faueur des pauures de Paris, en la rue des Amendiers, des aumosnes & biens-faicts de feu de bóne memoire le seigneur d'Ablon, Conseiller en la Cour de Parlement, lequel laissa la pluspart de ses biens, tant pour le bastimẽt que pour l'establissement des rentes & manutention de ce College. Nous auós cy deuãt parlé de la demolition de la grande tour du Louure qui iadis seruoit de prison, que le Roy François premier du nom fit abbatre,

College d'Ablon.

Bastimẽt du Chasteau du Louure, & le Palais de la Royne, aux tuilleries.

pour continuer ce superbe bastimẽt qui y a esté faict, & de son teps & de celuy de Henry deuxiéme, & de Charles neufiesme : lequel est ores le siege de noz Roys, & le logis ordinaire des Princes. Cét edifice est à present vn des plus rares, pour l'Excellẽce de son architecture, qui se trouue guere en l'Europe, & en vne assiette, belle & autant forte qu'hõme sçauroit imaginer : ayant de tous costez l'air libre, la riuiere de Seine qui luy est à l'obiect, & le chemin vny pour aller aux tuilleries, qui est le Palais de la Tresillustre & Tres-Chrestienne Royne Catherine de Medicis, lequel est l'vn des plus plaisans & superbes qui soient en l'Vniuers, & lequel sa maiesté fait dresser de tel-le sorte, qu'elle l'enclora dedans la ville

Aussi la religieuse maison des fre

res nuds pieds, de l'ordre S. François, qu'on appelle Capussins à l'imitation Italienne: car d'Italie les a l'on faict venir du viuant du Roy Charles neufiesme, & fut leur premiere retraicte en vn Hameau, lieu pres de Paris nommé Piquepuce, hors la porte S. Anthoine, fondé par les aumosnes de Reuerend pere en Dieu monsieur l'Euesque de Cisteron: l'autre conuent desdicts freres est à Meudon, où le reuerendissime Cardinal de Lorraine Charles les a mis, & les y entretient, cõme soigneux des pauures, & amy de la saincteté de ces religieux, hõnorez par tout à cause de l'austerité de leur vie, depuis changez & transmuez aux faux-bourgs sainct Honoré.

Capussins introduits à Paris.

Le dix-neufiesme iour de Mars, mil cinq cens soixante trois fut publié à Paris l'Edict de Pacification,

Edict de pacification des troubles.

à fin d'euiter aux meurtres & pilleries, & les deux armees ioinctes ensemble, fut reprins le Haure de grace, que les Anglois tenoiēt. Au retour, le Roy seant en son lict de Iustice, à Rouan, declara sa majorité, fit vne ordonnance que tous missent les armes bas.

Siege deuāt Paris.

L'an 1567. la ville de Paris fut derechef assiegee par ceux de la religion pretēdue reformee: & le Roy pensant faire la feste S. Michel auec les Cheualiers de son ordre, en la ville de Meaux, fut empesché à l'occasion des troubles pour le faict de la religion. La nuict du premier iour d'Octobre, audict an, le Roy s'estāt retiré en la ville de Paris, fut bruslé dix sept ou dixhuict moulins à vents, d'entre les portes du Temple & S. Honoré.

La veille S. Martin d'Hyuer, le dixiesme iour de Nouembre 1567.

fut donnee vne bataille en laquelle mõsieur le Connestable fut blecé à mort, & raporté en son hostel à Paris, où il mourut le quatriesme iour ensuiuant, le champ demeura au Roy, ladite bataille fut donnee entre Paris & S. Denis, auquel lieu ils estoiẽt entrez le deuxiesme iour d'Octobre, peu apres lesdits protestans deslogerent allant à Montereau faut Yonne, où ils furent suyuis du camp du Roy.

Bataille pres Paris.

Le 10. iour d'Aoust 1570. il fut publié à Paris le secõd Edict de pacification, qui dura aussi peu que le premier, car à peine l'estranger fut-il hors du royaume que la guerre recommença. Apres ces choses fut pratiqué plusieurs mariages, mesmes du Roy auec madame Elibeth d'Austriche, fille de l'Empereur Maximilian, laquelle il espousa au grand contentement de tout

Mariage du roy de Frãce.

le Royaume au moys de Decembre 1570. en la ville de Mesieres sur la Meuse. Et le moys de Mars apres sa Majesté fit son entree en armes à Paris, suyuant la bonne coustume de ses predecesseurs, au deuant duquel furẽt tous les estats, luy offrãs les seruices que les subiects doiuẽt à leur souuerain, cõme aussi il leur promist tout tel traictement que doit vn Roy de France à ceux que la loy & la nature affrãchissent. La Royne son espouse aussi ayant esté sacree à Sainct Denis, le 26. iour de Mars, audict an, par mõsieur le Reuerendissime Cardinal de Lorraine, lequel fit toutes les ceremonies accoustumees: Et le 29. iour dudit moys, aud[ic]t an, fit son entree, voire en la plus grande magnificence qu'il fut possible deliurant les prisonniers comme auoit faict son espoux, aussi plusieurs dons de lettres

Entree du Roy & de son espouse.

de maistrises qui furent donez aux habitans de Paris.

L'an mil cinq cens septante & vn, il fut permis par don du Roy, auoir des Coches à la mode d'Italie, specialement pour aller de Paris à Orleans, depuis plusieurs en ont faict faire pour aller & venir à diuerses villes, comme à Rouan, Troyes, & autres notables villes de France, pour le soulagement de plusieurs personnes.

L'an 1572. Ieanne d'Albret, royne de Nauarre, mourut le 10. iour de May, au grandissime regret de plusieurs. Le dixhuictiesme iour du moys d'Aoust fut celebré le mariage, à l'Eglise de nostre Dame de Paris, suyuant les sainctes ceremonies de l'Eglise Catholique, Apostolique & Romaine, d'entre Henry de Bourbon, Roy de Nauarre, fils d'Anthoine de Bourbon, & de

Mariage du roy de Nauarre.

Ieanne d'Albret son espouse, auec madame Marguerite de Frãce sœur du Roy: les nopces & banquets furent faictes au Louure, & quelques cõbats à l'hostel de Bourbon.

L'an mil cinq cens septante deux le 22. iour d'Aoust, quatre iours apres ledict mariage, l'Admiral se retirant du Louure en son logis, fut attaint d'vn coup d'arquebuze qui passa de part en part, rompant, les deux dudit bras & luy ayãt emporté le second doit de la main droitte au bras gaulche pres le poignet & le bleça griefuement: on ne sçait l'occasion particuliere du coup.

L'admiral bleçé.

Audict an, le 24. dudict moys d'Aoust, iour sainct Barthelemy & vigile sainct Loys, par vn tumulte, tant la nuict que le iour, plusieurs Princes, Seigneurs & Bourgeois habitans de Paris furent mis à mort: voy les Croniques & Annales.

Iour S. Barthelemy.

Le iour mesme que ceste execution fut faicte, aduint chose merueilleuse : car au Cymetiere sainct Innocent, à Paris, vne Aubespine à demye seiche & desnuee de fueillages, commença soudain à pousser & produire, si bien qu'à veuë d'œil on la voyoit fleurir : Ce qui causa que le peuple y accourant de toutes parts, le susdit Roy Charles fut veoir l'arbre.

Vne espine fleurie.

Le Ieudy 28. iour, dudict moys, le Roy fit faire procession generalle en laquelle il assista & furent portez les corps saincts de sainct Marcel, saincte Geneuiefue & autres precieux reliquaires, louans & remerciant Dieu, des aduertissemens qui estoient si bien venuz pour la conseruation du Royaume.

Procession generale.

Le 27. iour d'Octobre, audict an, la Royne, Elizabeth d'Austriche, accoucha à Paris, sur le poinct du iour, d'vne fille au grãd contente ment d'vn chacun.

Cette annee encor les Moynes S. Magloire ont esté transportez S. Iaques du haut pas, fauxbourgs S. Iaques, comme auons dict cy deuant.

Entree d'vn Legat à Paris. Le Dimanche 23. iour de Nouembre 1572. fut enuoyé, de par le Pape Gregoire 13. du nom, pour Legat le seigneur Cardinal des Vrsins, sorty de la maison Vrsine, de tout tẽps affectionné à la Couronne de Frãce, & tres fidelle au sainct siege de Rome, qui fit son entree en la maniere accoustumee & en telles ceremonies.

Inõdatiõ d'eaux. L'an 1573. les neiges & gelees ont esté fort grandes cét hyuer sur le commencement de Ianuier, le degel y estant venu y a eu telle & si grande inondations d'eaux à Paris, que de memoire d'homme on

n'en

n'en vit le semblable, veu qu'en plusieurs endroits de la ville & vniuersité il falloit aller auec des basteaux par les rues.

Le secód iour de Feurier 1573. fut baptisee la fille du Tres-Chrestien Roy Charles 9. à Paris, en l'Eglise S. Germain de Lauxerrois. La solennité du baptesme fut magnifique, & selon la grandeur des maisons seroit chose superflue de le recitre: pour vous dire quel estoit le parrain, fut esleu monsieur Philebert, Duc de Sauoye & Prince de Piedmód, l'espouse duquel est tante du Roy: il enuoya vn deputé pour tenir sur les fonds l'enfant, en son nom. Ainsi en ont vsé tresillustre Princesse Marie d'Austriche, Imperatrix de Rome, & Royne de Hongrie & de Boeme, mere de la Royne & premiere marrine, & madame Isabel, royne serenissime,

Baptesme de la fille du roy Charles.

d'Angleterre. Le deputé pour l'Imperatrix fut celuy qui porta l'enfant au sacre, où seruoiēt Messieurs les Princes & Seigneurs, lequel deputé de l'Empereur nomma cette fille Marie, ainsi que celuy d'Angleterre luy imposa aussi le nom d'Isabel, pour mōstrer l'vnion des trois maisons, & la cōcorde de ces trois nations, France, Alemagne & Angleterre, laquelle ie prie Dieu vouloir maintenir.

Departemēt de monsieur pour aller au siege de la Rochelle,

Monseigneur le Duc d'Anjou partit de la Court le Samedy dixiéme iour de Ianuier, mil cinq cens septante & trois, pour aller au siege deuant la ville de la Rochelle, accompagné de la plus grand' part des Princes du Sang & Seigneurs de France, & pendāt qu'il estoit en ce lieu vint nouuelles en Frāce que les Polonois l'auoient esleu pour leur Roy.

Le troisiesme iour de Mars, audit an, le Duc d'Aumale fut tué d'vn coup de mousquet deuant ladite ville de la Rochelle, au grãd regret des Catholiques. Neantmoins que les forces du Roy Charles fussent fort grandes, tant sur mer que sur terre, pour assubiectir ladite ville, aussi qu'elle estoit à demy fou-droyee: mais entendue par ceux de dehors l'horrible desolation, la pi-tié de plusieurs, tant hommes que femmes qui là s'estoient retirez, & crioient mercy à ioinctes mains: ce bon Roy Charles vsant de son hu-manité & clemence accoustumee leur donna la Paix, qui leur fut ac-cordee au moys de Iuillet, audict an, & l'vnziesme iour dudict moys fut publiee à Paris, y estans com-pris ceux de Nismes & Mõtauban.

A cette cause on eut meilleur moyen de receuoir les Ambassa-

Receptiõ des Polonois, & l'étree du Roy de Pologne.

deurs de Pologne qui estoient arriuez à Paris, le vingt-troisiesme iour d'Aoust mil cinq cés soptante trois, pour faire compagnie à nostre inuincible Prince, Hẽry, qu'on auoit esleu Roy dudict Royaume, pour le seul respect de ses vertus & actes belliqueux, les magnificẽces furent fort grandes, mesmes en son entree qu'il fit à Paris, le quatorziesme iour de Septembre, feste de Saincte Croix, accompagné de la Noblesse de France, & de Pologne: la porte par laquelle il entra fut la porte Sainct Anthoine, les rues estoient magnifiquement accoustrees, Messieurs de ville & autres Bourgeois de Paris, tous luy firent honneur, les preparatifs furent fort lõgs pour son voyage, en fin le vingthuictiesme de Septembre, veille de Sainct Michel, apres auoir mis ordre à ses affaires, il par-

Depart du Roy de Pologne & maladie du Roy.

tit de Paris. Le Roy Charles auoit deliberé de l'accompagner iusques aux frontieres de Frãce & de Lorraine, mais demeurãt malade à Vitry en Partois d'vne fieure lente, qui a duré six moys & plus, cette deliberation fut rompue. Ayant faict seiour audict Vitry l'espace de cinq iours auec son frere, & communiqué ensemblement de leurs affaires prindrẽt congé l'vn de l'autre, qui ne fut sans vn grand regret & rengregement de douleur, d'autant qu'ils auoiẽt vescu toute leur vie en bonne & parfaicte amitié. De là, le Roy alla à Reims, en attendant la Royne sa mere, qui conduisoit son fils le Roy de Pologne iusques à Blamont, où elle luy dit à Dieu, sur la fin dudict moys se vint rendre le Roy accompagné de sa mere & autres Pñces & Seigneurs à S. Germain, tant pour se reposer que dõner ordre à sa maladie, qu'il voyoit de iour à autre prendre accroissement.

Le Dimanche trentiesme iour de May mil cinq cens septante quatre, qu'on celebroit au Diocese de Paris vn Iubilé, enuoyé de nostre S. Pere le Pape, pour l'occasion des guerres & heresies de ce temps, le Roy aggraué de maladie, lõgue & fascheuse, demanda & receut le S. Sacremẽt de l'hostel, comme Prince Tres-chrestien qu'il estoit, & de nom & de faict: dessors quitta toutes choses de ce monde, & fit sa tres-honnoree Dame & mere Regente de son Royaume en l'absence de son frere, le Roy de Polongne, auquel il pria tous Seigneurs porter honneur, reuerence & obeyssance. Ayant donné ordre à sa conscience & à toutes ses affaires sur vne heure apres midy, la pa-

La mort du Roy Charles IX.

role luy cõmença à faillir, sur quoy sans beaucoup se trauailler, encor qu'il fust en la fleur de son aage, rendit l'esprit à Dieu le mesme iour de Pẽtecoste, à trois heures apres midy, audict chasteau de Vincennes: auquel lieu furent faictes les ceremonies que l'on a de coustume faire aux Roys de France, le voyant en effigie par plusieurs iours, chose fort triste & pitoyable. Son corps fut apporté en pompe funebre depuis Sainct Anthoine des champs iusques à nostre Dame de Paris, auquel lieu y auoit vne Chapelle ardente, couuerte de toutes parts de cierges, comme le semblable estoit par tout ladicte Eglise, auquel fut faict vn sermon funebre, & toutes les ceremonies que l'on a de coustume faire à la pompe funebre. Ce iour demeura le corps à nostre Dame, & le lendemain fut porté à

Sainct Denis en France, où il fut mis en sepulture ioignāt le lieu où estoit mis le Roy Henry, son pere, au grād regret de tous ses subiects, ayant perdu vn si bon Prince & seigneur, lequel est passé de cette vie en l'autre le quatorziéme an de son régne 1574.

Des choses aduenues du temps que la Royne a esté Regente en la France, en l'absence du Roy Henry troisiesme de ce nom, Roy de France & de Polongne, le partement du susdict Roy pour venir en Frāce, & son entree en plusieurs villes, de son sacre & couronnement à Reims, du pont basty sur la riuiere pour aller des Augustins à l'Escolle sainct Germain, de la fontaine faite de neuf en la rue S. Anthoine, institution de l'ordre des Cheualiers du S. Esprit, du deluge Sainct Marceau & autres choses memorables faictes de son regne.

CHAP. XXXII.

APRES la mort du Roy Charles Maximilian, la Royne, mere du Roy, estant Regente, par l'aduis des Princes & de Messieurs du Conseil, fut enuoyé aduertissemẽt au Roy de Polõgne de la mort dudict Roy Charles son frere, luy mandant qu'en toute diligence il pleust à sa maiesté venir receuoir la Couronne qui luy estoit escheue.

Aduertissement au Roy de Polõgne.

Le cinquiesme iour de Iuillet, mil cinq cens septante quatre, fut publié en la ville de Paris, Confirmation du pouuoir donné par le deffunct Roy Charles, que Dieu absolue, à la Royne mere, par lesquelles patentes, le Roy Henry troisiesme du nom, Roy de France & de Polongne, donne de rechef pouuoir, puissance & authorité à ladite Royne, sa mere, de faire tout ce

Premier Edict du Roy de Frãce & de Polõgne.

qu'il luy semblera bon & vtile pẽdant son absence, pour le gouuernement du Royaume. Donné à Cracouie, le quinziesme iour de Iuin, l'an de grace, mil cinq cens soixante & quatorze, & de nostre regne le premier, & de Polongne le deuxiesme.

Departemẽt du Roy, du pays de Polongne.

Or le Roy de France & de Polõgne sçachant à la verité la mort du feu Roy son frere, & estant appellé auec grande instãce par la Royne sa mere, & la Cour de Parlemẽt de Paris, pour y venir receuoir la succession de la Couronne, presuposant bien que les Polongnois ne se contenteroient aisement de son partement, estãts priuez de la presence de leur Roy: Il se partit secrettement accompagné d'aucuns des siens, esquels il auoit toute fiãce, & en cét estat en toute diligence arriua en grande celerité à Vienne en Austriche, où il fut paternellement receu, & Royallement traité par la maiesté de l'Empereur, duquel lieu il escriuit aux serenissimes Seigneurs d'Allemagne, lettres d'amitié & beneuolence, leur signifiāt le desir qu'il auoit allant en Frāce, passer par les terres de leur obeyssance, & arriuer iusques à Venise pour les visiter, leur disant outre, qu'y estant arriué, il se reputoit estre en sa propre maison.

Le Senat de la ville de Venise eut pour grandement aggreable l'occasion d'honorer vn si grand Roy leur amy & allié & soudain delibera de receuoir sa maiesté, auec la plus grande pompe & magnificence dont elle se pourroit aduiser.

Arriuee du Roy à Triuigi, Venise et Padoüe.

Le Vendredy seiziesme iour de Iuillet, sa maiesté arriua à Triuigi: mais vn peu deuant, enuiron deux lieues loing de ladite ville, luy fut

presenté vn cheual de pris & beauté admirable, estant paruenu à
ville fut salué d'artillerie en grand
nombre, fut receu par l'Euesque,
Clergé & plusieurs notables Seigneurs. Le iour suyuāt print le che
min de Venise, fort bien accompagné de grāds Seigneurs & Gentils
hōmes, aussi q̄ d'vn Cardinal & Legat du sainct Siege Apostolique,
estant arriuez furēt saluez & conduits en toute magnificence, estāt
cōduict en l'Eglise Sainct Nicolas,
où fut chanté *Te Deum Laudamus*,
puis ayāt seiourné quelque peu en
ce lieu partit pour aller à Padouë,
puis à Rouigo, où il fut festoyé &
bien receu du Duc de Ferrare.

Feu de ioye à Lyon.

Les feux de ioye furent faicts à
Lyon le cinquiesme iour de Septēbre mil cinq cens septante quatre,
estans les Seigneurs & Marchans
aduertis de l'arriuée du Roy en ses

pays, & estants bien asseurez qu'il cheminoit pour arriuer en ladicte ville de Lyon, lseirent soudain les preparatifs pour faire honneur à sa maiesté & le receuoir en toute humilité.

Le Mardy quatorziesme iour du present moys, qui estoit la feste & solennité de l'exaltation Saincte Croix, Messieurs de la Court de Parlemét & Messieurs de Ville prindrent ce iour pour faire les feux à Paris, parce qu'en ce mesme iour l'annee precedête sa maiesté auoit faict entree en ladicte ville, auant son partement de France, pour aller en Polongne, quarante pieces d'artillerie furent laschez, le *Tedeum* chanté, & les feux, & autres ioyes pour la bien arriuee du susdit Roy.

Feu de ioye à Paris.

L'entree du Roy à Lyon fut le 6. iour de septébre. le roy se mit sur la

Saonne, dequoy les habitãs aduertis feirent faire à l'endroict de l'Arsenal vn basteau à la forme de Bucentaure de Venise, ayant quatre tournelles, & galleres magnifiques, puis estant descendu à terre se mit dãs vn coche couuert de velours noir, estant accompagné de la Royne, sa mere, de monsieur le Roy de Nauarre, estant à cheual à costé d'icelle; & la Royne son espouse de l'autre costé, le Duc de Sauoye, puis suyuoiẽt quatre Cardinaux & plusieurs Princes & grãs Seigneurs.

Mort du Carnidnal et de Mongomery.

L'an mil cinq cens septante quatre, mourut en la ville d'Auignon reuerend pere en Dieu, Charles, Cardinal de Lorraine, le vingt sixiéme iour de Decembre, au grandissime regret de tous bons & fidelles Catholiques. Gabriel de l'Orge, Comte de Mongomery, pour les rebellions par luy faits, est decapité à Paris le 26. de Iuin, à la place de Greue.

L'an mil cinq cens septante quatre, le iour de Noel fut publié par toutes les paroisses de la ville de Paris, que le grand Iubilé commençoit ce iour à la ville de Rome: & de la puissance du Sainct Pere, chef de toute l'Eglise Catholique, nommé Gregoire troisiesme du nom: tous Pardons & Iubilez cessez & suspens, par tous lieux, iusques au mesme iour de Noel que l'on contera l'an mil cinq cens septãte cinq que ledict Iubilé cessera à Rome: Chose accoustumee à faire de cinquante ans en cinquante ans. *Iubilé à Rome.*

L'an mil cinq cens septante cinq, le treiziéme iour de Feurier, le Roy Henry, Roy de France, & de Polongne, fut sacré & couronné à *Sacre Roy de Frãce Reims.*

Reims par reuerend pere en Di le Cardinal de Guise.

Le quinziesme iour dudict moy & an, il espousa Loyse de Lorraine, fille du Comte de Vaudemont, les maria le Cardinal de Bourbon en ladite ville de Reims. Au moys de Mars ensuyuant, furent faictes les funerailles & prieres à Paris, en la grand' Eglise nostre Dame, pour les ames de Madame Claude de Frãce, fille du Roy Henry 2. sœur du Roy, espouse du Duc de Lorraine, & de madame Marguerite, fille du grand Roy Fraçois premier, espouse du Duc de Sauoye.

Depart de la royne ...

Le Lundy sixiesme iour de Decẽbre, mil cinq cens soixante quinze, fut le partemẽt de tresillustre & tres-vertueuse Princesse Elizabeth d'Austriche, fille de l'Empereur Maximilian à present regnant, vefue du feu Roy Charles neufiesme du nom, dit nom, laquelle sortit la ville de Paris par la porte Saint Anthoine, elle fut conduicte par le Roy, & tous ces Princes & Seigneurs, Cardinaux & autres, iusques à S. Maur des fossez, maison de la Royne mere, où elle fut magnifiquement festoyee : le lendemain fut sa departie, laissant vn grand regret de si tost abandonner la France.

Nous auons par cy deuant dict que durant l'absence du Roy de France & de Polongne, plusieurs Princes, Gentils-hommes & autres Seigneurs estoient mal-contens, & s'estoient mis en armes, mais voyãt le susdict Sieur Roy le desordre & desolation qu'il craignoit veoir de son peuple, par la prudence d'icelle & de son conseil, le tout fut pacifié : & le Lundy quatorziesme iour de May, mil cinq cens septante six. Les articles de la paix entre lesdicts

La paix publiee à Paris.

Princes ont esté publiez en la Chãbre doree du Palais, le Roy estant en son siege au Parlement, accompagné de plusieurs Princes & grãds Seigneurs, aussi de Messieurs les Presidẽts & Cõseillers de sa Cour, lesquels promirent tous garder & faire obseruer lesdicts articles, suiuant la volonté du Roy. Le Mardy suiuant fut chanté *Te deum laudamus*, en l'Eglise nostre Dame par les Chãtres de la Chãpelle du Roy, auquel ledict Sieur roy assista, accompagné de plusieurs Princes, & de Messieurs du Parlement & autres. Aussi ce mesme iour fut faict vn feu en la place de Greue deuant la porte de l'hostel de ville, où il fut lasché beaucoup d'artillerie & autres canons.

Le 28. iour de Mars mil cinq cens septante & huict, iour du Vendredy Sainct, Monsieur le Cardinal de Guise trespassa en l'hostel de Guise à Paris.

Regnant Henry, troisiesme du nom, Roy de France & de Polongne, fut cómencé à bastir le pont sur la Riuiere pour passer du gay des Augustins, iusques à l'Escolle Sainct Germain. Et pour commécer à bastir & construire ledit pont fut assis la premiere pierre par ledit seigneur Roy, accompagné de la royne sa mere, de la royne son espouse, & de monsieur de Neuers: Il leur fut presenté vne truelle d'argent par Claude Marcel, de laquelle ils prindrent du mortier dans vn plat d'argent qui leur fut aussi presenté, & ietterent dudit mortier sur ladite pierre assise: & fut commécé la premiere pille du costé des ugustins, quasi au deuant l'anciéne maison de Nesle, auiourd'huy la maison de Neuers: le Samedy dernier iour de May 1578. Soubs cette premiere pierre furent mises des pieces tant de cuiure doré que d'argent, du pois de trois testons ou plus, ayants les pourtraicts du Roy & desdites Roynes, & encores pour perpetuer la memoire, il est escrit soubs la premiere pierre ce qui ensuit.

HENR. III. F. ET. POL. R. POTENTIS. AVSP. CATH. MA. LVD. CONIVGE. AVGVSTIS. OB. C. VTIL. PVB. FAV. FVND. PON. IAC. S. ET DIVER VRB. NOBILIS PART. MAG. VIAT. COMP. M. RER. OM. Q. IMP. ET. EX. P. COM. PER. DIVOR. AQ CON. PRID. CAL. IVN. 1578.

Au dessous il y auoit trois escussons, l'vn aux armes de France, les autres deux des roynes: d'autre costé les armes de Polongne.

Ce qui ensuit est escrit au dessus de la Fontaine, faict de Neuf, en la rue sainct Anthoine, au lieu dict la Cousture saincte Catherine.

Henrico III. Franciæ & Polognię Rege Christianiß. Regnat Biragui. S. Romanæ Ecclesiæ presby. Card. & Franc. Cancellarij. Illustris. Benefico. Claud. Dambray. Præfecto. Mercator. Ioh. le Comte Renat. Baudart. Ioh. Gedouyn. Pet. l'aisné Tribunis plebis curantibus. anno redemptionis. M. D. LXXIX.

Au dessous est escrit en lettres d'or engrauees en autre table de marbre noir, ce qui ensuit.

Hanc deduxit aquam duplicem Biragus in vsum
Seruiat Vt Domino, seruiat Vt populo
Publica sed Quanto priuatis commodo tanto

Præstat amore domus, publicus Vrbis amor,

Renat. Biragus Franc. Cancell. pub. Comm.

Anno M. D. LXXVII.

En ladicte rue S. Anthoine il y a vne Chapelle nouuellemẽt erigee, pour les Freres de la compagnee de Iesus, nommez vulgairement Iesuittes, qui ont commencé à y faire demeure l'an mil cinq cens quatre vingts.

Le tres-Chrestien Henry Roy de France & de Polongne, ayant affection de perpetuer la memoire des graces qu'il a receu, du tout-puissant, à diuerses fois, le iour qu'il pleust à la diuine Maiesté, par son sainct Esprit visiter la Vierge sa mere & ses Apostres (qui est le iour de Penthecoste) a voulu creer & eslire certains Cheualiers, qui seroient dicts de l'ordre & Milice du S. Esprit, & auroit ledit Sieur Roy tres-Chrestié esté meu à ce, entre autres occasions reseruees à sa maiesté, parce qu'en l'an mil cinq cens cinquante, ce iour il auroit prins naissance, pour de la à l'aduenir receuoir trois couronnes, desquelles ja des deux il est triomphant possesseur, ayant premierement en ce iour de l'an mil cinq cens septante trois esté esleu Roy de Pologne, par les Estats du Royaume: & puis ce iour mesme aussi en l'an suiuãt mil cinq cens septante quatre, auroit legitimement succedé à la Couronne de France, par le trespas de treslouable memoire Charles neufiesme, son frere, Roy de France. L'autre couróne luy estãt reseruee là sus en l'eternelle beatitude, de par l'Omnipotent.

Pour ces causes donc, auroit la veille du premier iour de cét an mil cinq cens septante neuf, faict assembler, en l'Eglise des Augustins à Paris, de Prīces & Seigneurs estants en sa Cour, pour l'election & promotion audict ordre y tenir les ceremonies cōme ils obseruent en l'ordre S. Michel, le tout auec deuotion & reuerence de Dieu.

Le lendemain, le Roy & lesdicts Seigneurs Cheualiers s'assemblerent au logis de monsieur le Preuost de Paris, chacun reuestus de leurs habits, commencerent à marcher enuirō neuf ou dix heures du matin, pour venir en ladicte Eglise des Augustins : auquel lieu monsieur le grand Aumosnier celebra la Messe, & fust assisté des Diacres & Sousdiacres, de la plus honorable qualité que faire ce peut.

Et sur chacune chaise au cœur de

ladicte Eglise des Augustins, estoit attaché vn tableau, auquel estoit depeinct les armoiries de chacun Prince, & Cheualier, auec le nom desdits Seigneurs, l'Eglise estoit tapissee de la tapisserie royalle, aussi belle qu'il est possible voir: dehors ladicte Eglise il y auoit barrieres iusques à la maison de monsieur le Preuost de Paris pour euiter la foulle du peuple.

Le premier iour de l'an, mil cinq cens quatre vingts, ledit Sieur Roy donna derechef l'ordre du S. Esprit à plusieurs Princes & Seigneurs & Euesques, en ladicte Eglise des Augustins, auec les ceremonies requises en tel cas.

Deluge aduenu à Sainct Marcel lez Paris, l'an 1579. le Mercredy 8. iour du moys d'Auril, sur les dix à vnze heures auát la minuict, le téps estant assez troublé & adonné à la pluye, la riuiere passant à Gentilly, dicte la riuiere de Bieure, passant à Sainct Marcel s'enfla de telle façon qu'elle se ioignit à la riuiere de Seine, auec telle impetuosité, non seulement aux prairies mais dedans le fauxbourg S. Marcel, & il n'y a memoire d'homme qui se puisse souuenir d'auoir veu le semblable, mesmes les Dames religieuses, dictes les Cordelieres, audit fauxbourg, faisant le diuin seruice, la nuict, se sont trouuees oppressées des eaux, & faisant sonner les cloches l'espace de trois heures durant, à fin que les habitans du fauxbourg les vinssent secourir : mais voyant n'auoir autre secours que de la misericorde de Dieu, firent prieres & processions par trois fois portant la vraye Croix & plusieurs autres sainctes reliques, & plongerent lesdictes sainctes reliques en l'eau, & peu apres ladite eau se retira & ne creut plus: le plat pays & villages circõuoisins furent tellement surprins, que beaucoup n'eurẽt loisir se sauuer, ladite riuiere emportants plusieurs maisons, murailles & edifices: le peuple estoit en grand tremeur criant misericorde, deplorãt leur presente calamité, courant ça & là ne trouuãs lieu seur pour prẽdre leur aleine: L'eau a creu & desbordé, iusques passé l'Eglise S. Medard. Dedans ledict fauxbourg y eut vingtcinq personnes tant hommes que femmes, que petits enfans morts: & de blecez estimez du moins à quarante personnes: ladite eau a abbatu douze maisons, plus le pont & moulin aux tripes, ainsi nõmé, pres coppeaux, aussi bonne quantité de bestial petis & perdus en l'eau. Le dommage aduenu au fauxbourg S. Marcel est estimé à soixante mil escus du moins. Non compris les pertes des villages circonuoisins pour le regard des maisons & murailles, que ladicte eau ou deluge auroit abbatu.

Le Samedy dixneufiesme iour de Nouembre, mil cinq cens octante, enuiron l'heure de neuf à dix heures de nuict, Le feu print en l'Eglise des Cordeliers à Paris, de telle façon que le clocher & les cloches d'icelle Eglise tomberent bas, les sepultures, des Princes & Princesses qui auoient tombeaux de marbre blanc & noir furent rompues & mises en pieces & presque toute ladicte Eglise reserué les quatre gros murs & quelques chapelles: Les pilliers du mitan soustenant la voute furent tous esclatez & offencez par la vehemẽce du feu: Il n'est possible veoir plus grand ruyne de feu en si peu de temps. Le feu en grãdeur & furie ne dura point plus de deux heures: mais soubs les demolutions le feu continua iusques au Mardy suiuant. De sçauoir cõment le feu y fut mis on n'en sçait aucune chose, cela nous dõne bien asseurãce que Dieu est grandemẽt courroucé alencõtre de nous, pour noz pechez, d'auoir permis sa maison, son tẽple & saincte habitation tomber en telle ruine.

Voila (Amy Lecteur) ce que i'ay peu recueillir en sommaire, tant des Croniques anciennes, diuers autheurs, Latins & François, que des vieilles chartres, monuments, escritures antiques, tesmoignage des hommes, & de ce que i'ay veu, touchant les Antiquitez, Histoires & singularitez de Paris, ville souueraine & maistresse de France, te suppliant receuoir ce petit labeur de bonne part.

LES NOMS DES EVESQUES de Paris.

1 Sainct Denys Areopagite, Apostre des Gaulois, qui souffrit mort sous Domitian, fut premier Euesque de Paris.

2 Mallo
3 Massus
4 Marcus
5 Aduentus
6 Victurinus
7 Paulus
8 Prudentius
9 S. Marcellus
10 Viuianus
11 Felix
12 Flauianus
13 Vrsicinus
14 Apedinius
15 Eraclius
16 Probatus
17 Amelius
18 Libanus
19 S. Germanus
20 Ragnemod⁹
21 Eusebius
22 Faramōdus
23 Saphoratus
24 Simplicius
25 S. Cerannus
26 Leuthbertus
27 Authbertus
28 S. Landericus
29 Robertus
30 Sigrobandus
31 Importunus

32 Aglebertus
33 Sigofridus
34 Turnaldus
35 Aldulphus
36 Bernecharius
37 Hugo
38 Merſeidus
39 Fedolius
40 Ragnecapꝰ
41 Deodefridus
42 Erkauradus
43 Ermãfredus
44 Ynchadus
45 Erkauradus
46 Eneis
47 Angelinus
48 Gorlinus
49 Anchericus
50 Theodol-
phus
51 Fulradus
52 Adelelinus
53 Galterus

54 Albericus
55 Conſtantius
56 Garinus
57 Lyſiardus
58 Raynaldus
59 Albertus
60 Franco
61 Ymbertus
62 Gaufredus
63 Guillelmus
64 Fulco
65 Galo
66 Giobertus
67 Stephanus
68 Theobaldus
69 Petrus Lom-
bardus
70 Mauricius de
Soliaco
71 Odo de So-
liaco
72 Petrꝰ Camb.
ſecundus

73 Guil-

73 Guillelm⁹ 2. Altissiodorẽsis
74 Bartholomeus
75 Guillelmus 3. Aluernensis
76 Galterus 2. Castoterrici
77 Regnaldus de Corbolio
78 Stephanus 2. Aurelianẽsis
79 Raynulphus.
80 Simon Matiphus Suessionensis episcopus
71 Guillelmus 4 de Aurreliaco
82 Stephanus 3. de Borrero
83 Hugo 2. de Bisoncio
84 Guillelm⁹ 5. de Canaco
85 Fulco 2. de Canaco
86 Audoinus
87 Petrus 3. de Foresta
88 Ioannes de Meulant
89 Stephan⁹ Parisiensis 4.
90 Aymericus de Mainach
91 Petrus de Ordemonte 4.
92 Gerardus de mõte Acuto Parisien.
93 Ioannes Breuiscope 2.

94 Ioannes de Rupescissa 3.

95 Ioãnes de Nãto 4.

96 Iacobus du Chastelier

97 Dionysius de Molẽdino 2.

98 Guillelmus Chartier 6.

99 Ludouic⁹ de Bellomonte

100 Gerard⁹ Cobaille 2.

101 Ioãnes Simõ 5 Parisien.

102 Stephanus de Põcher 5. Turonen.

103 Frãciscus de Põcher Turonen.

104 Ioannes du Bellay 6.

105 Eustachius du Bellay

106 Guillelmus Viole

107 Petrus de Gondy.

Les Magistrats & offices de la Preuosté de Paris, & du Chastelet.

LE Preuost de Paris.
Le lieutenãt ciuil.
Le lieutenant criminel.
Le conseruateur.
Le lieutenant particulier.
Les deux Aduocats du Roy.
Le Procureur du Roy.
Douze Conseillers.
Deux Auditeurs.
Les Conseillers du Roy en la conseruation.
Le Greffier de l'audience ciuil & criminel.
Le seelleur.
Les Greffiers de Chastelet.
Les Commissaires Examinateurs.
les Notaires Royaux.
les Aduocats & Procureurs.
les Sergens du Preuost, nommez Sergens de la douzaine.
le Concierge & guette de Chastelet.
le Geolier.
Quatre Sergés fieffez.
Vnze vingts Sergens à cheual.
Vnze vingts Sergens à verge.
le Cheualier du guet auec ses Sergens.

Les Magiſtrats & autres eſtats de l'Hoſtel de la ville.

LE Preuoſt des Marchans.
les quatre Eſcheuins
le Greffier.
le Procureur.
le Receueur.
le Clerc.
Vingtquatre Conſeillers.
Seize Quarteniers.
les Dizanniers.
les Cinquantiniers.
les Sergens du parlouer aux Bourgeois.
les Sergens de la marchandiſe.
les officiers Iurez ſur le faict des marchandiſes de bled, vin, bois & autres, cõtenues és ordõnances.
les cent Harquebuziers.
les ſix vingts Archers.
les ſoixante Arbaleſtriers.

Les Iuriſdictions temporelles.

LA Preuoſté de Paris.
la Conſeruation.
le Baillage du Palais
le for l'Eueſque.
la Iuſtice ſaint Germain des prez.
la Iuſtice du Tẽple.
la Iuſtice S. Martin des champs.
la Iuſtice ſainte Geneuiefue.
la Iuſtice ſainct Benoiſt.

La Iustice S. Marcel.

la Iustice sainct Victor.

La Iustice de l'hostel de Tison.

la Iustice saint Magloire.

Des Prisons.

Prisõ de la Bastille.

Du Chastelet.

Du petit Chastelet.

De la Cõciergerie.

Du fort l'Euesque.

De sainct Eloy.

Du Tẽple, & autres prisons, où sont les Iurisdictiõs cy dessus nommees.

Les noms des Rues, Eglises, Chapelles, & Colleges de la Cité, Ville & Vniuersité de Paris.

La Cité.

LA Cité commence sur le Pont au Change, & les enuirons finissent au Paruis nostre Dame.

Le pont au Change,

la trauerse du põt

ré pont aux Musniers.

la rue sainct Leufroy iusques en chastelet.

l'Eglise sainct Leufroy.

la rue de la vieille pelleterie.

La rue sainct Barthelemy.

En icelle est l'Eglise de sainct Barthelemy.

Vne ruelle deuant l'horloge du Palais.

La rue deuãt le Palais, dicte la Babillerie.

Dans le Palais est la saincte Chapelle royalle.

La Chapelle nostre Dame dessous la Sainte Chapelle.

la Chapelle sainct Michel.

L'Eglise S. Eloy deuant le Palais, & en la sauaterie.

La rue de la vieille drapperie.

En icelle sont les Eglises de S. Pierre des assis & saincte Croix.

La rue de la sauaterie.

Sainct Marcial.

La rue sainte Croix

Rue au feure.

Rue de la Calende.

Sainct Germain le vieil.

Le pont sainct Michel.

Le neuf marché, tãt de poisson d'eau douce que saline, & boucherie, le long de la riuiere.

La rue de la iuifrie.

L'Eglise de la Magdaleine.

La rue de la lanterne.

En icelle est sainct Denys de la chartre.

La rue Geruais laurens.

Le carefour du marchepalu, deuãt nostre Dame de Paris.

Vne ruelle descendante du marchepalu à la riuiere de Seine.

Vne rue pres l'hostel Dieu, descédãt en ladicte riuiere.

La rue neuue nostre Dame, iusques au paruis.

La rue des dixhuict

Le Paruis nostre Dame.

La grãd' Eglise nostre Dame de Paris.

S. Iean le rõd dedãs le paruis nostre Dame.

Le grãd hostel Dieu de Paris.

L'Eglise sainte Geneuiefue des ardés.

La rue sainct Christophle.

L'Eglise saint Christophle.

Vne ruelle pres la porte nostre dame.

La rue des champs rouziers.

la rue de la licorne.

la rue des canettes.

la rue de parpignã,

Rue des marmouzets.

la rue sainct Symphoriam.

En icelle est sainct Symphorian.

la rue de Glatigny.

la rue des hauts moulins.

La rue saint Lãdry.

En icelle est l'Eglise sainct Landry.

Vne ruelle qui n'a qu'vn bout.

Rue de la Coulõbe.

En icelle est la chapelle de monsieur de Paris, & sainct Aignan.

le port Sainct-landry.

Vne descente sur la riuiere, à degrez.

Vne autre descente pres la porte sur la riuiere.
la rue sainct Pierre aux bœufs.
En icelle sont les Eglises saint Pierre aux bœufs & saincte Marine.
la rue des hermites
la rue du coquatrix
le Cloistre nostre Dame, ainsi qu'il se comporte de tous costez.
Dans le cloistre est l'Eglise S. Denis du pas, derriere nostre Dame.
la chapelle des Notaires en la salle de monsieur de Paris.
Vne ruelle descendante sur la riuiere pres l'hostel monsieur de Paris.
Vne ruelle pres l'archediacre de Paris, descendant sur la riuiere.

L'Vniuersité.

La grād' rue sainct Iaques.
En ladicte rue est l'Eglise S. Estienne des Grecs.
l'Eglise & college des Freres prescheurs dits Iacobīs.
Sainct Benoist.
les Mathurins.
Sainct Seuerain.
le college du plessis
le college de Marmoustier.
Rue de la grande Bretonnerie.
Rue de la petite Bretonnerie.
Rue sainct Estiēne des Grecs.

Le college de Mõtagu.
Le college de lisieux.
la rue des Cholets.
le college des Cholets.
le College S. Michel, autremẽt dict Cenal.
le college du Mans au dessous des Cholets.
la rue des cordiers.
le college & chapelle de Clugny.
le college des dixhuict.
la rue de Clugny.
la rue des porees.
le college & chapelle de Caluy, autrement dict petite Sorbonne.
la rue de Sorbõne.
la rue du palais au terme, autrement des maçons.
la rue Frementel.
le cloistre saint Benoist.
la rue sainct Iean de Latran.
l'Eglise S. Iean de Latran.
le college de Triguet.
le college de Cambray.
Rue des Mathurins.
la chapelle en la maison de Clugny.
la rue du foin.
la rue du bout de Brie.
le college & chapelle de maistre Geruais Chrestien.
la rue de la parcheminerie.
la ruelle qui va par dedans le cloistre sainct Seuerin.
la rue des Prestres.
la rue des noyers.
la rue des Anglois.

La rue du plastre.
La rue S. Iean de Beauuais.
En ladicte rue est l'Eglise & College saint Iean de Beauuais.
les grãdes & petites Escolles de Decret.
la rue des Carmes.
En icelle est la chapelle & college de Presle.
la rue des lauandieres.
là est le college de Cornouaille.
le carrefour Sainct Seuerain.
Rue saillie en bien.
Rue de la huchette.
la rue sacalie.
la rue Bertret descẽdant sur la riuiere.
Vne ruelle descendant sur la riuiere.
le petit pont, & derriere la boucherie, ainsi cõme il se cõporte.
l'ancienne place au poissõ d'eau douce descendante sur la riuiere.
la rue de la galãde.
l'Eglise sainct Blaise.
la rue de la boucherie.
Deux descentes sur la riuiere.
Rue au feurre.
En icelle sont les grãdes Escolles des quatre nations de Frãce, Picardie, Normandie & Allemaigne.
la rue des rats.
Rue des deux portes.
la place Maubert, depuis le paué iusques à la Croix Hemon deuãt les Carmes.

l'Eglise & college des Carmes.
la rue perdue.
le port & rue sainct Bernard, depuis le paué iusques à la Tournelle.
la rue de bieure.
Les fauxbourgs de S. Victor ainsi qu'ils se comportent.
Ausdits faubourgs est l'Eglise & Abbaye sainct Victor.
la rue sainct Victor depuis la porte iusques au coing de l'Abbaye.
la grand rue sainct Victor, depuis la Croix des Carmes iusques à la porte.
En ladicte rue est l'Eglise sainct Remy & College du Cardinal le Moine.
la Chapelle & College des Bõs-enfãs.
La rue versaille.
la rue du meurier.
Rue du bon-puits.
Rue suceraisin.
Rue du paon.
Rue sainct Nicolas du Chardonneret.
Rue des Bernardins.
En icelle rue est l'Eglise & College des Bernardins.
l'Eglise S. Nicolas du Chardonneret.
le mont Saincte Geneuiefue.
l'Eglise & Abbaye de Saincte Geneuiefue du mont.
l'Eglise S. Estienne du mont.
le College de l'Aue Maria.
la Chapelle & College de Nauarre.
la Chapelle & College de la Marche.
la Chapelle & colle-

lege de de Laon.
la rue du Champ-gaillard.
Rue Iudas.
Rue du mõt sainct Hilaire.
En icelle est l'Eglise de saint Hilaire.
le college & chapelle des Lõbards.
le clos Bruneau ainsi nõmé cõme il se comporte.
la rue d'Escoce.
Rue des charrettes.
En icelle est la chapelle & college de Coqueret.
le college & chapelle Saincte Barbe.
la chapelle de saint Symphorian martir és vignes.
la rue des amandiers.
En icelle rue est le college des Grassins, basty de nostre temps.
Rue des sept voyes
le college & chapelle de Forteret.
le college & chapelle de Reims.
Rue de la bordelle.
En icelle est la chapelle & college de Tournay.
la chapelle & college de Boncourt.
la rue trauersaine.
En icelle est le college des Allemans.
la rue des Noyers.
Sur les fossez commençant à la porte Bordelle, & finissant à la porte sainct Victor.
la rue du puits de fer, autrement des morfondus.
Rue neufue.
Rue de maufetart
Rue de copeaux.
Rue neuue d'aberé

Rue du pot de fer.
Rue de l'arbaleſtre.
la rue ſainct Marceau.
En ladicte rue eſt l'Egliſe ſaint Marceau.
l'Egliſe ſainct Medard.
la chapelle ſainct Martin dans ſainct Marceau.
l'Egliſe ſaint Ypolite.
Vn hoſtel Dieu S. Marceau, pres la fauce porte.
la rue de l'orſine.
L'Hoſpital ſainct Medard.
la rue de Bourgõgne.
Rue des chartreux.
la rue ſainct Ypolite.
la rue d'Orleans.
la rue du fer de moulin.
Trois ruelles d'vn boue du coſté ſaint Marceau, aupres le pont.
les fauxbourgs de ſainct Michel.
Auſdits faubourgs eſt l'Egliſe & monaſtere des chartreux.
Sur les foſſez depuis la porte S. Michel iuſques à la porte S. Iaques.
la rue de la harpe.
En icelle eſt l'Egliſe de ſainct Coſme & S. Damien.
le college & chapelle de Halccourt.
la chapelle & college des Treſoriers.
la chapelle & college de Bayeux.
la chapelle & college de Seez.
la chapelle & college d'Arras.
la chapelle & college-

ge de Iustice.
la chapelle & college de Narbonne.
la chapelle & college de Cussy.
la Chapelle & College de Tours.
la rue des Cordeliers.
l'Eglise & college des Cordeliers.
la chapelle & college de Boissy.
la chapelle & college de Dainuille deuant sainct Cosme.
la chapelle & college de Bourgogne.
Rue de la hautefueille.
la chapelle & college de Premostray.
la rue Pierre-sarrazin.
Rue percee, dicte des deux portes.
Rue du battouer.
Rue de la serpente.
Rue poupee.
Rue du petit pet.
Vne rue derriere S. André des arts.
Rue de S. André des arts.
l'Eglise S. André des arts.
la chapelle & college d'Authun.
la rue de la vieille bouquelerie.
Rue de Mascon.
Rue des Augustins, tout au long de la riuiere, depuis le pont sainct Michel iusques en Nesle, où y à porte & põt, pour aller aux faux bourgs S. Germain des prez.
En ladicte rue est l'Eglise & college de Augustins.
la petite Nesle, ainsi qu'elle se cõporte.
La Rue Gilles le

Cueur.
Rue de l'arondelle.
Rue pauee d'andouilles.
Rue de l'Abbé S. Denys.
En icelle est la chapelle & college S. Denys.
la rue de l'Esperon.
Rue de la maison de Reims.
Rue de la Chapelle mignon.
En ladicte rue est la chapelle & college mignon.
la rue de l'Archeuesque de Rouen
Sur les fossez sainct Germain, depuis la porte iusques à la riuiere.
Sur les fossez sainct Germain, depuis la porte iusques à la porte saint Michel.
la rue de vaugirard.

La grād rue Sainct Germain des prez, depuis la porte tout au long iusques au pilory.
En ladicte rue est l'Eglise & Abbaye sainct Germain des prez.
l'Eglise sainct Supplice.
la chapelle sainct Pere & la maladerie.
la rue Neuue.
Rue des mauuais garçons.
Rue de deuāt le pilory.
Rue de viracoublé.
Rue des Iardis, pres sainct Supplice.
Les fauxbourgs de S. Iaques, depuis la porte tout au lōg.
Ausdits fauxbourgs est l'Eglise & monastere nostre Da-

me des champs.

L'Eglise & Hospital sainct Iaques du haut pas, où sont demeurãs les moynes S. Magloire.

Vn hostel Dieu de nostre Dame des champs, pres la fauce porte.

la rue des marjolettes.

Rue du Sançonnet, à la croix.

Les fossez depuis la porte sainct Iaques iusques à la porte Bordelle.

la rue des poteries sur les fossez.

Rue des postes, depuis le coin de braque iusques à saint Medard.

Rue du puis qui parle.

La Ville.

Le Pont nostre Dame.

la rue de la Tannerie.

Vne ruelle descendant à la riuiere.

Vne autre ruelle descẽdant sur la riuiere.

la rue des Recommandaresses.

Vne ruelle allant aux chambres maistre Hugues.

Vne autre ruelle descendante sur la riuiere.

la rue & place de mibray.

la rue de la haute vannerie.

Rue de la vannerie.

la place de Greue.

En icelle est la chapelle du Sainct Esprit & l'hostel de

la ville

la ville.
La rue sainct Iean en Greue.
En icelle est l'Eglise de sainct Iean en Greue.
La rue du marcel sainct Iean.
La rue de la mortellerie.
En icelle est l'Eglise des Haudrieres.
L'Eglise & conuent des religieuses de l'Aue Maria.
Sur la riuiere depuis Greue tout au long iusques à l'hostel de Sens.
La ruelle des Haudriettes descendante sur la riuiere.
La ruelle du petit port sainct Geruais descendante sur la riuiere.
La ruelle du port au bled descēdante sur la riuiere.
la rue au coin de la porte dores descēdāte sur la riuiere.
Pour aller au moulin de Maliuaue sur l'eau.
Vne autre ruelle descendante sur la riuiere.
Ruelle du port au foing descendante sur la riuiere.
Rue sainct Geruais
l'Eglise sainct Geruais pres la porte baudes.
l'hospital S. geruais aupres.
la rue de lōg pont.
la rue des barres.
la rue Garnier sur l'eau.
la rue Geoffroy l'asnier.
Rue putignense.
Vne descente sur la riuiere.

Vne autre descente sur la riuiere.
la rue des nonnains d'Yerre.
Vne descente sur la riuiere.
Rue du figuier.
Vne descente sur la riuiere deuãt l'hostel de Sens.
Vne autre descẽte sur la riuiere deuãt l'Aue Maria.
la rue des fauconniers.
Rue des iardins.
Rue des barrieres.
Vne descente sur la riuiere deuãt sainct Paul.
Rue sainct Paul.
l'Eglise sainct Paul.
Rue de iouy.
Rue de la petite pusse.
En ladicte rue est l'Eglise & monastere des Celestins.

la porte sainct Anthoine.
la grand rue sainct Anthoine.
En ladicte rue est l'eglise & monastere de saincte Catherine du val des Escoliers.
L'eglise sainct Anthoine le petit.
la Bastille.
Rue des tournelles
Rue saincte Catherine, pour aller droict à la porte S. Anthoine.
Rue royalle.
Rue petit musse.
Rue de la royne.
Rue d'orleans.
La rue Iean beausire.
Rue de balles.
Rue percee.
Vne ruelle deuant sainct Anthoine.
la rue de Iean tizon

Rue regnault le fe-
vre.
la vieille rue du
Temple.
Rue charron.
la rue du roy de
Cecile.
Rue de mãdestour.
Rue des escouffles.
Rue des Iuifs.
Rue du petit Ma-
riuaut.
la porte de braque.
la rue des rosiers.
Vne ruelle qui est
au coing de la rue
des Iuifs.
la rue de la breton-
nerie.
En icelle est l'Egli-
se & monastere des
religieux de saincte
Croix.
la rue des Blancs
manteaux.
En icelle est l'Egli-
se & monastere des
religieux des Blãcs
manteaux.
la rue des singes.
Rue du puits.
Vne ruelle du costé
des Blãcs mãteaux.
Rue de l'homme
armé.
Rue du plastre.
Rue de la chapelle
de braque.
En ladicte rue est
la chapelle de braq.
Vne ruelle deuant
ladicte chapelle.
la rue de Paradis.
Rue des poulies.
Rue des quatre fils
Aymond.
Rue porte foin.
Rue des haudrieres.
la porte baudes,
ainsi qu'elle se cõ-
porte.
le cloistre de sainct
Iean, ainsi qu'il se
comporte.
deux rues en la tis-
seranderie, & vne

autre au cheuet S. Iean.
Vne descête dedãs le S. esprit, & respondant en la place de Greue.
Rue du coq.
le carrefour Guillery.
la rue du mouton.
Rue de la poterie.
Rue des coquilles.
Rue Iẽã de l'espine.
Rue de la coutellerie.
Rue Iean pain mollet.
Rue de la tacherie.
Rue de sainct Bon.
En ladicte rue est l'Eglise S. Bon.
la rue de marmaux.
Rue de Prestres.
Rue des lombards.
Rue de Guillaume Iosse.
Rue de la verrerie.
Rue du regnard qui presche.
la rue des billettes.
En icelle est l'Eglise & college des religieux des billetes.
Vne ruelle aboutissant à la verrerie.
la rue André malet.
le vieux cimetiere sainct Iean.
rue de boutibourg.
la rue neuue sainct Merry.
Vne ruelle deuant la corne de cerf.
le cloistre de sainct Merry.
la rue baise miche, taille pain, & baillebout.
Rue de la baudrerie.
Rue de la pierre au laict.
Rue de la fontaine maubuë.
Rue Geoffroy l'angeuin.

Vne ruelle deuant le petit paon.
Rue de beaubourg.
Rue Simon le franc.
la rue de la bloquerie.
la rue aux meneftriers.
la rue du cul de fac.
la rue des petits champs.
la rue de fainct Iulien.
la rue des estuues aux femmes.
le carrefour & la rue du Temple.
Rue fainte Auoye.
En icelle eft la chapelle fainte Auoye.
l'Eglife du Temple où eft noftre Dame de Lorette.
la rue des bouchers
Vne ruelle pres l'efchiquier.
la rue paftourelle.
la rue des graneliers.
la rue du verbois.
la rue des fontaines.
la rue de fripaux.
la rue chappon.
Rue de la court au vilain.
Rue de ferpillon.
la rue Michel le comte.
la rue au maire.
Rue traffe nonnain.
les fauxbourgs de fainct Martin.
Aufdits faubourgs eft l'Eglife de faint Laurens.
la grand' rue fainct Martin.
En ladicte rue eft l'Eglife & monaftere de S. Martin des champs.
l'Eglife S. Nicolas des champs.
l'Eglife fainct Iulien le meneftrier.

l'Eglise S. Merry.
la rue guerin boisseau.
Rue de grenetal.
rue de la plastriere
Rue du petit huleu.
Rue du bourglabé.
la rue de huleu.
la rue du cimetiere sainct Nicolas.
la rue de Montmorency.
la rue du grenier sainct Ladre.
la rue aux oues.
Vne ruelle derriere sainct Leu & sainct Gilles.
la rue de quinquépoit.
la rue Bertaut qui dort.
Vne ruelle en quinquempoit deuāt la rue Bertaut qui dort.
la rue Aubry le boucher.

En icelle est l'Eglise de S. Iosse, qui d'antiquité estoit hospital du temps que sainct Fiacre vint à Paris.
la rue des cinq diamans.
la rue de Venise.
Rue du haumar, & vieille cotrairie.
la rue de la vieille monnoye.
la pierre au laict.
Rue de la sauonerie
la rue saint Iaques de la boucherie.
la rue du porche Sainct Iaques.
Rue de la place aux veaux.
Rue de l'escorcherie.
Rue du pied de bœuf.
Rue de la vieille tanerie descendante à l'escorcherie.

La porte de Paris, & le tour de la boucherie.
Rue qu'altbar blanc deuant la boucherie du costé de S. Iaques.
La grád' rue sainct Denis.
En icelle rue est l'Eglise saincte Opportune.
l'Eglise & hospital de saincte Catherine.
l'Eglise & cimetiere de S. Innocent.
l'Eglise & chanoinesie du sepulchre.
l'Eglise & abbaye de sainct Magloire.
l'Eglise sainct Leu & sainct Gilles.
l'Eglise & hospital sainct Iaques.
l'Eglise de la Trinité.
l'Eglise sainct Sauueur.

La chapelle des Filles-Dieu, où il y a des religieuses qui donnent aux malfaicteurs la croix à baiser, & de l'eau beniste, pain & vin dont ils mangent trois morceaux quãd on les meine pendre à la iustice.
Les faux bourgs de sainct Denis.
Sainct ladre.
Rue de la haucherie.
la rue Perrin Gasselin.
Rue d'Auignon.
Rue Iean Lorier le conte.
Rue de la heaumerie.
Rue de la tabletterie.
Le cloistre saincte Opportune.
Rue des vieils.
La rue de trousse-

vaché.
Rue de la ferronnerie.
le cimetiere S. Innocent.
Rue au ferre.
Rue de la cossonnerie.
Rue aux prescheurs
la rue du cygne.
la rue de la chanvoirrerie.
la rue de la grande truanderie.
rue du peronnet.
la halle au pain tironnet, & teronne.
Rue de merderet.
la rue de la petite truanderie.
Rue de mauderstour
Rue de mau-cõseil.
le cloistre de l'hospital S. Iaques.
Vne rue qui trauerse par dedans l'hostel de Bourgogne.
Rue du petit lyon.

la rue de la salle du Comte.
la rue du renard.
Vne ruelle pres la Trinité.
Rue sainct Sauueur.
la rue des deux portes.
Rue de tireboudin.
la rue pauee, cotre l'hostel de Bourgõgne.
la rue de beau repaire.
Rue de Mont-orgueil.
En icelle est l'hospital de S. Eustace.
la rue & porte de la Comtesse d'Artois.
la pointe saint Eustace.
En icelle place est l'Eglise & parroisse de S. Eustace.
Rue de la tollerie.
la rue de la fer-

magerie.

La halle au bled.

La halle au fruict

La fripperie.

La toillerie.

La rue des ieux de paume, entre les halles.

la rue de la lingerie ou ganterie.

la rue de la chaussseterie.

la rue de la toillerie nouuelle.

la rue de la halle aux porces.

la rue sous les pilliers depuis le coin de la Cossonnerie, tout à l'entour.

Rue de la lingerie.

la rue de Mõtmartre.

En icelle est l'Eglise de saincte Marie Egyptienne.

la rue des vieux Augustins.

Rue de la plastrerie

Rue brenequse.

la place aux chats, pres S. Innocent.

les faux bourgs de sainct Honoré.

la grand' rue sainct Honoré.

En icelle est l'Eglise de S. Honoré.

l'Eglise des quinze vingts aueugles.

la rue des bourdõnois.

Rue de la limace.

Rue de mauuaises parolles.

Rue de betisi.

la rue des deschargeurs.

Rue de la cordonnerie.

Rue tirechape.

Rue des prouuelles

Rue des deux escus.

Rue du four.

Rue de la vielle.

Rue de la brehaigne, & pressoir du bret.
Rue des estuues.
la rue des deux haches.
Rue d'Orleans.
En icelle est l'Eglise & monastere des filles repentires.
Rue de sejour.
la croix neuue.
la porte coquillere, depuis la porte iusques sus les fossez.
la rue des francs bourgeois.
Rue de Grenelle.
Rue de poil de con.
La rue des petits champs.
le cloistre de sainct Honoré.
la ruelle des bons enfans, pres sainct Honoré.
Vne ruelle deuant la rue fromenteau, en la rue sainct Honoré.
rue du Coq.
rue de beauuais.
rue de chãp fleury.
Rue Iean de sainct Denis.
Rue de fromẽteau.
la cour sainct Nicolas.
En icelle cour est l'Eglise & College sainct Nicolas du Louure.
la rue sainct Thomas.
En ladicte rue est l'Eglise sainct Thomas du Louure.
L'allee depuis la tour sur les fossez, depuis le marché aux moutons iusques aux lices pres le chasteau du Louure.

La rue de l'Autruche.
En ladicte rue est la chapelle de mõsieur de Bourbon, contre le logis de Villeroy, pres le chasteau du Louure & la chapelle du Roy dedans ledict Chasteau.
la rue des poullies.
la rue d'Aueron.
la rue Iean tiron.
La rue de l'arbre sec.
En ladicte rue est l'Eglise sainct Germain l'Auxerrois.
Le cloistre sainct Germain de l'Auxerrois.
Lr rue du coup de baston.
Rue des fossez S. Germain.
La rue gloriette.
La rue bailles.
Vne ruelle pres le gros tournois.
Vne ruelle deuant le cloistre.
L'escole S. Germain.
La grand' rue sainct Germain.
Est icelle est la iurisdictiõ tẽporelle de l'Euesque de Paris, & est nommee le For l'Euesque.
La rue du port au foin.
Rue de la mõnoye.
Vne rue qui trauerse par dedãs ladicte monnoye.
En ladicte trauerse est la chapelle de la monnoye.
Vne ruelle pres ladicte mõnoye.
La rue Thibaut oudet.
La rue des estuues aux femmes.
Rue bertin poree.

La rue des deux boulles.
La rue Iean loințier.
La rue des Quenoilles.
Vne ruelle aupres.
La rue des deux portes.
En icelle est la chapelle des Orfeures.
La rue des hautes brieres.
La rue des lauandieres.
l'abbreuoir popin.
Vne rue deuant la maison où est l'enseigne des Quinze vingts; pres l'abreuoir popin.
La rue de la petite sonnerie.
la vallee de misere.
la vallee de pie.
le carrefour des boutiques au poisson.
la rue de la pierre au poisson.
la Megisserie tout au long de l'eau.

Fin des rues.

Les principales maisons & hostels des grands Seigneurs, jadis edifiez à Paris.

L'Hostel du Roy derriere le Palais.
Le chasteau du Louure.
La Bastille.
Les Tournelles.
L'hostel de Nesle.
L'hostel de Bourbon.
L'hostel de Flãdres.
L'hostel d'Artois & Bourgongne.
L'hostel la Royne.
L'hostel S. Paul.
L'hostel de Bretaigne.
L'hostel de Grauille.
L'hostel de Clichõ.
L'hostel d'Orleans à S. Marceau.
L'hostel de Vẽdosme.
L'hostel de Lãgres.
L'hostel de Bauieres.
L'hostel d'Anjou.
L'hostel d'Albret.
L'hostel de Lorraine.
l'hostel de Neuers.
l'hostel d'Alẽçon.
l'hostel de Sens, sur la porte duquel sõt les armoiries, & escrit dessous, Tristan, Estienne, Archeuesque de Sens.
l'hostel de Reims.
l'hostel de Clugny.
l'hostel saint Denis.
L'hostel d'Auxerre.
l'hostel de Laon.
l'hostel de Barbou.
l'hostel de Lion.
l'hostel de Fescap.
l'hostel d'Eureux.

l'hostel de Tison.
l'hostel de Beauuais.
l'hostel de Bourges.
l'hostel de la Cousture.
l'hostel de Rouen.
l'hostel de Sauoisy.
l'hostel de Clermont.
l'hostel des Vrsins.
l'hostel de Sauonnieres.
l'hostel de Chaalōs.
l'hostel de Laual.

Il y a plusieurs hostels en grand nombre, qui sont venus en decadence, & en main d'autruy, par la mutation des těps: car anciennement n'y auoit Prince, Seigneur, ny Prelat en France, mesmement des douze Pairs, qui n'y eust son hostel, pource que les Roys s'y tenoient ordinairement. Il y a de present autres excellents bastiments, faits à la Romanesque, à la Grecque & à la Moderne, dont ie laisse les noms, chose impossible à les nombrer: & ainsi que tous les iours on en edifie de nouueaux, tellement qu'il semble à voir que la ville de Paris ne sera iamais acheuée.

Les portes de Paris.

La porte de Nesle.
la porte de Bussy.
la porte S. Germain.
la porte S. Michel.
la porte S. Iaques.
la porte S. Marceau autrement dite Bordelle.
la porte S. Victor.
la porte sainct Anthoine.
La porte du Temple.
la porte S. Martin.
la porte S. Denis.
porte Royale.
la porte de Montmartre.
la porte S. Honoré.
la porte neuue vis à vis de la porte de Nesle.

Les ponts de Paris.

Le pont nostre Dame.
le pont aux Chãges.
le põt aux muniers
Le petit pont.
le pont sainct Michel.

Les Fontaines.

La fontaine de la Royne.
la fontaine sainct Innocent.
la fõtaine maubué.
la fontaine du Ponceau.
la fontaine en la

rue des cinq diamans.
la fontaine de la croix du tiroir.
la fontaine des halles.
la fontaine de la porte Baudés.
la fôtaine S. Auoye
la fontaine sainct Martin.
la fontaine du Temple.
la fontaine S. Iul.
la fontaine de Paradis.
la fontaine de barre du Bec.
la fontaine de Ladre.
la fôtaine des Tornelles.

Les Fauxbourgs.

Les fauxbourgs S. Germain.
les fauxbourgs S. Michel.
les fauxbourgs S. Iaques.
les fauxbourgs S. Marceau.
les fauxbourgs S. Victor,
les fauxbourgs du Temple.
les fauxbourgs S. Matin.
les fauxbourgs S. Denis.
les fauxbourgs de Montmartre,
les fauxbourgs S. Honoré.

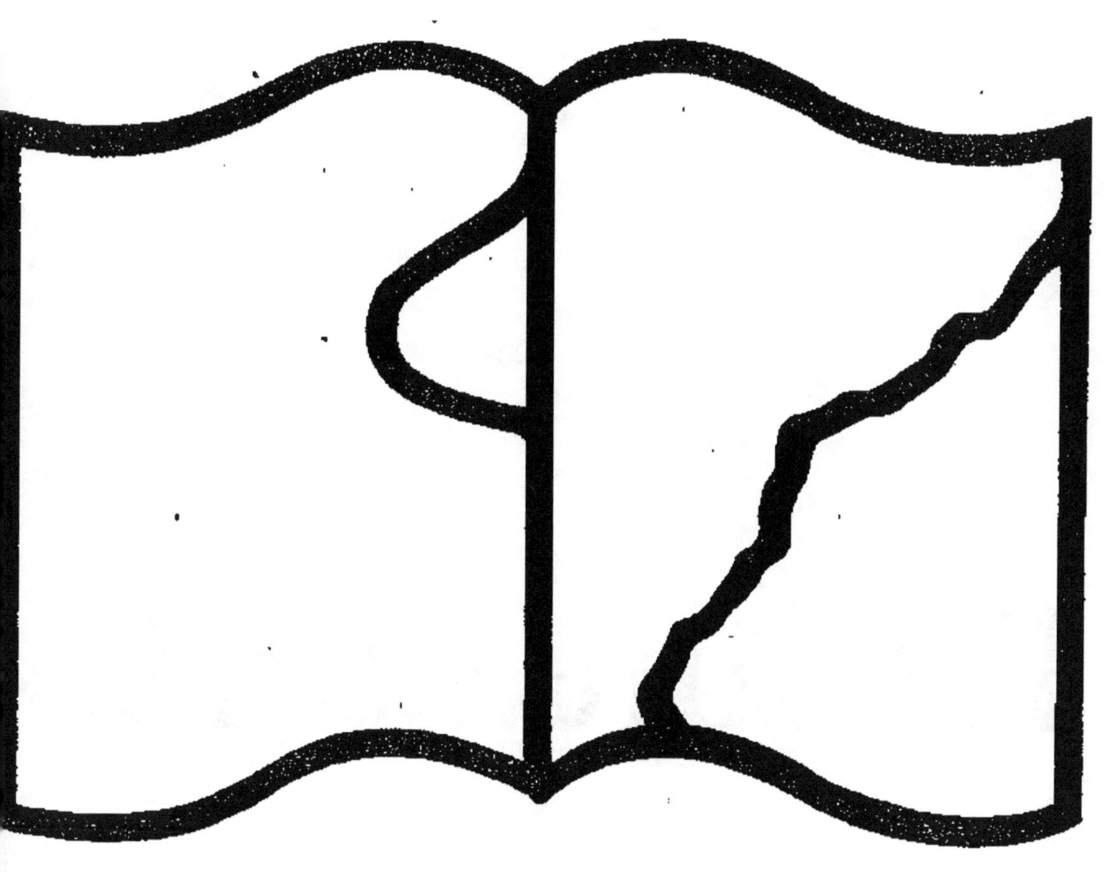

Texte détérioré — reliure défectueuse

NF Z 43-120-11

www.ingramcontent.com/pod-product-compliance
Lightning Source LLC
LaVergne TN
LVHW010513100826
845148LV00001B/2